# 军阀当国

## 全景式再现清末民初的历史风云

### JUNFA DANGGUO

鸿儒文轩 编著
HONGRUWENXUAN

中国书籍出版社
China Book Press

图书在版编目（CIP）数据

军阀当国/鸿儒文轩编著．——北京：中国书籍出版社，2013.3

ISBN 978-7-5068-3368-4

Ⅰ．①军… Ⅱ．①鸿… Ⅲ．①北洋军阀—历史人物—生平事迹 Ⅳ．① K825.2

中国版本图书馆 CIP 数据核字（2013）第 029345 号

**军阀当国**

鸿儒文轩　编著

| | |
|---|---|
| **策划编辑** | 崔付建　武　斌 |
| **特约编辑** | 王　第 |
| **责任编辑** | 牛　超 |
| **责任印制** | 孙马飞　马　芝 |
| **封面设计** | 点滴空间 |
| **出版发行** | 中国书籍出版社 |
| **地　　址** | 北京市丰台区三路居路 97 号（邮编：100073） |
| **电　　话** | （010）52257143（总编室）（010）52257140（发行部） |
| **电子邮箱** | eo@chinabp.com.cn |
| **经　　销** | 全国新华书店 |
| **印　　刷** | 三河市华东印刷有限公司 |
| **开　　本** | 710 毫米 ×1000 毫米　1/16 |
| **字　　数** | 288 千字 |
| **印　　张** | 18.5 |
| **版　　次** | 2014 年 1 月第 1 版 |
| **印　　次** | 2022 年 5 月第 2 次印刷 |
| **书　　号** | ISBN 978-7-5068-3368-4 |
| **定　　价** | 48.00 元 |

# 前　言

北洋军阀是甲午战争失利的产物，它伴随着清末新政发展起来，并逐步登上清末民初的政治舞台，成为民国初年压倒一切的军政力量。

北洋政府是以北洋军阀为基干建立起来的政权，经历了袁世凯专权、直皖争雄和直奉战争，最终为国共合作领导的北伐军所败，成为历史长河里的明日黄花。

北洋政府统治下的中国，经历着动荡与混乱，也经受了文明的洗礼。在21世纪的今天，我们回过头来对比研究，应该发现这段历史有许多值得后人思考的地方。

历史是各种利益群体博弈的产物，同时深受领袖人物的影响，古今中外皆然，北洋时期也不例外。如果没有袁世凯，中国历史上也会有北洋军阀的兴起；如果没有段祺瑞和冯国璋，北洋军阀也会走向内耗与衰败。然而，袁世凯和段祺瑞、冯国璋等军政要人，对北洋军阀和北洋政府的演变，还是有着重要作用。

根据各个军政要人对北洋史的不同影响，笔者选择了十大人物，作为专门研究的对象。这十大人物包括袁世凯、段祺瑞、冯国璋、张勋、曹锟、吴佩孚、张作霖、孙传芳、张宗昌和韩复榘，他们都有着自己传奇的一生，都曾在清末民初的舞台上叱咤风云，读懂了他们也就基本认识了北洋。

笔者将引领大家，沿着所选十大人物的人生轨迹重走一遍，力求全面展示他们的真实面目，从而更加清晰地还原那段被岁月尘封了的历史。因水平所限，在撰文过程中如有粗疏或谬误之处，恳请读者批评指正。

# 目　录

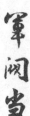

## 第三章　直系军阀冯国璋

## 第四章　北洋军阀张勋

## 第五章　直系军阀曹锟

## 第六章　直系军阀吴佩孚

## 第七章　奉系军阀张作霖

# 第一章

## 北洋鼻祖袁世凯

袁世凯是北洋军阀的开山鼻祖，他以个人的特殊家世、资历、胆识和才干，在清末民初的舞台上登台亮相，一步步走向了人生的巅峰。如果没有袁世凯，北洋军阀也会出现，但清末民初史会有所不同。

袁世凯很聪明很能干，所以他能在清末官场如鱼得水，能在历次政治风波中获益最多，并最终在改朝换代之际登上了大总统的位置。

袁世凯出生于官宦世家，其父祖曾率领团练抗击太平军和捻军，袁家在一系列变故中结交了淮军祖师爷李鸿章，这才是袁世凯日后得以发迹的基础。离开了这些背景，袁世凯未必会走上从军之路，且很难从清末官场中脱颖而出，更遑论由他来编练北洋陆军。

然而，袁世凯毕竟是袁世凯，假如换做另外一个人，即便有着比袁世凯更为优越的家世，也未必能够抓住机遇走向成功。袁世凯在向上攀登的过程中，经历了无数风险和磨难，他都一一克服，最终带领北洋团队走向了权力巅峰。

袁世凯从一名普通军官到北洋统帅，从一名小官僚到民国大总统，并且在他的带领下，北洋陆军从清廷的支柱变成了民国的骨干。这里面有着太多的必然和偶然，上演了一连串的时代悲喜剧。

袁世凯称帝是他一生最大的败笔，但其中有着一些不为人知的内幕和隐忧。至于袁世凯是贪恋帝位，还是有着不得已的苦衷，根据史实笔者也会就当时的形势做个分析，希望能够补前人之学说，并尽量写出新意来。

# 投身军旅

清咸丰九年（1859 年）是个动荡的年份，当时太平军在南方起义，捻军在北方作乱，英法联军进兵京津。这年河南项城袁寨有一名男婴出生，这名男婴就是日后声名显赫的袁世凯。

袁世凯出生那天，其叔祖袁甲三恰好寄信到家，说他与捻军作战取胜了，其父袁保中大喜过望，因此给儿子取名为"凯"，并按照族谱"保世克家企文绍武"的排行，给儿子命名为"世凯"。

袁世凯是袁保中的庶子，其叔父袁保庆膝下无子，袁世凯自幼便过继给了袁保庆。袁保庆很重视对嗣子的教育，在袁世凯 6 岁时就把他送进私塾，后来袁保庆前往济南和南京等地做官，也让袁世凯随行读书。

袁世凯天性活泼，不喜欢陈腐的四书五经，他感兴趣的是武术和兵法。袁世凯在南京时曾拜曲沼为师，向他学习拳法和剑术，练就了一身武艺。除了武术之外，袁世凯自幼喜爱兵法，立志学习"万人敌"。为了搜罗各种兵书战策，袁世凯往往不惜花费重金，因此他被人讥笑为"袁书呆"。

袁世凯对军事十分痴迷，他曾经说过这么一句话：三军不可夺帅，我若有十万精兵，便可横行天下。这也是他日后放弃文官，投身军旅的一个原因。

袁世凯在 13 岁那年，曾经手书一副对联，上联是"大野龙方蛰"，下联是"中原鹿正肥"。一个少年郎，竟有鼎定天下逐鹿中原的志向，有人说他是骄狂过甚。

年少轻狂的人多了，为什么袁世凯最后能够登上权力的顶峰呢？这就要在袁世凯的家世上找原因了，其叔祖袁甲三与李鸿章情谊深厚，其嗣父袁保庆和吴长庆更是生死之交，如果没有这些家世渊源，袁世凯日后未必能够崛起于军旅。

李鸿章是淮军祖师爷，吴长庆是淮军庆字营统领，他们都在镇压农民起义的过程中，与袁家同生死共患难。尤其是吴长庆，当年太平军围攻庐州时，其父吴廷香所率团练无力抵御，吴长庆便单骑驰往袁甲三军营求援。

袁甲三召集子侄开会，其子主张不予救援，其侄袁保庆认为唇亡齿寒，并亲率精兵与吴长庆救援庐州。虽然他们赶到时庐州已经陷落，吴廷香也已战败身死，但是他们最终击退了太平军，并且在此战中袁保庆和吴长庆结下了生死情谊。

后来，袁保庆在南京为官时，袁世凯也随同前往，而吴长庆恰好驻军浦口，因此袁保庆便让袁世凯拜见了吴长庆。吴长庆是袁保庆的至交好友，而袁世凯非常喜欢兵法，所以作为将军的吴长庆非常宠爱这个世侄。袁世凯十四岁时，袁保庆病逝了，吴长庆抚棺痛哭，并把袁世凯当成自己的儿子看待。

清光绪二年（1876 年），时年 17 岁的袁世凯经人介绍，娶沈丘于氏为妻，两年后长子袁克定降生。从此，袁世凯成了背负妻儿老小之人，不能

袁世凯（中）

再做浪荡公子了。

袁世凯婚后投奔的是堂叔袁保恒，袁保恒时任刑部侍郎，他在京理政和外出办案，总要带着袁世凯。袁世凯在此期间表现出了过人的天分，很快就洞悉了官场的门道，办事果断机敏，深受袁保恒器重。

不幸的是，袁世凯19岁时，袁保恒也染病去世了。袁世凯失去了靠山，便返回老家项城所在的陈州府居住，专以读书做诗为务，他写过这么一首诗：眼前龙虎斗不了，杀气直上干云霄。我欲向天张巨口，一口吞尽胡天骄。这首诗虽然文采一般，但是气势恢宏，大有囊括四海并吞八荒的气魄。

袁世凯喜欢读书做诗，也喜欢以诗会友，他很快就结识了更有才气的徐世昌。徐世昌比袁世凯大四岁，饱读诗书并才华横溢，但是由于家境贫寒，所以只能以教书为生。袁世凯与徐世昌一见如故，俩人随即义结金兰，而后袁世凯资助徐世昌赴京赶考。徐世昌也不负所望，在科举中一举中第，后来更是在官场上如鱼得水。

袁世凯在做诗会友之余也不单单是闭门斋书，在他20岁那年中原大旱，其姑父张向宸奉旨办理河南赈务，他便受姑父委托分管陈州募捐。袁世凯凭借家族声望和个人能力，在陈州筹措了大笔救灾资金，而其他各州所筹款项则寥寥无几。因此，张向宸表奏清廷，给袁世凯颁授了"中书科中书"的虚衔。

袁世凯虽然在社会上混得顺风顺水，但是如果他不能在科举中胜出，那是很难在官场上混出名堂来的。为了拿到官场通行证，袁世凯参加了两次科考，可是每次都没能中举，最终只拿到了一个秀才文凭。袁家的门风是"求官建功拯救天下"，袁世凯却没能通过科考，这让他颇受打击。

眼下袁世凯有两条路可走，一是继续攻读四书五经八股文，二是投身军旅以军功谋官。在几经考量之下，袁世凯选择了后者，这种选择现在看来是很明智的，在当时却是需要极大魄力的，因为通常而言科举求官才是正途。

既已下定投军的决心，就该选择投靠哪位大佬了，袁世凯同样面临两个选择：一是时任直隶总督兼北洋大臣的李鸿章；二是山东军务帮办吴长庆。李鸿章是当时汉人第一重臣，而吴长庆是李鸿章的部将，从这个意义上来说，似乎投靠李鸿章更有前途。袁世凯也是这么想的，但他还是选择了吴长庆，而未直接投靠李鸿章。

袁世凯的选择并不符合常理，但是其中颇有深意：李鸿章的幕僚都是进士或举人出身，而且他们都有过军事实践，自己一无学历二无经验，凭什么从人群中脱颖而出呢？可是，如果投靠吴长庆就不一样了，自己可以从基层军官做起，打下扎实的军事基础，为将来干出一番事业做准备。

1881 年 5 月，时年 22 岁的袁世凯，把之前所著诗文付之一炬，然后带领亲朋故旧数十人，前往山东登州投靠吴长庆，被吴长庆任命为营务处会办。吴长庆当时负责山东防务，统领的庆字营共有 3000 人。袁世凯这个会办相当于参谋长，其职权可大可小。

应该说袁世凯的起点是比较高的，因为一般人入伍要从士兵做起，而袁世凯一上来就是个中级军官了。吴长庆是让袁世凯做官的，而袁世凯却是来做事的，他上任后就建议吴长庆整顿军纪，提升庆字营的战斗力。

当时清朝的军队长久不历战阵，军纪已经荡然无存，大家从军就是为了吃粮领饷，谁也不把军纪当回事了。军队一旦没了军纪，马上就丧失了战斗力，人数再多也是乌合之众了。在袁世凯的大力主张下，吴长庆着手整顿军纪，在砍了几个脑袋后，庆字营的面貌焕然一新了。

袁世凯与生母刘氏

## 总督朝鲜

如果局势不发生变化，袁世凯很难飞黄腾达，他再有本事也得窝在山东军营里。在袁世凯投军的第二年，朝鲜发生了一场壬午兵变，作为宗主国的清朝便派庆字营前去平乱，袁世凯崭露头角的机会来了。

朝鲜壬午兵变的导火索是汉城士兵的粮米被掺入了杂物，其背后的原因则是国王李熙之父大院君和李熙之妻闵妃争夺大权，兵变士兵攻入王宫，闵妃逃往外地，大院君重新掌权。这一兵变不仅是朝鲜的一件大事，而且牵涉到宗主国大清和邦交国日本，因为在兵变中有日本籍教官被杀，随后日本公使花房义质回国搬兵，而闵妃则向大清求援。

花房义质很快就带来了 4 艘军舰和 1500 名日军，他随即要求清政府为朝鲜壬午兵变"买单"，并企图在朝鲜长期驻军。为了夺回对朝鲜的控制权，在李鸿章等人的推荐下，清廷派吴长庆率领庆字营 3000 人马前去平乱。

吴长庆到达汉城后，先设法稳住了日本人，随后诱捕了大院君，并把他押运到保定圈禁起来。随后，庆字营在汉城郊区围剿兵变士兵，在此战中袁世凯一马当先屡立战功，清军很快平定了动乱并稳住了朝鲜局势。

朝鲜平乱是袁世凯第一次登台亮相，似乎就可以从中看到一位名将的崛起，然而如果深入挖掘，就会发现事情没那么简单。日本从 19 世纪 60 年代末期开启明治维新，经过十余年的维新变法，成效尚未充分显现，国力尚不能与大清相抗衡，这才是袁世凯轻易获胜的根本原因。

1882 年，因在朝鲜平乱有功，在李鸿章的推荐下，年仅 23 岁的袁世凯，被清廷任命为驻朝通商大臣，协助吴长庆管理朝鲜事务。袁世凯把闵妃迎回汉城，并倾力结交朝鲜重臣金允植和金焕始，代表清政府逐步掌握了朝鲜的政权，控制了朝鲜的练兵和税收事宜。

此时在朝鲜执政的事大党，主张维系朝鲜与大清之间的宗藩关系；而以金玉均为首的开化党，主张朝鲜应与大清脱离关系，转而在日本的支持下实行近代化改革。1884年，中法战争爆发，开化党趁机在驻朝日军的协助下发动甲申政变，企图夺取事大党把持的朝鲜政权。

面对开化党和日本人的挑衅，袁世凯当机立断，率领清军击退了日军，平定了开化党叛乱。此战打出了大清的威风，李鸿章对袁世凯大为赞赏。随即吴长庆被调回国内，25岁的袁世凯成了清国驻朝总督。

袁世凯留驻朝鲜12年，他明确了大清和朝鲜的宗藩关系，在李熙面前以上国钦差自居，全面掌握了朝鲜的政治、经济、军事和外交大权，并阻遏了日本和俄国对朝鲜的渗透。

袁世凯干涉朝鲜内政的做法，表面上是由于他年轻气盛，实际上是源于大清的国力，如果没有国力做支撑，他是没法在朝鲜立足的。袁世凯在朝鲜的跋扈行为，激起了许多人的反抗，李熙屡次向清廷告状，清廷内的张謇和张佩纶等清流党也经常上书弹劾袁世凯。

按说有这么多人反对，袁世凯本该倒台了，可他偏偏稳坐钓鱼台，为什么呢？因为袁世凯背后有个大佬在为他撑腰，此人当然是李鸿章，于公于私李鸿章都会力保袁世凯。为什么李鸿章如此器重袁世凯呢？这里面应该有李袁两家的交情，但更为重要的是，李鸿章从袁世凯身上看到了自己年轻时的影子。

李鸿章不仅力排众议，让袁世凯继续留朝任职，还于1890年2月为袁世凯写了"血性忠诚，才识英敏，力持大局，独为其难"的评语。有李中堂这个靠山，袁世凯更是风生水起了，但是他很清楚，清朝的国力在下降，而日本的国力在上升，总有一天自己会败退朝鲜。

日本人对于袁世凯的强硬是极为恼火的，他们组织了多次暗杀行动，企图杀掉袁世凯。袁世凯对日方的阴谋是心中有数的，他做好了全方位的防范，并最终挫败了对方的暗杀计划。

袁世凯在驻朝期间，纳了三个朝鲜籍小妾，其中有个小妾还是闵妃的

袁世凯在阅兵

表妹，而袁世凯的次子袁克文就是这个小妾所生。

1894 年，朝鲜爆发了东学党起义，袁世凯暗示朝鲜向清廷乞援，但在清廷派军入朝之前，日军已经大规模登陆朝鲜。袁世凯是个明智之人，他明白形势发生逆转了，若不及早逃离朝鲜，自己的小命就不保了。于是，在甲午战争前夕，袁世凯化装成平民，从仁川逃回国内。

袁世凯在朝鲜的成功和失败，固然与他的才能和品行有关，但更主要的是国力对比的表现。因此，我们过分夸大袁世凯的才能或过多非议他的失误，都是不客观不公正的。要想探究历史真相，还得从当时中日两国的国力衰盛中找原因。

## 小站练兵

在中日黄海大战之后，北洋水师遭受重创，为了加强京畿防卫，李鸿章的德籍顾问汉纳根向清廷建议编练新式陆军。由此可见，编练陆军是中日甲午战争失利的产物，就算没有袁世凯这个人，北洋陆军也会出现在历史舞台上。

事实上，最先奉命编练新军的，还真不是袁世凯，而是胡燏棻。胡燏棻受命后，便招募了一支步队 3000 人、炮队 1000 人、马队 250 人、工程队 500 人，共计 4750 人的队伍，聘请汉纳根担任总教习，完全采取德式陆军的模式进行操练，这支队伍被称为定武军。

定武军最初设于天津马厂，次年转移到小站，由袁世凯接替胡燏棻，袁世凯又从淮军旧部抽调了 2000 多人，组成近 7000 人的队伍，改称小站新军，也称新建陆军、北洋新军或武卫右军。

袁世凯能够接替胡燏棻，这里面大有文章：从胡燏棻的方面来说，他是个技术官僚，不具备军事专才，而且他一口绍兴方言，连官话（普通话）都不会说，所以他很不受满臣荣禄的赏识；袁世凯则正相反，他曾经亲历战阵，又有在朝鲜练兵的经验，而且官话说得好，所以他被荣禄和李鸿章共同举荐，接替了胡燏棻的职务。

袁世凯为了能够接手小站新军，也是费了九牛二虎之力，他请人以自己的名义编写了一部兵书，然后上门恳请荣禄等一些重臣"赐教"。袁世凯除了走荣禄等人的门路之外，还"孝敬"了大太监李莲英，请他在慈禧太后面前替自己美言。李鸿章一向欣赏和器重袁世凯，袁世凯却在甲午战败后的倒李风潮中攻讦了李鸿章，不料李鸿章不计前嫌，又一次为袁世凯说了话。

1895 年，36 岁的袁世凯正式接手了小站新军。小站练兵是袁世凯事业的真正起点，袁世凯为此向清廷要足了军饷和装备，然后聘任了十几名德国教习，请老友徐世昌和唐绍仪担任文案，派北洋武备学堂优秀毕业生段祺瑞、冯国璋和王士珍等人分别担任各处总办和统带，提拔曹锟、卢永祥、王占元、段芝贵和李纯等人分任各营哨官，拼尽全力把小站新军打造成中国第一劲旅。

袁世凯做事懂得抓大放小，他总是把具体事务交给专业人员去办理，自己只负责大方向和根本问题——大方向就是用奖励和惩罚两种手段来管理军队，用铁的纪律来提升军队的战斗力；根本问题是继续贯彻淮军的"兵归将有"的原则，把小站新军培养成名副其实的"袁家军"。

对于清廷而言，袁世凯的小站新军只是拱卫京师的北洋三军之一（其余两军分别为董福祥的甘军和聂士成的武毅军）；对于袁世凯而言，小站新军是自己的命根子，新军将士是自己的工具；对于新军将士而言，清廷远而袁大帅近，归根结底谁给我前程我就效忠谁。

关于小站新军，有10个首创性改革，值得认识和了解：

1. 第一次规范设置步、骑、炮、工、辎重等陆军主要兵种，全部编制装备近代火器新式作战装备，组成中国多兵种合成的近代陆军；

2. 第一次仿效西方近代军队，形成军、师（镇）、旅（协）、团（标）、营、连（队）、排、班（棚）的编制，建立规范的随军医院和使用近代通信手段的专业分队，并全部配备新式通讯与观测装备、辎重车等；

3. 第一次按照西方近代军队模式制定训练大纲，并以西式律令操法训练部队，结合中国古代练兵与管理经验制定出各类军法军规；

4. 第一次参照近代欧洲国家的陆军征兵标准，制定士兵招募制度，鼓励有文化者从军，促使中国军队成分发生变化；

5. 第一次设立参谋营务处、执法营务处、督操营务处等正规参谋机构、军法执行机构和训练监督机构，提高军队指挥与管理效率；

6. 第一次设立粮饷局、军械局、转运局等较为完善的近代后勤保障机构，提高部队军事行动的保障能力；

7. 第一次废除跪拜等旧式封建礼仪，组建正规军乐队，以文明军事礼仪规范官兵的日常行为；

8. 第一次创办各类军事学堂、学兵营、训练队等一系列学科健全、管理规范的军事教育机构，派遣军事留学生出国深造，并委任毕业生或留学生担任部队各级军官；

9. 第一次仿照西方陆军军制，在军队中实行正规的近代军衔制度，进一步促进陆军的正规化建设；

10. 第一次按照近代陆军单兵作战的要求，淘汰笨重的旧式军服，采用西式军服制式，使部队面貌焕然一新。

另外，还有延续至今的两个口号——"立正"和"稍息"，就是北洋军统制王英楷独创的。

就在袁世凯专心练兵的时候，有人向他发难了，监察御史胡景桂参了他一本，说他贪墨军饷和嗜权擅杀。平心而论，胡景桂说得基本属实，袁世凯确实有相关情节。然而，如果深究起来，问题就有些复杂了。

清朝末期的官场，已经堕落到了无官不贪的地步。袁世凯是官宦子弟出身，他平生并不爱财，可是这并不代表他没有贪污。道理很简单，假如袁世凯不贪污，他怎么向朝中权贵奉送"冰敬"和"炭敬"呢？如果不买京城大佬的账，谁会替他说话呢？要是没人替他说话，这支小站新军还会属于他吗？

至于说到嗜权擅杀，袁世凯一向是这么干的，他在登州和汉城练兵时，也是靠杀伐来立威的。因为在他看来"慈不掌兵义不理财"，整天一副菩萨心肠，谁肯听你调遣呢？带兵理政无非两手，软的叫恩赏，硬的叫惩罚，而斩首不过是惩罚的一种。假设袁世凯不能做到赏罚分明，那小站新军很难成为一支精锐武装。

既然有御史弹劾了，慈禧太后和光绪帝就得派人彻查，清廷一向重视清流物议，并以此作为制衡各级将官的手段。这次慈禧选派的钦差是荣禄，这本身就表明了一种态度：袁世凯是你举荐的，他干得怎么样，你就去验收一下吧！

荣禄受命之后，迅速赶赴天津小站，就近视察了小站新军。袁世凯命小站将士列队欢迎钦差大臣，以最优良的军容军阵请荣禄检阅，并为他进行了战斗演练。

荣禄置身军旅大半生，从未见过这种整肃威猛的军队，他阅兵后对袁世凯大为赞赏。国家衰败至此，难得有这么一支劲旅，这都是袁世凯的功劳，真可谓人才难得。

荣禄是慈禧的宠臣，他的态度在很大程度上就代表了慈禧的态度，所以清廷非但没有惩戒袁世凯，而且授予袁世凯直隶按察使的职衔，仍命他督办练兵事宜。袁世凯经此一事，提升了地位和知名度，有惊无险地躲过了一劫。

胡景桂弹劾袁世凯不成，并未受到清廷的责难，反而连续升任知府和布政使，这反映了慈禧的御人手腕。但袁世凯绝非善茬，他暂且忍耐了一下，后来借胡景桂儿子违法一事，用欺诈的手段逼胡景桂自杀了。

1895 年至 1898 年间，正是外敌环伺而国内变法呼声高涨之时，袁世凯作为一个新派人物，他积极表现出了对变法潮流的迎合。在此期间，袁世凯除了在小站练兵之外，还做了两件事：一是发动手下智囊，制作了列强瓜分中国图，并请人进献给光绪帝；二是积极联络维新党，设法与康梁师徒接洽，向这股新贵势力靠拢。

袁世凯的进步趋向，自然有他投机的一面，但其中应该也是饱含一腔热血的。袁世凯一生追求功名利禄，同时也致力于富国强兵，倘若变法有利于国也有利于己，那何乐而不为呢？

维新党凭借变法主张登上了政治舞台，深受光绪帝的欣赏和重用，维新变法运动轰轰烈烈地展开了。在开启变法之前，光绪帝业已亲政，慈禧太后已经退往颐和园养老，所以变法开局良好。

为了改变国家贫弱的面貌，光绪帝是下大决心实行变法的，有保守派大臣告诉他变法会削弱君权，他说了这么一句话：倘变法有利于国，朕无权又有何妨？作为一个帝王，能有这份心胸和见识，也是难能可贵的。

可是，维新运动是靠维新党来推动的，而维新党急功近利，保守派势力又十分庞大，所以事情越来越难办了。康有为竟然对荣禄讲：要想让变法成功，非得杀几个一二品大员不可！荣禄闻言大惊，立刻向光绪帝哭诉：大清要灭亡了！

此时光绪帝的变法之志已经坚定了，他不顾荣禄的哭诉，也不管刚毅和徐桐等人的反对，下令免去阻挠变法的礼部六堂官的职务。随后，光绪帝在维新党的推动下，在 100 天之内下发了 200 多道变法诏书。变法措施如此急切，令各部、各省无法消化，所以变法只能是流于形式。

政治格局是利益集团博弈的结果，谁能掌握大权，要看他是否代表了强势利益集团的利益。

保守派势力涌到颐和园，激起了光绪帝和维新党的恐慌，他们忽然发现自己是那么孤立和虚弱。为了挽回颓势，康有为建议拉拢手握小站新军的袁世凯，光绪帝立刻召见袁世凯，并授予他兵部侍郎衔。

光绪帝的这一招没有逃过慈禧太后的眼睛，她立即下诏：凡是新晋二品以上大员，必须先来颐和园谢恩。袁世凯同时引起了皇帝和太后的重视，这是一个出人头地的绝佳机会，可帝后双方明争暗斗，就让夹在中间的袁世凯如坐针毡了。

维新党和保守派水火不容，帝后之争也日趋白热化，京城有传言慈禧太后将趁天津阅兵之机废掉光绪帝。为了扭转不利局面，康有为便派谭嗣同去拉拢和威逼奉旨进京的袁世凯，请袁世凯以小站新军兵围颐和园。袁世凯假意答应谭嗣同，然后飞快赶回小站军营，与心腹部将商议对策。

袁世凯面临着站队问题，如果站在太后一边，那么日后必然要面对皇帝的打击；如果站在皇帝一边，太后连目前这一关都不好让他过去。太后和皇帝哪个更厉害？从长远来看，太后日薄西山，而皇帝年富力强，当然是皇帝厉害；但是太后代表着强大的保守派，而皇帝只代表一小撮儿维新党，所以眼下帝派是斗不过后派的。

经过慎重考虑，袁世凯决定站到太后一边，这是他个人的决定，也是小站团队的决定。力量对比是显而易见的，京城大佬没几个支持维新党，而且荣禄在京畿周围部署了 9 万大军，仅凭小站 7000 军马是不能力挽狂澜的。假如袁世凯一意孤行，不识时务地下令包围颐和园，估计大多数小站将士会抗命的。

袁世凯主意已定，却未立刻向后派告发维新党的阴谋，而是静待京城的消息。当慈禧太后返回大内囚禁光绪帝的消息传来时，袁世凯害怕自己被牵出，才向荣禄揭发了维新党的计划。有一种说法是袁世凯出卖了光绪帝，这种说法是站不住脚的，因为当时戊戌政变已经开始，袁世凯事后揭发只是一种自保行为。

慈禧太后通过政变囚禁了光绪帝，杀了谭嗣同等戊戌六君子，康梁师徒逃往国外，百日维新宣告结束。袁世凯站对了阵营，也就巩固了自己的地位和权力，可也因此跟光绪帝结下了梁子，为日后埋下了隐患。

慈禧重掌大权之后，是很想废掉光绪帝另立新君的，可是她的计划未能实现。李鸿章、张之洞和刘坤一三大督抚联名致电清廷反对废立，荣禄也不支持废掉光绪帝；同时，朝中百官除载漪、刚毅和徐桐等人之外，大都不主张废立；更为重要的是，外国使节明确反对废黜皇帝。

载漪主张废掉光绪帝，是因为慈禧太后有意立他的儿子溥儁为新君，这样他就有望掌握大权了；刚毅和徐桐也主张废掉光绪帝，是因为他们都跟维新党撕破了脸皮，假如日后光绪帝重掌大权一定对他们不利。

以李鸿章和荣禄等人为首的军政实力派是反对废立的，因为一旦废立那么朝廷就要重新洗牌，自己的既得利益就没法保障了；外国使节代表各国政府反对废立，这也是可以理解的，因为光绪帝的维新之志已经名扬世界，他代表了清朝的前进方向，而一个文明开化的国度更好打交道。

袁世凯从私心上讲，那肯定是希望光绪帝被废的，不然自己将来的前途堪忧。但是，此时的袁世凯仅是一名小角色，废立大事还轮不到他来干预。袁世凯所能做的，就是练好小站新军，并寻机壮大实力，靠枪杆子来维护自己的利益。

在各方角力之后，慈禧太后采取了一套折中方案，她继续限制光绪帝的人身自由，同时册立溥儁为大阿哥。这套方案是符合实际的，可以说照顾了各方面的利益和感受，但结果却并不理想，拥帝派不满意，废帝派也不满意，尤其是载漪对此愤恨不平。

载漪本来是这么想的：废掉光绪帝，让溥儁登基，自己就是太上皇了。可拥帝派和各国洋人这样一闹，废立大计便泡汤了，太上皇自然也当不成了。其实，载漪是利令智昏了，只要慈禧太后还在世，就算溥儁取代了光绪帝，也轮不到他来掌舵。

就在载漪对洋人恨之入骨的时候，国内的局势发生了变化，山东和河北等地的义和团运动发展起来了。尤其是在山东，各州府义和团民烧教堂杀教民，而几任巡抚都无力控制局面。最后，在各国公使出面建议下，清廷任命袁世凯为山东巡抚，让他去山东灭火。

## 山东巡抚

如果没有洋人来内地传教，也就没有教民与非教民之间的矛盾，从而就不会有义和团运动。如果没有义和团运动，也就不会弄得山东连续撤换巡抚，从而给袁世凯机会。

教民和非教民之间的矛盾，当然有价值观念和生活方式上的冲突，不过也是相互间的利益冲突。洋人来华传播基督教，是要建教堂占地盘的，是会形成基督教势力的，这就不可避免地会与本地民间组织发生冲突。

义和团最初叫义和拳，包括大刀会等一些民间组织，骨干力量是农村习武之人。他们开始时烧教堂并杀教民，最后发展到，凡是与洋人有关的事物，义和团都不能容忍。

山东巡抚也属于封疆大吏之一，而且山东东临大海西靠直隶，战略位置十分重要。袁世凯之所以被任命为山东巡抚，是因为他手握精兵且有治乱之能，否则各国公使也不会推荐他。

在袁世凯任山东巡抚之前，有三个人先后出任了山东巡抚，他们分别是李秉衡、张汝梅和毓贤。这三者之间的差别在于，李秉衡和张汝梅纵容义和团，而毓贤不但纵容而且扶植了义和团。

在义和团运动开始兴起的时候，清朝地方官府是有能力平息混乱局面的，可是地方官员大多抱着混日子的心态，对朝廷报喜不报忧，以致义和团星火燎原难以扑灭。当然后来事情发生了变化，朝廷对义和团的态度十分暧昧，总是向地方下发一些模棱两可的指令，令地方官无所适从。

在山东地界上，还是有一些清醒官员的，他们认为如果不及时剿灭义和团，以后将无法收场。其中有一个代表性人物，此人就是袁世凯的大哥袁世敦，时任济南府候补知府。袁世敦很清醒很能干，但是当时的山东巡抚不力挺他，所以他在进攻义和团之后遭到了失败，最后被革职查办。

1899年，40岁的袁世凯被任命为山东巡抚，率领小站数千军马前去济南赴任。袁世凯手下只有几千人，而义和团已有几十万人，如何对待这些乱民，成了袁世凯的当务之急。如果袁世凯是做小弟的人，他大可跟着朝廷的政策摇摆，那么他的结局将与毓贤等人相差无几。

袁世凯有他自己的见识：义和团烧教堂杀教民，扶植他们一定没有好下场；朝廷可以犯错，而我袁某人是犯不起错误的；要想把山东治理好，首先就要解决义和团问题。

义和团人多势众，而袁世凯手下只有那么点人马，怎么解决问题？虽然义和团不过是乌合之众，但是猛虎架不住群狼，就算袁世凯能解决义和团，那也会把自己的力量消耗掉。

几经思索，袁世凯又聚众商议，最终决定把义和团"礼送出境"。袁世凯的方针是：你们义和团如果放下武器重做良民，那么本巡抚将不再追究；如果你们非要闹下去，那就离开山东上别处闹去；对于死赖在山东不走的义和团，只有坚决镇压了。

袁世凯的小站新军绝不是吃素的，义和团很快就尝到了苦头，他们纷纷离开山东转赴直隶，从而山东地界被肃清了。袁世凯稳坐山东巡抚大堂，静观天下风云变幻，借机招兵买马壮大实力，为进一步向上攀登作准备。

山东的义和团跑到了直隶，直隶和山西的义和团势力膨胀，近百万义和团民在京畿周围闹腾起来了。

义和团已经成了气候，正在打着"扶清灭洋"的旗号挺进北京，清廷分成了两派，以刚毅和徐桐为首的一派主张扶植义和团，以许景澄、袁昶、徐用仪、立山和联元5位大臣为代表的另一派则主张镇压义和团。

义和团团旗

慈禧如何定夺要看形势的发展，现在就算想要镇压义和团也来不及了，只能依靠义和团向列强宣战了。慈禧深恨洋人干涉她废立大事，义和团的兴起给了她希望，她的如意算盘是让义和团和洋人拼个两败俱伤。

义和团涌进了北京城并包围了使馆区，慈禧在刚毅的建议下杀掉了许景澄等8位大臣，而后下达了向英、俄、日、法、德、美、意、奥、荷、葡、西11国开战的诏令，列强也紧急调兵组成联军开进渤海湾，形势十分危急。

在八国联军占领天津进攻北京之时，慈禧向各省督抚下发了勤王令，要求全国的军队赶到京师抵御联军。然而，此时慈禧的命令已经成了废纸，以李鸿章、张之洞和刘坤一为首的东南政要，宣称来自北京的诏书是伪诏，他们采取与列强议和而与清廷暂时脱离关系的做法。

此时袁世凯面临着两个选择，一是遵照慈禧的命令进京勤王，二是跟东南互保派抱成团。几经观察和考量之后，袁世凯选择了后者，他明智地加入了东南互保的阵营，不再理会慈禧的勤王诏令。

八国联军很快就攻陷了北京，义和团遭到了毁灭性打击，慈禧带着光绪仓皇西逃。慈禧在逃亡路上，以光绪的名义发布"罪己诏"，改变了扶植义和团的政策。于是，袁世凯和东南各督抚一起，重新认可了慈禧的统治地位。

袁世凯稳定了山东形势，把手下军队扩充到两万人，又处理好了与各方面的关系，就开始发展事业和兴办新学了。1901年，袁世凯创办山东大学堂，任命唐绍仪为首任校长，讲授传统文化和西方科学，开新政之先河。

袁世凯总能看清形势和潮流，所以在历次政治动荡中获益最大。袁世凯在山东巡抚任上的胆识和作为，为他攫取了更多的政治资本，他将在清末的舞台上再次高升。

1901年，李鸿章奉命签署完《辛丑条约》就病逝了，他在遗折中向慈禧陈请了一件事，并推举了两个人。李鸿章陈请的事情是大清要实行新政，推举的两个人分别是奕劻和袁世凯。关于袁世凯，李鸿章是用这么一句话来概括的：环顾宇内人才，无出袁世凯之右者。

普天之下的人才，没有能超过袁世凯的，这就是威名显赫的李鸿章对后起之秀袁世凯的评价。这一评价打动了慈禧，她一向信赖李鸿章，而且当时京畿周围离开了袁世凯是难以运作的，所以她也不得不对袁世凯刮目相看。因此，1901 年底，42 岁的袁世凯升任直隶总督兼任北洋大臣。

# 天下第一督抚

直隶总督号称天下第一督抚，绝对称得上位高权重，这个职务大致相当于现在的河北、北京和天津一省两市的军政首脑，并且直隶总督有权节制山东和河南两省的巡抚。官儿是挺大，但做起来并不容易。首先，赴任就是个难题，《辛丑条约》规定天津周围不准驻军。

直隶总督署衙有两处，一处在保定，另一处在天津。天津是北京的门户，如果不能守护和经营好天津，北京的安全就没有保障。袁世凯要想当好这个直隶总督，就要先绕过《辛丑条约》解决驻军问题，没有军队保卫的政权是站不住脚的。

为了能够顺利地在天津办公，袁世凯采用了偷梁换柱的计策，从小站军马中抽调 3000 精锐组成巡警营，以警察的名义驻防天津和直隶各地。这招不知是袁世凯的独创，还是他身边幕僚的主意，反正很有效地解决了问题，又巧妙地避开了来自列强的干涉。

直隶总督照例要兼任北洋大臣，袁世凯自然也不例外。除此之外，袁世凯还兼任了几个要职，比如参预政务大臣、练兵大臣、铁路大臣和电政大臣等，从而掌握了华北乃至全国的行政、军事以及财经大权。

袁世凯能够成为身兼数职的重臣，绝不是因为他有三头六臂，而是因为局势的发展把他推上了这个位置。战争失败了，国人都知道不实行新政不行了，慈禧要么顺应形势，要么被时代潮流淘汰。在此情况下，比戊戌变法力度更大的清末新政开始了，袁世凯的水涨船高就是跟着新政走的。

为什么袁世凯能够在清末新政中大有作为呢？这里面的原因比较复杂，首先是慈禧的赏识和李鸿章的推荐，其次是袁世凯的个人能力，最重要的是以袁世凯为首的北洋团队获得了各方面的认可。假如慈禧不重用袁世凯，而是重用了另外一个人，那连天津城都未必守得住。

袁世凯为了往上爬也是下了血本的，除了打造自己的团队和地盘之外，就是向上疏通关系了。从李鸿章到荣禄，再到接替荣禄的奕劻，袁世凯无不倾力结交。奕劻贪得无厌爱财如命，袁世凯就满足了他的贪欲，让他在朝廷为自己说话。

袁世凯一身兼任数职，他不但不会浪费任何职权，还会把每一份职权的收益最大化。同样一把交椅，不同的人坐上去，分量是不等的，袁世凯就是最能充分利用权力资源的那个人。

袁世凯在直隶期间，做成了许多事，比如：任命詹天佑为总工程师，设计并建造了举世闻名的京张铁路；兴办了许多工矿企业，大力发展近代实业；积极创办新式学堂，联合张之洞一起推动废除科举制度。

袁世凯如此卖命地做事是有目的的，除了效忠朝廷为国分忧之外，敛财、揽权、邀名应该是他的主要目的。袁世凯平生不爱财，但是奕劻和载振爱财，李莲英和小德张也爱财，袁世凯需要大量的钱财来收买他们。而且，更为重要的是，袁世凯要用大钱来干一项最为重要的事业。

袁世凯要干的这项事业是练兵，他以练兵处会办大臣的名义，在保定设置督练公所，全力打造北洋新军。经过义和团运动，董福祥的甘军和聂士成的武毅军已经瓦解，袁世凯的小站新军成了北洋军的代称。袁世凯以小站新军为基础，把军队扩编为六个镇（每镇在编12500多人），组建成为北洋常备军，配置最精良的装备，进行最严格的训练。

袁世凯为了免受满清贵族的猜忌，把北洋新军第一镇交由满臣铁良掌管。这是袁世凯的策略，第二至第六镇在段祺瑞和冯国璋等人手里，况且第一镇官兵中就有不少小站老人马，所以袁世凯是不用担心铁良翻起风浪来的。

编练新军是清末新政的一项重要内容，不仅袁世凯在直隶练兵，各省督抚都在自己的地盘上编练新军。袁世凯不仅主持直隶和华北地区的练兵事宜，而且以朝廷练兵处会办大臣的身份，有权指导和节制全国的练兵事业。

从这个意义上来讲，北洋军的范畴扩大了，不但包括北洋地盘上的新军，而且包括全国的新军，甚至还包括旧军，比如张作霖就是从土匪被招安为旧军的，后来他却日益壮大为北洋军的重要一系。新军是指新式陆军，旧军是指传统军队，包括八旗、绿营、团练和巡防营等。

袁世凯的势力日渐壮大，有很多人看在眼里，他们或者出于对清廷的忠心，或者是想跟袁世凯争权夺利，总之有人站在了袁世凯的对立面。在奕劻和袁世凯的政敌中，分量最大是瞿鸿机和岑春煊，他们都在慈禧西逃中立下了大功，所以深受慈禧的信任和重用。当时的局面是，岑春煊以军机大臣的身份挑战奕劻，岑春煊号称官屠气焰熏天，他们以清官和名流自居，非要把奕劻和袁世凯这两个贪官打倒。

为了调查奕劻亲信人员的贪腐罪证，岑春煊自请调任广东巡抚，慈禧立即就照准了他。为了对付岑春煊，奕劻玩尽了手腕，他借故奏请慈禧任命岑春煊为云贵总督。总督虽然比巡抚级别高，但是昆明当时没有通往北京的火车，把岑春煊撂在昆明，就切断了他与京城的联系。

岑春煊倚仗慈禧的宠爱，擅自从昆明返回了北京，他非但没有受到慈禧的责罚，而且被任命为邮传部尚书。岑春煊占了上风，瞿鸿机就有了信心，他指使御史参劾奕劻父子贪污腐化。慈禧对奕劻的贪婪成性和载振的胡作非为是非常不满的，她遂有了撤换奕劻之心。

假如奕劻父子被拿下，瞿鸿机和岑春煊一系得了势，那么袁世凯就不好混了。所以，为了保证自己和北洋系不受冲击，袁世凯必须全力帮助奕劻斗败瞿鸿机和岑春煊。在奕劻心目中，袁世凯是他的人；可是在袁世凯心目中，奕劻不过是他的桥，只是现在还没过河，所以要保护好这座桥。

为了替奕劻父子解围，袁世凯不惜让人作伪证，来驳斥有关他们涉腐的罪证；为了抹黑并搞掉岑春煊，袁世凯命人把岑春煊和梁启超的照片合在一起；为了拿下瞿鸿机，袁世凯重金收买了李莲英，让他把瞿鸿机向外泄露最高机密一事上报慈禧。

事实证明，袁世凯得逞了，瞿鸿机和岑春煊很快就被清理出局，奕劻父子掌握了中枢大权，为袁世凯开辟了道路。从形式上看，袁世凯的胜利是官场逆淘汰，即贪官打败了清官。可是，如果进一步挖掘，就会发现事情并不是那么简单。

瞿鸿机和岑春煊是传说中的清官，他们也打击了一批贪官，可是他们是不可能改变清末官场无官不贪的局面的，他们整肃吏治无非是借以获取慈禧的赏识罢了；他们所努力的大方向，无非是最大可能地加强慈禧的君权，而无助于推动中国社会的进步。

袁世凯一系虽然贪腐，却也是干实事的。在练兵和搞实业的同时，袁世凯还积极推动朝廷立宪和地方自治。就连一向卖官鬻爵、胡作非为的载振，也在袁世凯的指导下，以农工商部尚书的身份，制定了一系列发展近代工商业的政策。

袁世凯在直隶总督的位置上干了六年，这是很不寻常的，因为在此之前只有李鸿章做的时间较长，这项职务的平均任期只有几个月。在正常情况下，清廷不放心任何一个人在这个位高权重的职位上长待，袁世凯能连续干六年之久已是奇迹。

袁世凯在直隶总督兼北洋大臣任上干的最后一件事，是与兵部尚书铁良一起主办彰德秋操，这是对新式陆军的一次总检阅。彰德就是今天的安阳，彰德秋操是清朝末年最大规模的一次军事演习，演习主力是北洋常备军和湖北新军，双方共计三四万人，采用近代装备和战法开展演练。

参加彰德秋操的，除了袁世凯和铁良之外，还有王士珍、哈汉章、段祺瑞、冯国璋、良弼、张彪和黎元洪等人。这些人都曾在清末民初的舞台上叱咤风云，成了那个时代的主角。

通过彰德秋操，北洋常备军的实力在很大程度上暴露了出来，袁世凯的直隶总督兼北洋大臣也当到头了。因为，在满清贵族的集体猜忌之下，连慈禧都不敢维护袁世凯了，相比之下奕劻更是人微言轻，袁世凯的离任已经不可避免。

一个臣子，不在于他有没有谋反的念头，而在于他有没有谋反的实力。以袁世凯当时的实力，他是足以推翻清廷取而代之的，所以满清亲贵们是不会放心的。事实上，如果继续把袁世凯留在直隶掌军，北洋常备军继续壮大规模，难保他们不会拥立袁世凯篡位。

高潮过后是尾声，以袁世凯的聪明睿智，他当然很清楚自己面临着一

彰德阅兵演练

个什么样的形势：自己已经受到了朝廷的猜忌，往前走就是谋反篡位，这绝对是一条不归路；往后退就是交出兵权，以最大的诚意向朝廷表示衷心，以此来换取自身的安全。

　　袁世凯经过慎重考虑，选择了一条稳妥的路线，他把大部分兵权上缴朝廷兵部，以此来表明自己绝无揽权篡位之心。清廷收回了袁世凯的兵权，可是收不回袁世凯在北洋军中的势力和影响，因为练兵十余年来，袁世凯已经与北洋军融为一体，唯有袁世凯能代表北洋团体的最大利益。

　　袁世凯交出了兵权，清廷不能不有所表示，1907年初，慈禧把袁世凯和张之洞一起上调军机处，让他们共同参与国家重大决策，从此袁世凯成了一名军机大臣。

# 军机大臣

　　慈禧把北洋袁世凯和南洋张之洞一起内调军机处，这是一招明升暗降的棋，明眼人都能看得出来。对于张之洞来说，离开他经营多年的湖广老巢，也就丧失了根基和势力，可是对于袁世凯来说却并非如此。

袁世凯离开了直隶，可是北京就在直隶的地盘上，北洋各级将领还是袁世凯的小弟，他们遇事总是先要请示袁世凯的。而在军机处，奕劻和张之洞等人都是很敬服袁世凯这个后起之秀的，袁世凯就能在军机大臣的位置上，积极为北洋团队谋求利益，从而继续壮大自己的实力。

除了军机大臣之外，袁世凯还兼任了外务部尚书，这个外务部就是原来的总理各国事务衙门。袁世凯在这个位置上，积极处理中外交往和商贸事务，树立起了较高的国际声望，也与列强建立起了密切联系。

慈禧已经日渐衰老，朝政主要交由军机处处理，奕劻最看重的是银子，张之洞最在乎的是学问，袁世凯才是干实事和大事的。袁世凯在任何一个岗位上，都把相应的职权发挥得淋漓尽致，在军机大臣和外务部尚书任上也不会例外。

袁世凯担任中枢重臣期间，调动一切能调动的力量，大力推动清廷立宪，积极与朝廷内外甚至国内外的立宪派建立联系，还把立宪专家杨度拉入自己的阵营。

袁世凯位高权重，他对于清廷立宪当然有推动作用，但是这个推动作用也不可高估，因为他不过是顺应了立宪风潮。形势永远比人强，个人的作为对于时代大势来讲是微弱的。早在 1905 年，慈禧就派以载泽为首的五大臣出国考察宪政，当时还遭遇了革命党的暗杀；两三年后，以张謇、汤化龙、谭延闿和丘逢甲等人为代表的立宪派在地方鼓动立宪风潮，梁启超也在国外组织立宪团体与之相呼应。在袁世凯的推动下，天津率先启动了地方选举，随后中央资政院和地方咨议局陆续成立了。

袁世凯全力推动立宪，当然是其追求进步的一个表现，但是他始终是个公私兼顾的人，这里面当然有他的私心在发挥作用。当年为了自保，他揭发了光绪帝和维新派，也就为自己埋下了祸根；眼下慈禧太后日薄西山，一旦她归西而光绪复辟，自己就有被杀头之虞；而如果中国实现了宪政民主，君权就会受到限制，光绪就不能随意处置自己了。

袁世凯担心光绪复辟之后会对自己不利，慈禧有着同样的担心，虽然光绪一再向慈禧表示臣服，但慈禧是不会对他放心的。没有人愿意受制于人，一个人向别人下跪服输，往往是因为他不得不这么干；一旦自己处于有利地位，没有人会向别人低头的，光绪当然也不会例外。

1908 年，励精图治的光绪被老谋深算的慈禧害死了，这是非常可惜却又无可奈何的。光绪的失败，不是他一个人的失败，而是满清王朝革新势力的失败，因为光绪死后，清朝的衰亡就不可避免了。

慈禧似乎并不反对清廷立宪，因为这是大势所趋；但是她反对立刻立宪，因为她要在生前牢牢把握君权。慈禧一生精于治术而昧于大势，把权力看得最重，宁死都不肯放权。慈禧在临死前，册封溥仪为宣统帝，任命其父载沣为监国摄政王，光绪的皇后、慈禧的侄女则成为隆裕太后。

慈禧死后，清廷给她举行了豪华隆重的葬礼，在财政紧缺的情况下拨出了大笔治丧和修陵经费，以此来追念她一生的功绩。载沣掌握了清廷的大权，也接手了慈禧留下的烂摊子，他将要何去何从呢？

载沣接班掌权后，他要解决的第一个人就是袁世凯，因为从私人恩怨上来讲，载沣要为其兄光绪帝报仇；从政治格局上来讲，袁世凯已经成了载沣加强君权的拦路虎。于是，在宗室亲贵溥伟和善耆等人的强烈要求下，载沣决意除掉袁世凯。

摄政王载沣（中）

假如载沣干净利落地杀掉袁世凯，那么袁世凯是毫无还手之力的，毕竟京师是载沣的地盘。问题是载沣不是个果敢之人，他非要先跟军机大臣们商议一下，这一商议就商议出了问题。听到载沣的意见后，奕劻号啕大哭，张之洞以北洋哗变相威胁，满臣那桐和世续也竭力为袁世凯讲情。

奕劻多年来被袁世凯的银子喂饱了，俩人又是政治盟友，所以他自然反对载沣除掉袁世凯；张之洞怕载沣杀人杀上了瘾，等袁世凯死了就轮到自己了，所以他更加强烈反对除掉袁世凯；那桐和世续平时都与袁世凯交好，袁世凯始终尊重他们的既得利益，所以他们也会维护袁世凯。

在军机处集体反对之下，载沣未能除掉袁世凯，但他无论如何也容不下袁世凯。于是，1908年，载沣以袁世凯有足疾为借口，命他开缺回籍。袁世凯早就听到了不利于己的消息，已跑到天津避难，后来知道自己不会被杀才赶回北京接旨。

袁世凯被挤出了清廷的官场，惨淡地离开了北京，匆忙赶赴河南彰德，开始了他为期三年的隐居生涯。有许多人包括革命党人都认为，袁世凯不会甘心政治上的失败，会以北洋武力相抗的。但袁世凯偏偏没有起兵，而是乖乖地回到原籍。

## 隐居彰德

载沣很轻易地就打败了袁世凯，袁世凯逃往天津时，直隶总督杨士骧作为袁世凯的亲家，竟然不敢收留袁世凯。袁世凯离开北京赶赴彰德时，只有杨士琦和杨度两个人相送。一代枭雄落了个凄惨离京的下场。

然而，袁世凯的惨败只是表象，他个人虽然下野，其实力并未受损。老友徐世昌外为总督内为尚书，在官场混得如鱼得水，后来竟然升任至内阁协力大臣，他与袁世凯保持着密切联系，俩人之间的盟友关系是牢固的。北洋系高级将领段祺瑞和冯国璋等人更是经常秘密造访彰德，向袁世

凯请示要务,袁世凯依旧掌控着北洋军。长子袁克定在京留任农工商部右
丞,部将赵秉钧担任巡警部侍郎,他们时刻把京城政情向袁世凯汇报。

北洋系仍然唯袁世凯马首是瞻,这倒不是因为他们与袁世凯之间有着
多深的感情,而是因为袁世凯代表着北洋团队整体的利益。换个人,比如
徐世昌、段祺瑞或冯国璋等人,都不能代表全体北洋系。

袁世凯在隐居彰德期间,表面上每天钓鱼戏水,一副闲云野鹤的样
子;实际上他在府邸架设了无线电台,时刻关注着全国的政治形势,为
自己东山再起作准备。当时的国内局势已经非常混乱,革命党时常起事,
立宪派整天抗议,清廷的统治已经摇摇欲坠,因此袁世凯坚信自己不会终
老于乡野。

载沣解决了袁世凯之后,就开始大肆揽权,自己代皇帝为陆海军大元
帅,任命满臣廕昌为陆军大臣、弟弟载洵和载涛分别为海军大臣和军咨府
大臣,掌握了中央军权。载沣想当然地以为,只要掌握了军权,就能掌控
国内的局势,事实证明他果然想当然了。

载沣的兄弟和亲信都当上了高官,便开始享用权势这顿"大餐"了,
他们贪赃纳贿卖官鬻爵,搞得官民矛盾严重激化。老臣张之洞劝谏载沣要
收拢民心,载沣竟然大言不惭地宣称"有兵在",张之洞"不意闻此亡国
之音",而后就在气愤和忧郁中一命呜呼了。

赶跑了袁世凯,气死了张之洞,载沣觉得天下已无对手,便膨胀得无
以复加了。载沣利令智昏地开始着手收拢各省的军权和财权,企图重建一
个强势的中央。这是一个根本性的变化,从此载沣的失败和清廷的灭亡便
不可逆转了。

自曾国藩自筹粮饷起兵镇压太平军以来,各省督抚的权力逐渐扩大,
已经形成了尾大不掉之势。当年慈禧作为清廷强人,在关键时刻也不得不
向各省督抚低头,东南互保就是个鲜活的例证。而今载沣不知天高地厚,
向各省区伸出了收权之手,必将遭受最彻底的惨败。

以各省督抚为首的地方军政实力派,为了对抗载沣的集权政策,纷纷
支持各省士绅立宪派,打着速开国会和地方自治的旗号,向朝廷请愿和施
压。事实证明,包括立宪派在内的地方军政实力派,是清末民初最为强大

的一支力量。

在立宪派请愿游行的压力下，载沣不得不同意提前立宪，并首先成立了以奕劻为首的责任内阁。如果载沣能根据满汉力量对比来确定内阁成员比例，那么事情尚有转圜的余地。可惜他不明大势，在内阁十三个阁员中，只给汉人保留了四个席位，内阁实际成为满清贵族把持的"皇族内阁"，最终把全国的汉人都逼到了清廷的对立面。

皇族内阁成立不久，四川就爆发了保路运动，把清王朝推向了崩溃的边缘。事情的起因是，清朝地方政府向四川等省士绅发行铁路债券，集资修建川汉铁路。后来由于士绅领袖蒲殿俊等人拿着修路资金去上海炒股，而股票被套牢，载沣便接受盛宣怀的建议，把铁路收归国有。

愤怒的四川股民纷纷涌上成都街头，冲到总督署衙抗议请愿。四川总督赵尔丰面对汹汹人群，竟然妄图镇压下去，下令枪杀了三十多人。结果反抗的怒火更加猛烈，群众包围了总督府，吓得赵尔丰不敢出门。蒲殿俊反倒被推举为反对派领袖，带头向赵尔丰发难，成了清末民初的风云人物。

四川当局无力镇压保路运动，载沣便命满臣端方从湖北抽调一支新军，开往成都镇压运动。端方在满臣中算是个进步官员，他一直致力于洋务和立宪活动，与袁世凯的私交也甚好，没想到却因镇压保路运动而命丧四川。端方率军开赴四川，还没到达成都的时候，武昌起义就爆发了，而端方所带新军也哗变了，端方与其弟端锦皆在资州被杀。

武昌起义爆发于 1911 年 10 月 10 日晚，起义虽然与同盟会

冯国璋

总会有点渊源，与文学社和共进会有些关系，但是具有很大的自发性。在起义之前，革命指挥部均已遭到了破坏，新军士兵开枪走火便点燃了起义之火。

武昌起义是清王朝内部矛盾的一次总爆发，起义具有必然性，也具有偶然性。如果清朝的统治不是已经到了衰败的边缘，武昌起义是可以镇压下去的。由于武昌起义带动了全国的革命风潮，清王朝只能走向灭亡，再无回天之力了。

武昌起义震惊中外，载沣急命廕昌带领段祺瑞和冯国璋，率领北洋精锐前去镇压。冯国璋为人比较实在，听令而率军南下。相比之下，段祺瑞则打起了小九九，借故宣称部下发动兵变，拒绝服从廕昌的开拔命令。

湖北很快全境变天，南方各省纷纷响应，清廷的统治已经岌岌可危。在形势危急的时刻，载沣征求内阁的意见，大家纷纷要求请袁世凯出山，来帮助大清渡过危局。载沣心里虽有一千个不乐意，但是也没有办法，为了挽救清廷的统治，他只得任命袁世凯为湖广总督。

武昌起义刚刚爆发时，袁世凯就第一时间收到了相关消息，他密切关注着形势的演变。当接到载沣任命自己为湖广总督的命令时，袁世凯嗤之以鼻：都火烧眉毛了，你载沣还不肯放权，我足疾还没好呢，没法伺候你摄政王！

载沣请不动袁世凯，便派徐世昌亲自前往彰德，跟袁世凯会商出山条件。袁世凯狮子大张口趁乱敲竹杠，要求载沣把行政大权交给自己，载沣实在无计可施，只得任命袁世凯为内阁总理大臣。

## 内阁总理大臣

袁世凯接到载沣让他组阁的命令后兴奋不已，迅速前往信阳检阅了军队，然后准备进京接管清廷的军政大权。可是，有些人反对他进京组阁，并为此发动了兵谏。这些人就是吴禄贞、张绍增和蓝天蔚等人，他们在滦州策动新军发起兵谏，要求清廷立即立宪，并阻止袁世凯进京。

滦州兵谏在清廷的政治攻势下宣告失败，吴禄贞遭到忠于袁世凯的北洋将士的暗杀。后来，以王金铭、施从云和冯玉祥为首的营级干部发动了滦州起义，也被袁世凯派去的将领王怀庆镇压。滦州兵谏和滦州起义先后失败，京畿周围的安全就有了保障，袁世凯便得以放心进京了。

1911年底，袁世凯顺利进京接掌大权，组织了一个以北洋系为主导的内阁，命令冯国璋接手京城的防卫，并联合隆裕太后把载沣赶下了摄政王位。从此，以袁世凯为首的北洋系攫取了中国北部的政权，清王朝名存实亡了。

袁世凯进京组阁前后，黎元洪早在湖北组织了军政府，孙中山也接掌了南京的政权，全国25个省份中有15个宣告独立。当时中国的形势，往小了说是三国鼎立，往大了说是五代十国，是地方军政实力派分割掌控中国的一次展示。

袁世凯至此不会再效忠清廷了，他派冯国璋攻占了汉口和汉阳，目的无非是在与南京方面谈判时赢得主动。1912年1月1日，南北双方正在上海举行和谈时，孙中山已经在南京就任中华民国临时大总统了。这令袁世凯大为光火，他授意段祺瑞等北洋将领联名通电，宣称维护君主立宪政体。

孙中山的革命党打不过袁世凯的北洋系，这一点孙中山和袁世凯都是心知肚明的，各省军政大佬也很清楚，所以他们大都会站在袁世凯一边。于是，孙中山在审时度势后发表声明，只要袁世凯赞成共和国体，他就把临时大总统的职位让给袁世凯。

就在南北双方展开和谈的时候，满清贵族青壮派组织了一个以良弼为首的宗社党，准备暗杀袁世凯。如果袁世凯要出手灭掉宗社党，那是轻而易举的，问题是袁世凯不方便出面。原因很简单，袁世凯还没到跟清廷摊牌的时候，并且袁世凯不打算把满清贵族全部逼到对立面。

就在袁世凯苦思对策之时，孙中山命令革命党人用自杀式爆炸袭击的方式杀死了良弼。良弼是宗社党的骨干和灵魂，他的死令宗室亲贵对革命党闻风丧胆，再也不敢拼死保卫清王朝了。除掉良弼后，革命党人又用炸弹袭击了袁世凯，由于袁世凯防范森严，革命党才未能得手。

京师连续爆发行刺案件，再结合之前汪兆铭行刺载沣，袁世凯在朝堂之上大造恐怖舆论，宣称革命党已经遍布北京城，吓得隆裕太后和宣统小皇帝无所适从。袁世凯趁机提出清帝退位条件，逼迫隆裕太后答应，隆裕太后虽然毫无见识，却也知道江山社稷来之不易，因此她也不肯答应退位。

局面陷入了尴尬，袁世凯使出了杀手锏，他命令段祺瑞从武汉前线撤回北京，并指使北洋将领再次联名通电，反对君主立宪，支持民主共和。然后，袁世凯恫吓隆裕太后，宣称革命军即将打进北京，让隆裕与宣统准备引颈就戮。

隆裕不是慈禧，她毫无政治头脑，被吓得丧失了最起码的判断力，慌忙代宣统帝溥仪答应退位。此时，张謇已经让人拟好了清帝退位诏书，请隆裕盖印照准。隆裕无奈之下盖了印，而后抱着诏书号啕大哭，死活不肯松手。最后，在袁世凯的示意之下，太监小德张上前劝慰，隆裕才交出了诏书。

清帝退位了，袁世凯在北京宣誓就任中华民国临时大总统。孙中山在退位前指示南京临时参议院通过了《中华民国临时约法》，其内容主要是两条：

一、改总统制为内阁制；

二、新任临时大总统必须在南京就职。

袁世凯是乱世枭雄，他自然不会受孙中山的约束，事实证明孙中山的计划并不成功。

孙中山让袁世凯去南京就职，并派遣蔡元培、宋教仁和汪兆铭等人，组成迎袁专使团去接袁世凯，结果还是没能达到目的。袁世凯当然不敢公然说，他不服从临时参议院的决议。但就在此时，一场意外事件发生了，北京兵变爆发了。

北京兵变，是驻扎在北京城外的北洋第三镇，趁夜突然冲入城内，到处放枪并四下抢劫，连袁世凯的府邸也受到了冲击，甚至袁世凯的卧房都被打烂了。兵变严重干扰了京城的秩序，损害了广大商户和市民的财产安全，也引起了各国使节的强烈抗议。这么一来，袁世凯只能留在北京整顿

袁世凯宣誓就任中华民国正式大总统

秩序了，迁都南京的计划便无法实施了。

迎袁专使团不得不正视北京兵变引发的严重局势，主动提出不再督促袁世凯迁都，并向南京临时参议院做了解释。于是，迁都的人员和方向完全逆转了，变成了南京临时参议院迁往北京。

关于北京兵变，按照传统的说法，这是袁世凯串通曹锟演的一出戏。但也有不同说法，当时的亲历者冯玉祥在回忆录中做了记录和论证。发动兵变的是曹锟的北洋第三镇，这支队伍已经军纪荡然，袁世凯也丧失了对它的操控能力。

## 民国大总统

1912 年春，得逞了的袁世凯，在北京建立起了一个临时中央政府，当上了中华民国总统。

袁世凯要想真正掌控中国，必须要把两个人收入彀中，他们是孙中山和黎元洪。为了拉拢和控制孙中山、黎元洪，袁世凯邀请他们加入北京政府，可是孙中山摆出一副不问政事的姿态来，黎元洪在湖北遥领副总统职衔，他们根本就不听袁世凯的招呼。

袁世凯无奈之下，恳请孙中山出山主持修建全国的铁路事宜，并每月付给孙中山3万块银元。

袁世凯暂时安顿了孙中山，还没能请黎元洪入京的时候，黎元洪便把武昌起义的功臣推荐给了袁世凯。原来，黎元洪想在湖北经营他的小型独立王国，而以蒋翊武和张振武、方维为代表的革命元勋不买他的账。于是，黎元洪就把这些人推给了袁世凯，请袁世凯妥善安置。

武昌起义功臣进京后，袁世凯把他们全部任命为总统府上将衔军事顾问，以此来收拢人心并结好黎元洪。谁知张振武等人在京城呆着不安分，非要潜回湖北策动兵变，意图夺取政权取代黎元洪。张振武策动兵变并不顺利，他只得再次离开湖北赶赴北京。

黎、张二人早有矛盾，现在张振武又不安分，黎元洪便密电袁世凯，请袁世凯以大总统的名义，将张振武、方维就地正法。袁世凯接到黎元洪的密电，便招来段祺瑞和冯国璋商议对策，段、冯二人都主张不要落入黎元洪借刀杀人的圈套，袁世凯却另有主张。

袁世凯当然知道，黎元洪是在利用自己。但明知对方在利用自己，袁世凯还是决定除掉张振武和方维。袁世凯自有他的算计：杀掉张振武和方维，这是袁世凯和黎元洪相互之间纳了一份投名状，宣告他们站在了同一阵营，而袁世凯这张大网最终会把黎元洪套进去。

当时的宪政体制已经建立，在袁世凯以执行军法名义处决了张振武和方维之后，临时参议院严厉弹劾了相关责任人，社会媒体和舆论枪口也指向了袁世凯。袁世凯便按照事先的计划，把黎元洪的密电公之于众。此时，黎元洪被架在火炉上烤，不得不向各界低头并向袁世凯靠拢。

袁世凯这个民国大总统是临时的，以北洋系为主导的内阁是临时的，以革命党为主体的参议院也是临时的。要想在将来的选举中占据有利地位，必须利用好现代议会和政党政治这套新的政治架构，而这对于袁世凯来说是个挑战。

袁世凯不懂议会和政党政治，黎元洪也是门外汉，当时精于此道的政治人物，是宋教仁和梁启超。宋教仁早就开始以同盟会为基础，现在又联合其他一些小党，合并成立了国民党。梁启超在袁世凯的支持下，联合几个小党成立了进步党，并以此来与国民党相抗衡。

就在宋教仁和梁启超忙于组党的时候，袁世凯开始整理内阁了，他先是逼走了不听话的首任总理唐绍仪，接着批准了不能干的继任总理陆徵祥的辞呈，然后任命铁杆部将赵秉钧担任了总理一职。虽然实行了责任内阁制，但是赵秉钧很识时务，唯袁世凯马首是瞻。

临时政府只维持了一年多，因为从1912年下半年开始，中华民国国会大选就展开了。经过几个政党连番角逐，最后以宋教仁为首的国民党赢得了大选，抢占了参众两院多数席位，成为国会第一大党。而以梁启超为首的进步党紧随其后，成了仅次于国民党的第二大党。

1913年初，宋教仁从上海乘坐火车，打算赶赴北京组织责任内阁，结果却在上海火车站被人刺杀了。

宋教仁案是在陈其美控制的上海发生的，行凶者武士英是陈其美的铁杆应桂馨指使的，事后武士英死在了监狱里，而应桂馨从陈其美的眼皮底下开溜了。宋教仁遇刺后，孙中山不顾黄兴等人的反对，发动了二次革命。

孙中山以为，大多数督军都是国民党员，所以打败北洋系取代袁世凯易如反掌。但二次革命还没开打，结局就注定了。只有李烈钧、柏文蔚和胡汉民三个督军支持孙中山，而以冯国璋和张勋为代表的北洋系全都站在了袁世凯的背后，且第三方实力派都把注下在了袁世凯一方。二次革命失败后，孙中山和黄兴等人逃到了日本。孙中山在总结失败教训时认为国民党不团结是主要原因。为此，孙中山下决心另起炉灶，组织了一个中华革命党。

在袁世凯斗败了国民党之后，孙中山的中华革命党在国内发动了几次起义，除了陈其美派人暗杀了上海镇守使郑汝成之外，并没掀起什么大风浪。民国初年，对袁世凯冲击最大的是白朗起义，这一场风波险些颠覆了北洋系的政权。

宋教仁（前排左起第四）

白朗曾给吴禄贞做过参谋，后来成为一名绿林首领。在二次革命前后，白朗利用中原大旱的局面，自称中原抚汉军大都督，以一杆步枪和二十余名弟兄起兵，转战河南、安徽、湖北、陕西等省，不断招降纳叛壮大实力，后来发展到几万人，抗击了北洋系二十多万大军，并坚持了3年之久。

为了镇压白朗起义，袁世凯撤掉了表弟张震芳的职务，改任段祺瑞为河南都督，命他集中北洋精锐围追堵截白朗军。段祺瑞亲自挂帅，仍然吃了几个败仗，白朗军在湖北制造了老河口惨案，震惊了西方列强。在列强的军事援助下，军用飞机第一次被派到中国战场，北洋系在付出了巨大的代价之后，终于把白朗起义镇压了下去。

1913年，在北洋系的精心策划下，经过国会的选举，54岁的袁世凯终于登上了正式大总统的高位。袁世凯当上正式的国家元首后，各国与中华民国建立起正式外交关系，各省督军都宣誓服从中央政府。

因为当时实行的是责任内阁制，所以从法理上讲，袁世凯这个大总统反倒成了国务总理的陪衬。这是袁世凯无法容忍的，在他看来这个责任内阁制，不过是给他上的一道紧箍咒。为了摆脱这个紧箍咒，袁世凯便经常更换国务总理。相对来说，大多数国务总理都很低调。可是段祺瑞当上国务总理兼陆军总长后，任命徐树铮为国务院秘书长，他们竟敢打着责任内阁制的旗号跟袁世凯叫板。

为了解决段祺瑞和徐树铮，袁世凯干脆撤掉了国务院，把国务院改组为政事堂，并聘请徐世昌为国务卿。另外，袁世凯在总统府内另设大元帅统率办事处，取代了陆军部的地位，架空了段祺瑞和徐树铮的权力。

除此之外，袁世凯还编练了所谓的模范军，作为自己嫡系武装力量，拱卫京城的安全。袁世凯把这支队伍交往长子袁克定训练和指挥，更是增加了家天下的色彩，令北洋系开始跟他离心离德，让自己陷入政治上的被动。

为了解决黎元洪割据问题，袁世凯命段祺瑞亲赴武汉，把黎元洪挟持进京。段祺瑞巧施计谋，便把黎元洪押上了赶赴北京的专列，然后段祺瑞改组了湖北军政府，把黎元洪的人马清理出局。为了拉拢黎元洪，袁世凯与他结为儿女亲家；为了控制黎元洪，袁世凯把他软禁在中南海的瀛台，用当年慈禧对待光绪的手段对付黎元洪。

在二次革命期间，在京的国民党议员，有多人与李烈钧有电文往来，袁世凯要以此为借口取缔国民党。袁世凯代表中央政府，宣布国民党为非法组织，收缴了国会中国民党籍议员的证书，从而导致国会开会不足法定人数，最后袁世凯以解散国会收场。袁世凯悍然解散国会，是对民国宪政

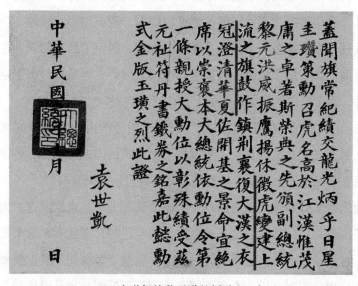

袁世凯给黎元洪的授勋文

体制的破坏。

袁世凯解散国会后，把国会中进步党等党派议员、总统府办事人员、政事堂各部总长和在京士绅名流组织在一起，组成了政治会议，代行国会职权。袁世凯的目的，是成立一个自己能控制的"国会"，借以加强威权统治，又增加某些合法性。

为了永葆富贵大位世袭，袁世凯通过政治会议，把自己升格为终身大总统，并且规定现任大总统有权指定下一任大总统人选。袁世凯此时仍未满足，他认为自己还可以更上一层楼，正是这个想法把他推向了失败的深渊。

## 称帝始末

1915 年夏季的北京，政局动荡不定。丧权辱国的"二十一条"交涉刚刚结束，"共和不适于中国国情"之类的流言就不胫而走，哄传一时，而且很快就传播到了海内外。无风不起浪，社会上的流言，实际上是袁世凯为发动帝制运动而制造出来的。当时，各省将军、巡按使及师旅长等要人，都被召陆续进京觐见。袁世凯在垂询政情时常常问："外间均谓共和不宜于中国，汝意以为如何？"全国各地的文武官吏除极少数吐露拥护共和之意外，大都迎合袁意，表示非改变国体不可。

当时盘踞江苏的冯国璋在北洋将领中辈份最老，进京以后，段芝贵等人推他向袁世凯劝进。冯国璋于 6 月 22 日觐见袁世凯时说："外间传说大总统欲改帝制，请预为秘示，以便在地方上着手布置。"袁世凯答道："你我多年在一起，难道不懂得我的心事？我想谣言之来，不外有两个原因：第一，许多人都说我国骤行共和制，国人程度不够，要我多负点责任；第二，新约法规定大总统有颁赏爵位之权，遂有人认为改革国体之先声，但满蒙都可以受爵，汉人中有功民国者岂可丧失此种权利？这些都是无风生浪的议论。"接着他又说："你我都是自家人，我的心事不妨向你说明，我现在的地位与皇帝有何区别？所贵乎为皇帝者，无非为子孙计耳。我的大儿身有残疾，二儿想做名士，三儿未达时务，其余则都年幼，岂能付以天下之重？何况帝王家从无善果，我即为子孙计，也不能贻害他们。"

袁世凯喜用权术，有很高的表演才能，对人能作几副面孔，以致与他长期相处的心腹大将也不是都能猜到他的心意。

8月3日，袁政府机关报《亚细亚日报》发表了"宪法顾问"古德诺的一篇文章，题目是《共和与君主论》，东京报纸于8月11日、伦敦《泰晤士报》于9月9日先后转载了。他的结论是："中国如用君主制，较共和制为宜，此殆无可疑者也。"

在袁世凯的操纵下，1915年12月7日，北京及各省投票推戴一律告竣，上报参政院，并推定参政院为国民代表大会总代表。12月11日上午9时，举行解决国体总投票。各省国民代表共1993人，赞成君主立宪票正好1993张，没有一票反对，也没有一张废票。各省的推戴书上一致写着："恭戴今大总统袁世凯为中华帝国皇帝，并以国家最上完全主权奉之于皇帝，承天建极，传之万世。"当时会议的秘书长拿出准备好的推戴书当众朗读，要求袁世凯"俯顺舆情，登大宝而司牧群生，履至尊而经纶六合"。参政全体起立，一致通过。11点半，在欢呼声中散会。

当天中午，袁世凯接到推戴书以后，立即发回，并申令"另行推戴"。他首先表示："查约法内载民国之主权，本于国民之全体，既经国民代表大会全体表决，改用君主立宪，本大总统自无讨论之余地。""惟推戴一举，无任惶骇。本大总统从政垂三十年，……上无裨于国计，下无济于生民，追怀故君，已多惭疚，今若骤跻大位，于心何安？此于道德不能无惭者也。制治保邦，首重大信。民国初建，本大总统曾向参议院宣誓，愿竭力发扬共和，今若帝制自为，则是背弃誓词，此于信誉无可自解者也……望国民代表大会总代表等熟筹审虑，另行推戴，以固国基。"

下午5点，参政院再次开会，孙毓筠等提议说，此事既属全国一致，元首亦未便过拂舆情，理应由本院以总代表名义呈递第二次推戴书。众人都赞成。结果秘书厅仅用15分钟就拟成2600余字长文，参政院继续开会，

袁世凯称帝，祭天仪式开始，擂鼓鸣乐

众人对推戴书均无异议，乃于当晚进呈给袁世凯。

推戴书称颂袁世凯有经武、匡国、开化、靖难、定乱、交邻等六大"功烈"。文中说："前此之宣誓，有发扬共和之愿言，此特民国元首循例之词，仅属当时就职仪文之一。当日之誓词根于元首之地位，而元首之地位，根于民国之国体。国体实定于国民之意向，元首当视乎民意为从违。民意共和，则誓词随国体而有效；民意君宪，则誓词亦随国体力变迁。今日者，国民厌弃共和，趋向君宪，则是民意已改，国体已变，民国元首之地位已不复保存，民国元首之誓词当然消灭。凡此皆国民之所自为，固于皇帝渺不相涉者也。"固请袁世凯称帝。

12日一早，袁世凯申令说道："天下兴亡，匹夫有责，予之爱国，讵在人后？但亿兆推戴，责任重大，应如何厚利民生，应如何振兴国势，应如何刷新政治，跻进文明，种种措置，岂于薄德鲜能所克负荷！前次掬诚陈述，本非故为谦让，实因惴惕文萦，有不能自己者也。乃国民责备愈严，期望愈切，竟使予无以自解，并无可逃避。"为了"救国救民"，袁世凯只好当皇帝了。

随后，袁世凯准备登基称帝，并改年号为"洪宪"，1916年被定为中华帝国洪宪元年，总统府被改称新华宫。接着，袁世凯准备登基大典，给各方军政大佬封官赏爵，然后册立袁克定、袁克文和袁克权三个儿子为太子。结果，大多数军政大佬并不接受封赏，袁克文也反对其父称帝，并离开北京赴上海隐居起来。

1915年12月25日，蔡锷在云南起兵讨袁，发起护国战争。随后，袁世凯命曹锟领衔，率军十万前去征讨。在曹锟和蔡锷激战之时，冯国璋联络各省军政大佬通电反对帝制，甚至宣布脱离中央政府。袁世凯尽失人心，只得于1916年3月22日召来秘书张一麟，起草撤销帝制的文告，宣布取消帝制帝号，称帝前后仅83天。

称帝是逆历史潮流的，遭到了全国人民的一致反对，连袁世凯一向视若嫡系的北洋势力也不支持袁世凯称帝，所以袁世凯的失败是不可避免的。袁世凯称帝失败后，还想重做大总统，可是政治是没有回头路的，他只有死路一条。

1916年6月6日，袁世凯在忧愤中病逝。袁世凯死后，北洋政府根据其生前遗愿，将其葬在河南彰德（今安阳）洹水北岸，其墓园被称为"袁林"。

# 婚姻家庭

袁世凯一生一共娶了一妻九妾，生了17个儿子和15个女儿。如此众多的家庭成员，笔者不便一一介绍，就找出其中知名的几位做个简介。

袁世凯的原配夫人于氏，是河南一个土财主的女儿，她的文化程度不高，而且她娘家并不看好青年时期的袁世凯。袁世凯刚出山时，需要大笔活动经费，曾经去岳父家筹资，竟被两个小舅子撵了出来。因此，袁世凯和于氏的关系并不好，后来他竟把于氏当成牌位给供了起来，于氏在袁世凯心目中成了活死人。

袁世凯的大姨太沈氏本是苏州名妓，她很早就看出袁世凯绝非池中物，因此她不但把自己从妓院中赎身出来，而且为资助袁世凯倾尽了平生积蓄，并追随袁世凯颠沛四方。因此，袁世凯把沈氏当成了事实上的正妻，对她极为信赖和尊重，并在登基称帝时把她立为皇后。同时，袁世凯还把二姨太、三姨太和四姨太都交给大姨太沈氏管理。袁世凯的三姨太金氏是朝鲜闵妃的表姊妹，而二姨太吴氏和四姨太闵氏都是金氏的陪嫁丫鬟。

袁世凯的五姨太杨氏是天津杨柳青人，为人知书达理又擅长料理家务，深得袁世凯赏识和器重。因此，袁世凯后来让沈氏把治家大权分出一半给杨氏，并且还把六姨太至九姨太交给杨氏管理。六姨太叶蓁是南京妓女出身，八姨太郭宝仙是苏州妓女出身，七姨太张氏是袁世凯的河南老乡，九姨太刘氏本是杨氏的丫鬟。

在袁世凯的子女中，比较知名的是长子袁克定、次子袁克文和三女袁静雪。袁克定是袁世凯的正妻于氏所生，幼年曾随袁世凯游历各地，清末任农工商部右丞，辛亥革命爆发后，受其父之托拉拢汪兆铭，曾与之结拜为异姓兄弟，1913年坠马腿伤，赴德国治疗时曾受到德皇威廉二世接见。

1914年，袁克定在北洋军之外另行编练模范团，效仿其父当年小站练兵，打造自己的嫡系武装。之后袁克定开始鼓吹帝制，为了能出任皇储，他派人每日伪造《顺天时报》送呈袁世凯，只收录赞成帝制的文章。因此，当袁世凯在护国战争中失利，不得不取消帝制之后，曾痛责袁克定

袁世凯的家庭照

"欺父误国"。袁世凯死后，袁克定在京津之间来回迁徙，主要活跃在文化界。在抗战期间，他拒绝与日本侵略者合作，生活陷入贫困，但保持了民族气节。后来，他投奔表弟张伯驹，移居承泽园。新中国成立后，在章士钊的推荐下，他出任中央文史馆馆员，1958年病逝于北京。

袁克文是袁世凯的三姨太金氏所生，自幼熟读四书五经，精通书法绘画，喜好诗词歌赋，还极喜收藏书画古玩等。后来，他因反对其父称帝，加之生活放浪不羁触怒其父，逃往上海加入青帮，并在上海和天津等地开香堂广收门徒，1931年病逝于天津。袁克文的三子袁家骝与儿媳吴健雄均为著名美籍物理学家。

袁静雪原名袁叔祯，也是袁世凯的三姨太金氏所生，她之所以为世人所知，是因为她撰写了一部大作《我的父亲袁世凯》。她以个人特殊的生活处境和见闻，记述了其父袁世凯别样的一生，这部作品可以作为研究袁世凯的重要史料。

袁世凯子女众多，这也是他从事政治活动的一项宝贵资源。自古以来官场盛行联姻，大家通过结为儿女亲家来捆绑相互之间的利益，袁世凯自然也不例外。袁世凯的儿女亲家中，比较有分量的人物有吴大澂、张人骏、端方、孙宝琦、陆建章、张百熙、廕昌、周馥、黎元洪、陈炳焜、那桐和曹锟等人，这些人都是清末民初风云人物。

042

# 一生功过

袁世凯是中国近现代史上一个极其重要的人物，他出身于官宦地主家庭，凭借个人独特的家世、才能、胆识、谋略和时运，在纷纭复杂的历史形势中脱颖而出。

袁世凯一生的主要支柱是他一手打造的北洋军，袁世凯的成功和失败，无不与北洋系的人心向背直接相关——没有小站练兵和清末新政，就没有袁世凯的北洋政府；没有后来北洋系的离心离德，袁世凯也就不会走向败亡。

袁世凯有任事治军之才，也有治国理政之能，黄兴曾视袁世凯为"中国之华盛顿"。黄兴在给袁世凯的信中这样写道："明公之才能，高出兴等万万。以拿破仑、华盛顿之资格，出而建拿破仑、华盛顿之事功，直捣黄龙，灭此房而朝食，非但湘鄂人民戴明公为拿破仑、华盛顿，即南北各省亦当无有不拱手听命者。"

袁世凯在总督直隶期间，积极发展实业经济，他出面筹款督修了中国人自己建造的第一条铁路京张铁路。袁世凯在归隐之后还说"官可不做，实业不可不办"。民国成立后，在袁世凯的大力筹划下，新开工厂4000多家，民族资本兴建的面粉厂、火柴厂、卷烟厂、造纸厂以及采煤、冶炼企业，得到了长足发展。总之，袁世凯对中国的工业化和北洋政府的财政经济，有着很大的贡献。

在袁世凯和张之洞的联合奏请下，清廷废除了沿袭1300多年的科举

袁世凯

制度；在财政捉襟见肘的情况下，袁世凯宁可压缩军队，也要推广全部免费的国民学校教育。袁世凯反复强调教育的重要性："凡一国之盛衰强弱，视民德民智民力之进退为衡。而欲此三者程度日增，则必注重于国民教育。"

在晚清时期，袁世凯高举"立宪"的大旗，几乎是孤军奋战请求立宪，对晚清宪政起到了至关重要的作用。

袁世凯称帝是他一生最大的败笔，是他企图从法理上加强中央集权的结果，也是民国初年国体试错的关键一环。

袁世凯时代的结束，标志着北洋军阀争权夺利、天下大乱的开始，从此中国进入了各系军阀混战的多事之秋。

# 第二章

## 皖系巨魁段祺瑞

段祺瑞是皖系北洋军阀的首领，他前期的光芒为袁世凯所掩盖，后期不但操纵了皖系军阀而且操纵了北洋政府，中华民国进入了段祺瑞时代。

段祺瑞崛起于清末民初，他以追随袁世凯编练北洋军起家，有"三造共和"的美誉，主要致力于维护共和制度和国家统一，总的来说是大德不亏的。而从私德上来讲，他是著名的不抽、不喝、不嫖、不赌、不贪、不占"六不总理"，比同期其他军政人物品行端正得多。他晚年自号正道老人，虽然不免言过其实，但基本上不算欺世盗名。

段祺瑞与徐树铮之间的交情，在整个民国时期都是被传为佳话的：在那个尔虞我诈的时代，段、徐二人之间始终相互信任，绝无动摇背叛出卖的行为，段祺瑞成也徐树铮、败也徐树铮，而且事后心甘情愿无怨无悔，这种超越了亲友师徒关系的交情在那个时代极为少见。

带着有色眼镜去看人看事，很难还原事物的真实面目。只有从客观实际出发，对具体事物进行具体分析，并结合时代大势进行概括总结，才有可能得出科学的结论。段祺瑞既不是人们印象中的那个反动分子，也不是他自我标榜的正人君子，他与人类社会中的芸芸众生一样，有着自己的利益驱动和价值追求。

# 合肥后起之秀

　　1865 年（清同治四年），段祺瑞出生在安徽六安，父亲段从文是农民，祖父段佩则是一名淮军将领。

　　段祺瑞所属的段氏家族是大有来历的，创姓始祖是春秋时期郑国君主郑武公之子、郑庄公之弟共叔段，因争夺君位被郑庄公所败，最后逃到共邑（今河南辉县）。共叔段是段氏一世祖，他把桀骜不驯的基因遗传给了子孙后代，所以这支段氏子弟大多性情孤傲，连后世的段祺瑞也不例外。

　　段祺瑞的祖父段佩，在青年时代曾做过私盐贩子，同其一起合作贩卖私盐的人中，就有后来的淮军名将刘铭传。段佩和刘铭传在一起，不但贩卖私盐而且打家劫舍，如果不是太平军和捻军起事，他们是不会成为清朝将领的。由于捻军在安徽起义，为了维护家庭利益，他们参加了淮军。

　　段佩跟随刘铭传转战苏皖两省，在镇压捻军的过程中立有军功，成了铭军直属马队统领。刘铭传是李鸿章的手下，而段佩是刘铭传的部将，这样一来段佩就与李鸿章扯上了关系。后来，李鸿章关照袁世凯，主要是因为其叔祖袁甲三；李鸿章关照段祺瑞，也应该是

段祺瑞

因为其祖父段佩。关系网自古以来就是敲门砖，有了某种关系就意味着事半功倍，甚至就为自己预订了大好前程。

段佩不但镇压捻军而且镇压土豪恶霸，比如他杀了同乡的刘姓土豪刘楠和刘枢，与当地的刘氏家族结下了不解仇怨。段佩作为淮军将领，虽有权镇压起义军，但无权直接屠杀土豪恶霸。当时清廷得依靠地方团练，因此也就没有追究他的责任。既然你能杀人，那人就能杀你，段佩时常外出行军打仗，其子段从文在老家是没有安全感的。为了防患于未然，在段祺瑞4岁那年，段氏一门便举家迁往合肥，后来段祺瑞也被称为"段合肥"。

由于祖父段佩常年驻守江苏宿迁，少年段祺瑞便随同前往读书。段佩为了培养这个孙子，就把他送往当地的私塾。段祺瑞非常珍惜这来之不易的读书机会，刻苦攻读四书五经，打下了良好的国学基础。

然而好景不长，1879年，段佩病死在军营中，虽然清廷给了他很多荣誉称号，但是段祺瑞丧失了最坚强的依靠。14岁的段祺瑞哭护灵柩，将祖父归葬合肥，从此段氏家道中落，段祺瑞只在家乡续读了一年私塾便被迫辍学了。这场变故改变了段祺瑞的命运，为了寻找出路他便投身军旅，走上了跟袁世凯相同的道路。

## 从淮军到北洋

袁世凯选择投军，是因为其世叔吴长庆在山东登州掌军。相似的，段祺瑞选择投身军旅，也是因为其族叔段从德在山东威海带兵。1881年（清光绪七年），22岁的袁世凯和16岁的段祺瑞，同期分别投身军旅。袁、段二人的差别主要有两点：一、吴长庆比段从德的军阶高，所以袁世凯比段祺瑞的起点高；二、当时袁世凯比段祺瑞的年龄大，所以袁世凯治军理政的水平更容易发挥出来。

当年袁世凯去山东投军时，是带着家乡部众数十人和充足的盘缠，骑马乘车前往的；而段祺瑞赶赴山东军旅时，是作为一个16岁的少年，怀揣着仅有的一块银元，只身一人徒步冒险前往的。段祺瑞孤身投军，其胆识受到了族叔段从德的赞赏。段从德作为军营管带，任命段祺瑞做了一名哨书。段祺瑞之前跟祖父生活的军营经验和文化知识有了用武之地。

然而，噩耗总是接踵而来。段祺瑞投军的第二年，其父段从文去看望他，谁知竟在路上被两名老乡给谋杀了。段祺瑞致函合肥知府，请求捉拿凶犯为父报仇。不久凶犯被斩首示众，可是段祺瑞的母亲范氏却因悲伤过度去世了。段祺瑞回乡安葬了双亲，又安顿了年幼的妹妹和弟弟，之后返回了威海军营。袁世凯少年丧父，段祺瑞却是父母双亡，凄惨遭遇更甚于袁世凯。

1885年，李鸿章在天津创办北洋武备学堂，这是近代中国第一所军校。20岁的段祺瑞，闻讯之后非常兴奋，他积极申请投考该校。最终段祺瑞以优异成绩，作为第一期预备生进入武备学堂，分入炮兵科。这是段祺瑞命运的转折点。

段祺瑞作为合肥籍淮军将领之后，又以在职军人的资格，进入了合肥籍淮军祖师爷李鸿章开办的学堂，本身就容易受到特别关照。此外，加上段祺瑞"攻业颇勤敏，以力学不倦见称于当时，治学既专，每届学校试验，辄冠其侪辈"，所以尤其受到李鸿章的器重。在段祺瑞的同学中，有后来大名鼎鼎的冯国璋和王士珍；在他们的师长中，有满清贵族廕昌。

1886年，21岁的段祺瑞结婚了，他请假回到家乡合肥，迎娶宿迁吴氏为妻。而后，他很快就返回了天津学堂，继续攻读课业。段祺瑞深知军校学业的重要，他全力投入到功课中去，绝不为琐事分心。

段祺瑞的努力没有白费，他以最优等的成绩从北洋武备学堂毕业，被分配到旅顺督建炮台。而后，他更是以第一名的成绩，被派往德国进入柏林军校深造，进一步学习炮兵知识，并进入举世闻名的克虏伯兵工厂实习。当时的德国陆军号称天下第一，段祺瑞在那里打下了扎实的军事功底，回国后成为全国为数不多的军事专才之一。

段祺瑞在德国留学期间，经常与时任直隶总督与北洋大臣的李鸿章保持书信往来，定期向李鸿章汇报学业情况。这是很了不得的，李鸿章位高权重、公事繁多，却对这个年轻后辈青睐有加，这绝对是段祺瑞的幸运和机缘。当时李鸿章比较重视的青年中，有两人日后成了承接北洋军阀的领军人物，一个是总督朝鲜的袁世凯，另一个就是留学德国的段祺瑞。

1890年，段祺瑞学成回国，派任北洋军械局委员，随后被调到威海随营武备学堂任教官。这次调任对于他来说也是十分重要的，因为从此他就有了练兵传道的资历和经验，为进一步发展做好了铺垫。他在这个职务上干了五年左右，不但锻炼成为一名出色的军事教官，而且在甲午战争中率领学员搬运炮弹抗击日军，亲历了战场和战阵，增长了真才实干。

1895年，袁世凯奉旨接手天津小站新军，急需陆军教官和带兵专才。同年底，在廕昌的推荐下，段祺瑞来到小站军营，与袁世凯一见如故，颇受袁世凯的器重和信赖，被袁世凯任命为炮队统带兼随营学堂监督，后来还兼任了新军总教习。小站新军是北洋陆军的摇篮，后来的北洋六镇更是主宰了中国，段祺瑞从此成了袁世凯的左膀右臂。

天津武备学堂，段祺瑞曾在此学习

# 北洋之虎

为了全力打造小站新军，袁世凯笼络了一大批军事人才，最著名的是王士珍、段祺瑞和冯国璋，他们都是从北洋武备学堂毕业的。这三个人后来并称为北洋三杰，其中王士珍被称为北洋之龙，段祺瑞被称为北洋之虎，冯国璋被称为北洋之豹。从称呼上看，王士珍的名望最高，其实他后来的功业是这三个人中最小的，段祺瑞是功业最大的，冯国璋次之。

段祺瑞全力辅助袁世凯打造小站新军，获得了袁世凯的认可和清廷的嘉奖，小站新军成为京畿周围的一支劲旅，被荣禄编为武卫右军。由于在戊戌变法后期，袁世凯站在了慈禧太后一边，所以武卫右军取得了清廷的信任，为进一步壮大实力创造了条件。

1898 年底，段祺瑞奉命前往日本，观摩日军操练阵法。赴日观操是一次难得的机遇，段祺瑞作为德式陆军的专才，又补充性地学习了日本陆军的特长，从此他就成为当时中国屈指可数的军事人才。在北洋团队中，也许有人比段祺瑞更有统军打仗的才能，但是不会有人比他更有编练陆军的学识，因为他已经集东西陆军理论与实践之大成。

1899 年段祺瑞回国时，练兵有功的袁世凯已经升任山东巡抚。段祺瑞便赶赴济南，重新回到袁世凯的幕府。在此期间，段祺瑞编练了陆军操练法典，作为袁世凯练兵的规范。后来这一套规范被推广到全国，成为全国新式陆军的操练标准，段祺瑞的大名也开始广为人知。

除了辅助练兵之外，段祺瑞还在袁世凯的部署下，率军镇压和驱赶了义和团。这只北洋之虎，率领新式陆军很快就荡平了山东境内的动乱。武卫右军也在这一时期获得了长足发展，从 7000 人扩编为 2 万人，战斗力更是产生了质的飞跃，逐渐成为华北地区最为强大的一支武装力量。

軍閥當國

1900 年，段祺瑞的原配夫人吴氏在济南病故；为了笼络段祺瑞，袁世凯便将其义女张佩蘅嫁给他作为继室。从此，袁世凯和段祺瑞除了上下级关系之外，又多了一层翁婿关系，从而两人之间的政治利益更加紧密地捆绑在一起。

段祺瑞在山东期间，最大的收获不是练兵和定乱，也不是纳妾续弦，而是结识了一位青年才俊，此人就是后来成为他心腹爱将的徐树铮。21 岁的徐树铮来济南是为了投奔袁世凯，不料当时袁世凯公务繁忙，袁的管家冷落了他。徐树铮自负才名，却碰了一鼻子灰，他从此改投段祺瑞，颇受段的欣赏和器重。段祺瑞将平生所学全部传授给徐树铮，又出资让徐树铮去日本学习步兵知识，让他学成归国为己效力。

1901 年，袁世凯升任直隶总督兼北洋大臣，段祺瑞水涨船高地升任知府并加三品衔，又兼任了武卫右军学堂总办。此时，武卫右军的练兵地点被转移至保定，随军学堂后来发展为陆军军官学校。由于天津武备学堂已被八国联军烧毁，保定军校便成了中国第一军校。在保定军校的毕业生中，最著名的人物便是蒋介石，他始终对段祺瑞执以师礼。

1902 年，为了抵制庚子赔款，义和团余部景廷宾率部在直隶广宗一带起义。袁世凯采用政治和军事双管齐下的方略，先瓦解景廷宾的部众，再选派段祺瑞和倪嗣冲，率领两千军马前去镇压，很快就剿灭了这股势力。因镇压起义有功，在袁世凯的保荐下，清廷升任段祺瑞为道员并加二品衔，段祺瑞的政治地位再次上升。

1903 年底，清廷成立了练兵处，奕劻出任练兵大臣，袁世凯出任会办大臣，铁良出任襄办大臣，徐世昌出任总提调，段祺瑞出任军令司正使并加副都统衔。从此，段祺瑞跻身于清廷高官的行列。这个练兵处不但掌管武卫右军，而且还统管全国的练兵事宜。这使武卫右军实力再次壮大，随后扩编为北洋六镇，成了清王朝第一武装。

1904 年，武卫右军正式改成北洋陆军，段祺瑞担任第三镇统制。第三镇下辖两协一标，马步炮兵齐全，装备也十分精良，是北洋精锐中的精锐。后来，段祺瑞先后调任第四镇和第六镇统制；再后来，他又复任第三镇统制；最后，他升任第二军军统。在段祺瑞调职和升职的过程中，在他周围逐渐聚拢了一个嫡系军官集团，一个以他为中心的军政班底初步形成。

1905年10月，北洋军在直隶河间举行第一次秋操，段祺瑞奉命担任北军总统官，王英楷担任南军总统官。在此次演习中，北军发挥出了良好的应变能力，段祺瑞的指挥调度水平也获得了普遍肯定；王英楷的练兵水平也得到了展现，他首创的"立正"和"稍息"等口号被广泛采用并流传至今。

1906年10月，清政府在河南彰德举行大规模秋操，段祺瑞再次担任北军总统官，与张彪和黎元洪率领的南军展开对抗。在此次演习中，北洋军的实力充分展示出来，袁世凯和段祺瑞的威名也震动了清廷。但此后不久，袁世凯便被迫交出了兵权，段祺瑞的北洋第三镇也交由陆军部直接统辖。

袁世凯交出兵权后，清廷升任他为军机大臣兼外务部尚书。北洋军的统辖权虽然属于陆军部，但是包括段祺瑞在内的北洋将领都倾向于拥护袁世凯。袁世凯是北洋军的开山鼻祖，他代表着北洋系的整体利益，所以尽管老袁离开了军队，北洋各级将领仍然视他为精神领袖。在这些北洋将领中，最有谋略的就是段祺瑞，袁世凯也是心知肚明的。

1908年，光绪帝和慈禧太后先后驾崩，宣统帝溥仪登基称帝，摄政王载沣掌握了清廷的大权。载沣本想为兄报仇杀掉袁世凯，可是在奕劻、张之洞等军政大佬以及北洋官兵的反对下，载沣放弃了杀袁计划，勒令他开缺回籍。在此变局中，段祺瑞诈称北洋军兵变，威胁了载沣等清廷当权派，为保护袁世凯立下大功。

袁世凯隐居彰德前，将他在北京的豪宅赠送给了段祺瑞，也把团结北洋系的重任交给了他。段祺瑞没有辜负袁世凯的重托，全力维护北洋系的团结协作，并时常轻车简从赶赴彰德，向袁世凯请示一切事务。袁世凯对段祺瑞的栽培有了回报，两人亲密无间，因为北洋团体的利益需要他们来维护和拓展，后来的分道扬镳便是因为利益基础发生了变化。

1910年5月，清廷以段祺瑞督办北洋陆军学务有功，赏头品顶戴，随后加侍郎衔，并任命他为江北提督，命其驻江苏清江浦，负责本地治安。

这是段祺瑞第一次出任地方大员，也是对他的军政能力的一次检阅，事实证明他不愧为北洋之虎，把江北一带打理得井井有条。

# 一造共和

1911年10月10日，武昌起义爆发了，清廷命廕昌带领段祺瑞和冯国璋，率领北洋两军四镇前去镇压。段祺瑞意识到这是拥袁世凯出山的大好时机，于是他借部下斗殴一事宣称北洋军兵变了，命令部队停止前进。武昌起义导致了湖北独立，南方各省陆续起义或独立，先后有多省脱离了清廷的统治。为了调动北洋军镇压起义军，在经过讨价还价之后，袁世凯才从彰德赶赴信阳视察军队，对段祺瑞和冯国璋面授机宜，而后准备进京组阁。

袁世凯的进京之路并不顺利，以吴禄贞、张绍增和蓝天蔚等"士官三杰"为首的北方将领，发动了滦州兵谏，逼迫清廷立即立宪并欲置袁世凯于死地。可是，吴禄贞手下的各级军官，有不少是忠于袁世凯的，所以吴禄贞被部下刺杀。吴禄贞遇刺后，袁世凯派段祺瑞去处理善后事宜。段祺瑞当然明白袁世凯的心思，他前去调查了一番并安抚了军队就交了差。

此时袁世凯已经不再效忠清廷，他所筹划的是如何借革命风潮逼清帝退位，并在清帝退位后击败革命党接掌全国统治权。为了教训革命党同时安抚清廷，袁世凯命令冯国璋率领北洋军占领了汉口和汉阳。袁世凯又把冯国璋调任为拱卫军军统，改任段祺瑞为湖广总督兼任北洋两军军统，让他全面主持前线攻防大计。在关键时刻，袁世凯重用的是段祺瑞，因为他相信段祺瑞最了解他的用心。

段祺瑞主持前线军事，便遵照袁世凯的指示，率军驻扎在长江北岸，不顾清廷的催促，拒不南下收复武昌。在孙中山宣誓就任临时大总统时，段祺瑞立即表现出了强硬姿态，领衔通电拥护君主立宪，并命令北洋军摆

北洋之虎

出南下进攻的姿态。可是，当南北双方达成一致，孙中山同意让位给袁世凯后，段祺瑞立刻180度大转弯——他联合46名北洋将领，通电全国赞成民主共和，并把前线司令部从孝感撤退到保定，率领部将进京逼宫。

在内外交困下，隆裕太后被迫代表清廷宣布退位，清王朝结束了它对中国近三百年的统治。根据南北双方达成的协议，孙中山辞去临时大总统的职位，袁世凯接任临时大总统，中国实现了和平统一和民主共和。在废除君主制度建立共和政体的历史变局中，虽然段祺瑞更多是出于谋求北洋一系政治权力的目的，但客观上对促使清廷退位产生了作用，所以他在当时广为国人赞誉，被称为"一造共和"的元勋。

# 再造共和

孙中山在辞去临时大总统的职位之前，为了防止袁世凯专权，就授意南京临时参议院通过了一部临时约法，主要规定了两条：一、中央政府实行责任内阁制，袁世凯不能大权独揽；二、中华民国定都南京，袁世凯必须来南京就职。这是孙中山给袁世凯特制的一副紧箍咒，可是并未派上用场，因为北京爆发了兵变，在各国公使的出面干预下，孙中山派出的迎袁专使团主动提出定都北京。

1912 年初，袁世凯在北京宣誓就任临时大总统之前，就拟定了内阁成员名单，唐绍仪被任命为内阁总理，段祺瑞被任命为陆军总长。这个陆军总长有权训练和指挥全国的陆军，并有权任免和奖惩各级军官，段祺瑞从此成了北洋系的灵魂人物，掌握了北洋军的大权。段祺瑞任命徐树铮为军学司司长和军马司司长等职，让他协助自己掌握军权。

袁世凯是如此器重自己，段祺瑞当然投桃报李，代表北洋系全力支持袁世凯掌控政府。在袁世凯与唐绍仪争权的过程中，段祺瑞坚定地站在袁世凯一边，逼迫唐绍仪辞职。在袁世凯决定根据黎元洪的请求杀掉张振武的时候，段祺瑞积极副署了枪决张振武的命令。为了表彰段祺瑞的忠诚干练，1912 年 9 月，袁世凯颁令授段祺瑞为陆军上将，随后给予二等嘉禾章。

1913 年 3 月，在袁世凯的授意下，段祺瑞与德国捷成洋行签订二亿两借款合同，用于购买军火武装北洋军。同年 5 月，段祺瑞以陆军总长代理国务总理。当国会质询其签订的借款案时，他态度傲慢不做回答。段祺瑞是个军人出身的政客，他不懂得宪政民主的实质和要义，从本质上来讲，他就是一个国家主义和威权主义者。

宋教仁遇刺后，孙中山发动了二次革命。在袁世凯的指示下，段祺瑞以国务总理兼陆军总长的身份，调动北洋政府所能掌握的一切军政资源，全力镇压二次革命。在段祺瑞的调度下，冯国璋和张勋等人，率领强大的北洋军，迅速扑灭了二次革命。二次革命被镇压后，北洋系稳固了对北京政府的控制，孙中山等人被迫流亡日本。

在二次革命前后，河南爆发了白朗起义。白朗本是吴禄贞的参谋，在吴禄贞遇刺后他在河南落草为寇。就在北洋军与国民党激战之际，白朗趁机起事，队伍迅速扩展到数万人，转战河南、湖北、安徽和陕西等省，击败了河南都督张震芳，并抗击了20万北洋军。为了镇压白朗起义，袁世凯命段祺瑞亲自出山。段祺瑞调动北洋精锐部队，费尽周折才把白朗起义镇压了下去。

为了逼黎元洪来京，1913年底，袁世凯让段祺瑞亲自去请。段祺瑞采取欺诈的办法，把黎元洪骗上专列，命陈宧将其劫持到北京。解决了黎元洪之后，袁世凯趁机任命段祺瑞为湖北都督，让他改组湖北军政府。段祺瑞大刀阔斧地改造了湖北政府，把黎元洪的人马清理出局；然后袁世凯调段祺瑞回北京，改任段芝贵为湖北都督。

在袁世凯升任正式大总统和解散国会、取缔国民党等一系列集权活动中，段祺瑞始终站在袁世凯一边。在他看来，袁世凯集团的行动，有利于国家稳定统一，也有利于维护北洋系的利益。段祺瑞的支持与否，往往不止代表他一个人的态度，还代表了北洋系整体的利益诉求。

1914年初，在段祺瑞的强烈要求下，徐树铮被任命为陆军次长。段祺瑞遂把陆军部的主要事务交由徐树铮处理，段祺瑞对徐树铮的信任和倚重，超过了任何上下级之间的关系。段祺瑞很宠爱徐树铮，袁世凯却对徐树铮十分不满，并打算撤掉徐树铮的职务。段祺瑞为了保住徐树铮的权位，不惜跟袁世凯翻脸，甚至以辞职相威胁。这是段祺瑞和袁世凯第一次反目，之后他们之间的裂痕不断拉大，终至无法弥合。

为了改变段祺瑞和徐树铮控制军权的状况，1914年5月，袁世凯在总统府内设置了大元帅统率办事处，从而架空了陆军部，陆军总长下降为该办事处的一个办事员。为了表达不满情绪，段祺瑞经常借故不出席军事会议，把部务全部交由徐树铮打理。为了安抚段祺瑞的情绪，袁世凯在成立将军府后，任命段祺瑞为建威上将军，让他管理将军府的事务。段祺瑞并不买账，他任命徐树铮为将军府事务厅长，还是把相关事务交给徐树铮处理。

1915年初，当日本政府向袁世凯提出《二十一条》时，段祺瑞联合冯国璋、黎元洪和刘冠雄等军职人员，坚决要求对日强硬。当袁世凯在日本的威胁下，经过外交斡旋和谈判争取之后，打算答应日方部分条款，大部分政府和军队人员都表示同意，唯独段祺瑞坚决不答应。随后，段祺瑞称病辞职，到西山隐居起来，袁世凯让王士珍代理陆军总长。

1915年8月，以杨度为首的筹安会在北京成立，他们积极鼓吹帝制，敦请袁世凯登基称帝。段祺瑞对此表示坚决反对，他联合冯国璋等北洋系高级将领，随时准备拆袁世凯的台。另外，在段祺瑞的带动下，徐树铮给袁世凯写了一封反对帝制的万言书。段祺瑞和徐树铮的行为，彻底激怒了袁世凯，他们之间正式决裂，袁世凯下令免去了段祺瑞的一切职务。

段祺瑞之前拥护袁世凯加强中央集权，是因为他认为当时的中国比较混乱，需要有个强势的中央政府来保证国家的稳定和统一。但是，段祺瑞坚决反对袁世凯称帝，因为他认为称帝不符合历史潮流，况且段祺瑞有意接掌北洋系，他不可能向袁世凯及其子孙下拜称臣。袁世凯撤销了段祺瑞的职务，段祺瑞并不紧张，因为他坚信袁世凯称帝不可能成功，到时自己就会重新出山。

1916年初，蔡锷在西南发起护国战争之后，段祺瑞唆使冯国璋联合北洋系各省督军，发表了一个和平通电，督促袁世凯取消帝制。在北洋系的集体倒戈之下，袁世凯被迫宣布取消帝制。为了对抗护国军，袁世凯不得不请段祺瑞回任内阁总理兼陆军总长，让他主持对南方的用兵事宜。袁世凯这次启用段祺瑞是在情势的逼迫下所采用的权宜之计，他并不信任段祺瑞，而段祺瑞也不会真正为他卖力。

为了牵制段祺瑞，袁世凯让他的秘书长梁士诒掌握财政权。段祺瑞于是故意搞乱全国的金融，下令各大银行停止支付现银，从而激起了更大的反对浪潮。在全国一片斥骂声中，袁世凯病逝了，黎元洪继任大总统。段祺瑞仍然担任国务总理兼陆军总长，继续掌握着北京政府的实权。

在反对袁世凯称帝的过程中，段祺瑞立下了汗马功劳，这是继逼清廷退位之后，他又一次维护共和制度。因此，这次逼迫袁世凯取消洪宪帝制，在历史上被称为段祺瑞的"再造共和"。

## 三造共和

在袁世凯晚年，段祺瑞已经与他反目。但袁世凯死后，段祺瑞却对他极其崇敬，先是下令为其修建陵墓，又领衔举行公祭。段祺瑞与袁世凯之间，私情和公义皆有，俩人反目成仇有权力之争，也有政见之争；更为重要的是，谁领衔公祭袁世凯，谁就能团结北洋系大部人马，并在事实上接替袁世凯的舵手地位。

以段祺瑞为首的责任内阁，垄断了北洋政府的大权。段祺瑞作为内阁总理，便任命徐树铮为国务院秘书长；他作为陆军总长，便任命徐树铮为陆军次长。段祺瑞的性格特点是傲慢而跋扈，而徐树铮作为段祺瑞的传人，可谓有过之而无不及。徐树铮以国务院秘书长兼陆军次长的职务，代段祺瑞处理几乎全部军政大事，他根本不把继任大总统黎元洪放在眼里。

黎元洪当然不甘心充当橡皮图章，为了对抗段祺瑞和徐树铮，他开始拉拢内阁成员，其中内务总长孙洪伊跟他站到了同一阵线。孙洪伊早年虽曾加入袁世凯的幕府，但他从政的基础主要是几个参政党，严格来说他不属于北洋系，更不属于段祺瑞的皖系，他对徐树铮的飞扬跋扈极为不满。

孙洪伊和徐树铮之争的背后，是黎元洪和段祺瑞之争，也就是所谓的府院之争。黎元洪虽然是大总统，但他不是北洋系的人，也就无力对抗掌控了北洋系的段祺瑞。段祺瑞对付黎元洪，根本就用不着大吵大闹，他甩袖子不干就能把北京政府置于瘫痪状态。府院之争发生后，在徐世昌的调解之下，黎元洪只得将孙洪伊免职，以此来换取段祺瑞和徐树铮的谅解。

孙洪伊的去职，暂时缓解了府院之争。但随着第一次世界大战的进行，日本要求中国加入协约国并对德宣战，府院之争就不可调和了。在以日本为代表的协约国的支持下，段祺瑞坚决主张参战，他代表内阁把参战的决定提交给黎元洪，请黎元洪盖章批准。黎元洪为了遏制段祺瑞的权势，就借故拖延不办，气得段祺瑞出走天津。

在同盟国败局已定的情况下，对德宣战并收回德国在华权益是明智之举。可是府院之争已经发展成为严重的路线斗争，对德宣战就难以实现了。其实，段祺瑞坚决主张对德宣战，是因为他希望通过此事来交好日本，从而获取日方的军火和经费援助，大力扩充皖系北洋军，为扫平南方反叛势力、武力统一全国作准备。黎元洪反对对德宣战，主要是为了遏制段祺瑞的皖系力量的膨胀，从而夺回北京政府的实权。

段祺瑞撂挑子后，北京政府的运作马上就陷入了停滞。为了挽回不利局面，黎元洪只得让冯国璋出面，把段祺瑞给请回来。冯国璋作为直系北洋军的首领，他的面子是必须给的。于是，段祺瑞便返回了北京。随后，对德宣战案提交国会，国会却否决了这一提案。国会否决内阁的提案，绝

担任内阁总理、陆军总长的段祺瑞

不是因为对德宣战是错的，而是因为他们也要抑制皖系北洋军的扩张。

国会否决了自己的提案，段祺瑞便授意成立了两个团体，一个是公民请愿团，另一个是督军团。公民请愿团是由一些在京社会闲杂组成的，他们在国会前聚众抗议，并且殴打了反对段祺瑞提案的议员；督军团是由北洋系各省军政大佬组成的，他们势力庞大权势熏天，宣称应该解散国会。

1917 年 5 月，黎元洪终于忍无可忍，他以大总统的身份，下令免去了段祺瑞的总理职务。段祺瑞声称，根据临时约法，大总统的命令要由内阁总理副署；既然自己没有副署，那么黎元洪签发的免职命令无效。段祺瑞不承认黎元洪的免职命令，却又再次退往天津，同时指使各省督军宣布独立。

段祺瑞当时对北洋系有着很强的操控力，所以北方十几个省份纷纷宣告独立，脱离了北京政府的领导，令黎元洪手足无措进退失据。中央最怕地方独立，清朝时期是如此，民国时期依然如是。大家跟着你混，你就是头；大家不跟着你混，你就什么都不是。在局势一团糟的情况下，徐树铮唆使张勋出面调停。作为督军团的首领，张勋表示愿意进京调和府院之争，黎元洪自然乐见其成。

谁知张勋率兵进京，却不是要来调和府院之争的，他强逼黎元洪解散了国会，并拥立清逊帝溥仪复辟。当时清廷的势力已经衰败，仅凭一帮遗老遗少是支撑不起局面的。张勋本身未必真把小皇帝当回事，他不过借清廷这面旗帜，把自己推上首席执政官的高位罢了。

张勋拥立溥仪复辟了，黎元洪在逃往日本使馆避难之前，下令恢复了段祺瑞的总理职务，并请段祺瑞组织军队讨伐张勋。段祺瑞这次认可了黎元洪的命令，立即在天津组织讨逆军，准备打进北京重掌大权。虽然段祺瑞的皖系军阀势力庞大，但是在京畿周围却没有他的嫡系部队。为了组织讨逆军，段祺瑞只好收买了直系李长泰、曹锟和冯玉祥的部队，命令他们开进北京。

1917 年 7 月，段祺瑞领导的讨逆军很快就打败了张勋的辫子军，溥仪只得再次宣布退位，共和政体被重新确立。这是段祺瑞第三次维护共和制度，在历史上被称为段祺瑞的"三造共和"。

# 武力统一

1917 年 8 月，段祺瑞重任国务总理兼陆军部长，推举冯国璋代理大总统。段祺瑞以为冯国璋是北洋系老人，只要与之充分合作，就能避免府院之争。冯国璋清楚段祺瑞的实力，也尊重段祺瑞的地位，所以很快就通过了对德宣战案。这一对老兄弟之间的合作开局顺利，但是接下来就发生了冲突，因为在权力和利益面前，是没什么交情可言的。

1917 年 9 月，孙中山联合西南军阀陆荣廷和唐继尧，在广州成立护法军政府，准备北伐进攻北洋系。这给段祺瑞武力统一全国提供了理由。就总体实力而言，南方不是北方的对手，可是问题在于，南方和北方都不是铁板一块，大家钩心斗角，所以最终的结局不好预料。不管是南方还是北方，要想战胜对手，必须巩固同盟阵线，问题是这恰恰是最难的。

孙中山决定北伐中原，目的不仅是攻占北京，还有趁机削弱桂系和滇系的企图。同样，段祺瑞决意南下镇压，目的也不仅是统一中国，也有趁机削弱直系的意思。冯国璋虽然实力不如段祺瑞，但他也不会任由段祺瑞调动北洋系的全部军政资源，更不会任由段祺瑞拿直系军队当炮灰。直系将领最初拥护皖系首领段祺瑞，不过是因为段祺瑞给了他们充足的军费，并许诺给他们高官厚禄罢了。

战争主要在湖南境内展开，仗打了一个月左右，前线直系将领王汝贤和范国璋，便在冯国璋的女婿陈之骥的授意下，率军后撤并通电主张停战议和。这两位前线将领的拆台，令段祺瑞暂时陷入被动。在冯国璋趁机进逼下，段祺瑞被迫辞去内阁总理和陆军总长的职务。在这次府院之争中，冯国璋暂时占了上风，但这一局面很快就被扭转过来。

段祺瑞下野之后，仍然对全国北洋各系有着巨大的操控力。在南方军阀的北犯下,以曹锟、张作霖和倪嗣冲为首的北方15省督军,组成督军团再次行动起来,大家纷纷拥护段祺瑞的武力统一政策,并向冯国璋施压。在这种情况下,冯国璋无可奈何,他被迫恳请段祺瑞复出。1918年初,段祺瑞复出后,暂时没再担任国务总理兼陆军总长,而是就任了参战督办,并组织了取代北洋政府的参战督办事务处。

段祺瑞担任参战督办后,北京政府重新确立了武力统一方针,直系健将吴佩孚成了前线主将。为了嘉奖吴佩孚,段祺瑞授予他将军衔,可又把湖南督军的职位给了皖系张敬尧,这令吴佩孚颇为不满。吴佩孚虽然流露出对段祺瑞的不满,但是此时并未撤军,因为他的上司曹锟尚未表态。吴佩孚的指挥能力,在此战中得到了充分发挥,打得南方护法军接连败退。

随着武力统一政策的顺利推进,段祺瑞的威望更加高涨,各省督军再一次联盟通电,要求他领衔组阁。在督军团的压力下,冯国璋只得请段祺瑞官复原职,重任内阁总理兼陆军总长。段祺瑞复职后,便把北京的事务交由徐树铮处理,自己亲自南下视察各省军队,与各路诸侯会合沟通,希望把武力统一政策进行到底。

为了进一步控制北京政府,徐树铮联合曹汝霖组织了安福国会;为了获得日本的军火和经费,徐树铮与日方签订了借款协定,并以东北的铁路、森林和矿产作为抵押;为了扩大皖系在直隶的军政基础,徐树铮有意驱逐直系在当地的势力。徐树铮很是精明能干,可他多管齐下咄咄逼人,这就把包括直系曹锟、奉系张作霖和皖系靳云鹏在内的多位大佬都逼到了对立面。

就在徐树铮树敌越来越多的时候,冯国璋指使陆建章唆使曹锟和吴佩孚停战。陆建章顺利策反了这两个直系将领,曹锟撤退到天津,吴佩孚通电宣布停战,并指斥皖系卖国。其实,皖系、直系、奉系各派军阀与列强都有联系,他们是要借与列强合作来壮大实力。

在陆建章的策动下,吴佩孚在前线通电主和,直系将领积极响应,南北双方停止作战,这就瓦解了段祺瑞的武力统一方针,令徐树铮非常恼火。盛怒之余,未请示段祺瑞,徐树铮就悍然枪杀了陆建章,在当时就激起了轩然大波。你看谁不顺眼就随便杀人,要是放任下去,谁还有安全感呢？

面对徐树铮的无法无天，在冯国璋的策动下，各地军政大佬联名致电段祺瑞，要求将徐树铮就地正法。段祺瑞宁死也不会惩办徐树铮的，因为徐树铮不但是他的左右手，而且是他的心腹和灵魂。在段祺瑞的强压下，徐树铮暂时躲过了一劫，但是在徐树铮的刚性进攻之下，皖系已经成了众矢之的，内部也面临着分裂。

为了搞掉冯国璋，段祺瑞与他一起下野，同时安福国会在徐树铮的操纵下，选举徐世昌为大总统。冯国璋下台了，也就丧失了对政局的操控力，并且很快病逝了。段祺瑞虽然辞去了总理和总长职务，却仍然控制着北京政府，并且就任了边防督办，任命徐树铮为边防军总司令，利用日本提供的借款和军火编练新军。徐世昌虽然贵为大总统，但是由于手中缺少嫡系军马，所以仍然要受制于段祺瑞；靳云鹏虽然以皖系大佬的身份就任了内阁总理，但是由于他不属于皖系中的安福系，在徐树铮的挑拨下，段祺瑞这个"太上总理"处处压制着他。

北方直系与皖系分道扬镳的时候，南方孙中山的护法军政府也出现了分裂，从此南北之争变成了南北各自大乱斗了。因此，尽管北洋系控制了大多数省区，但实际上段祺瑞的武力统一政策破产了，中国仍然是大小军阀并立的格局。虽然直系不再听命于段祺瑞，但是段祺瑞的皖系仍然是北洋系中最大的一支。正因为皖系力量最强，在直系与皖系角力时，奉系有意站在了直系的背后。当奉系倾向于帮助直系的时候，皖系的崩溃就不可避免了，段祺瑞也就丧失了争夺天下的资本。

## 直皖战争

1919 年，段祺瑞的皖系干了两件大事，一是以曹汝霖为首的亲日派主张在《巴黎和约》上签字，把德国在山东的权益让渡给日本，结果激发了声势浩大的五四运动，使皖系在政治上陷入被动；二是徐树铮编练了四个整编师和三个混成旅的西北边防军，并依靠这支武装收复了外蒙古，为皖系赢得了极高的声望。

徐树铮收复外蒙古，是皖系功业的顶点，而后就开始走下坡路了。在南北战争结束近两年的日子里，直系和奉系加紧建立攻守同盟，时刻准备夺取皖系把持的北京政府。在这种情况下，段祺瑞只好与南方的孙中山结盟，希望能够借以维持目前的政治格局。

1920 年 4 月，曹锟在保定主持召开了直奉联席会议，正式成立八省反皖联盟，随后把吴佩孚的精锐部队从湘南调回保定，准备一举击溃皖系，掌握北京政府的实权。在此情况下，段祺瑞只得集合皖系军政力量，并把徐树铮的边防军从外蒙古调到北京周围，准备迎战直系的进攻。

1920 年 7 月 1 日，曹锟和吴佩孚发布了《直军将士告边防军将士书》，开始向皖系宣战。段祺瑞虽然很恼火，但是并未立刻下令反击，接下来发生的一幕就让他忍无可忍了。在直系的逼迫下，一向受制于皖系的大总统徐世昌，代表北京政府下令免去了徐树铮的边防军总司令的职务，令皖系在政治上愈发陷入被动。段祺瑞闻讯大为光火，强逼徐世昌立刻免去吴佩孚的职务，以此来扳回局面。至此，双方进入战争总动员状态，只能在战场上决一胜负了。1920 年 7 月 14 日，经过双方积极动员，直皖战争正式爆发。直军号称讨逆军，曹锟担任总司令，分为东西两路，以西路（北京至保定的铁路沿线）为主攻方向，吴佩孚为前敌总司令兼西路总指挥，曹锟之弟曹瑛任东路总指挥，另派第一混成旅旅长王承斌驻郑州，为后路总指挥。皖系方面号称定国军，段祺瑞为总司令，徐树铮为副总司令兼参谋长，段芝贵为前敌总司令。一开始直系攻势略挫，皖系西路主将曲同丰率部猛袭直军，直军退出高碑店。皖系东路徐树铮以西北边防军四独立旅进攻杨村一带。

如果战争照这个趋势进展下去，直系应该不是皖系的对手，但是因为皖系主政多年，所以得罪了全国多股势力；而直系从未上台执政，地方势力和民间团体对它抱有良好期望，所以大多把宝押在了直系一边。战争开打的第二天，上海就有 114 个团体通电支持吴佩孚，从而直系在政治上就占了上风。

战争打到第四天，吴佩孚率兵突袭松林店，活捉了对方主将曲同丰，皖系西路全线溃退，接着直军占领涿州并向长辛店追击。皖系东路徐树铮部追赶直军到北仓一带，本来是胜券在握的，不料次日奉军大军压境与直军会师，皖系东路在直奉联军的夹击之下也陷入失败，徐树铮只得仓皇逃跑。

直皖战争只打了五天就宣告结束了，皖系边防军大半覆没，安福系土崩瓦解，段祺瑞通电下野避居天津，徐树铮因被通缉东渡日本，皖系势力折损大半所剩无几；另一方面，直奉联军开进北京，他们共同控制了北京政府，取代了皖系的政治地位。直皖战争的失败，使段祺瑞丧失了主宰民国政坛的资本。尽管后来由于直奉之间互不相让，最终又把段祺瑞给抬了出来，但他已经不再是那个政治强人，而变成了有名无实的政治傀儡。

如果皖系失败的结果，仅限于皖系丧失了对北京政府的控制权，这对于整个中国来说，不过是重新洗了一次牌罢了。问题在于，段祺瑞和徐树铮的下台和皖系边防军的崩溃，直接导致了外蒙古得而复失；而直奉两系忙于内斗，并未挽回边疆失控的局势，这才是中国的重大损失。

晚年的段祺瑞

# 临时执政

奉系帮助直系进攻皖系，绝非助人为乐之举，更不是为了政治进步，不过是为了控制中央扩张实力罢了。在皖系垮台之后，直系与奉系开始还能勉强合作，他们都支持皖系之内有别于安福系的靳云鹏组阁，共同控制北京政府。可是，在缺乏强大外敌威胁的情况下，两大军阀集团是很难长期合作下去的，他们之间的合作关系注定会走向破裂。

靳云鹏虽是段祺瑞手下的皖系四大金刚之一，但是此时只能在直系和奉系的威慑之下生活了。奉系的势力主要在关外，而直系对北京的控制更严密，所以靳云鹏在施政立场上更倾向于接受直系的指令。靳云鹏有此倾向，就激怒了奉系首领张作霖。于是，张作霖便逼迫靳云鹏辞职，在未经直系同意的情况下，硬推梁士诒担任内阁总理。

张作霖随意更换责任内阁，激怒了直系健将吴佩孚。吴佩孚通电指斥梁士诒亲日卖国，并逼梁士诒辞职下野。前面已经讲过，各派军政大佬为了自己的利益，都需要与列强合作，梁士诒和他背后的奉系以及之前的皖系，都有明显的亲日倾向，但是直系同样与英美关系密切。吴佩孚指责梁士诒亲日卖国，梁士诒当然也有理由指责吴佩孚亲英美卖国。差别在于吴佩孚所属的直系兵强马壮，所以吴佩孚讲话的嗓门也就更高，梁士诒除了辞职之外别无出路。

直系与奉系已经撕破了脸皮，这正是有关各方所乐见的，大家都在等着他们拼个两败俱伤，好让自己从中渔利。1922年，第一次直奉战争爆发时，由于直系实力略强于奉系，而且战场在关内，直系占据了主场优势，再加上吴佩孚直插敌后，迫使奉系张景惠部停战倒戈，所以战争以直系战胜奉系宣告结束。

直系赢得了战争，也就单独控制了北京政府，取得了当年皖系的地位。这就等于直系把自己放在了火炉上烤，让其他的实力派联合起来反对自己，为走向失败埋下了伏笔。直系比之前的皖系更加猖狂，曹锟通过贿选的方式取得了大总统的职位；吴佩孚则掌控了直系的大半军政资源，并进一步扩张实力并排斥异己。

为了打倒直系的霸权，皖系段祺瑞、奉系张作霖联合起来，大家共推段祺瑞为联军统帅。而在直系内部，冯玉祥、胡景翼和孙岳也组成了反直三角联盟，大家共推冯玉祥为总指挥。在直系内外的联盟都成立后，不管吴佩孚多么英勇善战，直系的失败都不可避免了。

1924 年，直系江苏军阀齐燮元进攻皖系浙江军阀卢永祥，奉系张作霖宣布支持卢永祥，第二次直奉战争爆发了。吴佩孚在前线与奉军打得难解难分时，冯玉祥等人率部回师北京，控制了北京城并发动了北京政变，囚禁了贿选大总统曹锟，然后把清逊帝溥仪驱赶出紫禁城。冯玉祥突然在背后发难，令在前线作战的吴佩孚腹背受敌无力招架，直系军队全线溃败，奉系军队趁机开到北京附近。

张作霖的奉系军阀和冯玉祥的军队共同控制了京城，暂时形成了战略均势，谁也不肯让对方单独掌握北京政府。为了商议如何分配民国的军政资源，反直各方代表在天津举行会议，由于张作霖和冯玉祥互不相让，段祺瑞便被推举为中华民国临时执政。这个临时执政相当于临时大总统，算是国家元首，而且执政府实行执政负责制。按说这是段祺瑞一生所获取的最高职位，但是此时他手下没有了嫡系武装，所以他已经沦为张作霖和冯玉祥联合控制的棋子。

在天津会议上，冯玉祥主张把吴佩孚的直系军队消灭干净，张作霖不置可否，段祺瑞却否决了冯玉祥的主张。段祺瑞非常清楚，皖系已经不行了，只有保留包括直系在内的多支力量，才有助于形成多极政治格局，执政府才有纵横捭阖的余地，不然自己就一点主动权也没有了。

执政府成立了，段祺瑞赶赴北京担任这个最高执政官，开始了他最后的执政生涯。由于张作霖的力量比冯玉祥强大，所以段祺瑞更加倾向于遵从张作霖的指令，这就激怒了桀骜不驯的冯玉祥。为了表示自己的不满，冯玉祥邀请孙中山进京，打算让孙中山取代段祺瑞。孙中山应邀北上，号召成立国民会议。为了对抗孙中山的提议，段祺瑞号召成立善后会议，并邀请孙中山和黎元洪参加。

1925 年初，孙中山绕道日本到达北京不久便病逝了。

段祺瑞在担任临时执政期间，尊奉"外崇国信"的方针，继续向除德国之外的列强支付庚子赔款，并向有关国家借款。冯玉祥部和广州国民政府都反对段祺瑞的这一立场，主张废除与列强之间的不平等条约。

1925 年底，冯玉祥电令部将张之江，以给陆建章报仇为名，在廊坊火车站截获并枪杀了打算重振皖系的徐树铮，徐树铮的死给了段祺瑞致命一击，从此段祺瑞倦于政事，在执政府内部成立国务院，把执政府的事务主要交由皖系部将、内阁总理贾耀德处理。

冯玉祥为了打败张作霖，就策动张作霖的部将郭松龄反奉。郭松龄在冯玉祥的支持下反奉，奉系立刻陷入混乱之中。后在日方的干涉之下，张作霖击败并枪杀了郭松龄。

1 月 14 日北京举行反日国民大会，要求惩办段祺瑞等。2 月 21 日段祺瑞下令讨伐吴佩孚。3 月 17 日，北京各界人士请愿驳复八国通牒，被段祺瑞卫队刺伤十余人。3 月 18 日，北京各界反帝人民群众五千余人在天安门举行反对八国"最后通牒"的国民大会，会后游行示威，执政府卫队向请愿队伍开枪，死四十七人，伤一百五十五人，造成"三一八惨案"。段祺瑞作为最高军政长官具有不可推卸的责任。

"三一八惨案"发生后，段祺瑞下令处理了相关责任人，执政府贾耀德内阁引咎辞职。广州国民政府严厉声讨段祺瑞等人，执政府的威信进一步降低。为了挽回不利局面，段祺瑞撮合奉系与直系，希望他们重新合作，共同对抗广州国民政府和冯玉祥的国民军。

段祺瑞的活动被冯玉祥的部将鹿钟麟所侦知，鹿钟麟率部冲进执政府，并下令软禁了段祺瑞。为了摆脱鹿钟麟的控制，段祺瑞逃到了东交民巷使馆区，而后在皖系吴光新部将唐之道的簇拥之下，重新返回执政府。至此，执政府已经毫无威信可言，段祺瑞便于 1926 年 4 月通电下野，基本退出了民国的政治舞台。

# 下野隐居

段祺瑞下野后，便跑到天津日租界做起了寓公，整日研究佛教经典。段祺瑞平生不贪不占，所以平生没有房产和积蓄，只能靠友人的接济来维持日常开销。这在北洋高层中是极为罕见的，与段祺瑞齐名的冯国璋，在去世前留下了多套房产和两千多万银元，其他军政大佬也都是富贵终老的，唯独段祺瑞一生清廉。

瘦死的骆驼比马大，段祺瑞虽然下野了，但他的政治影响还在。从1927年起，段祺瑞经常赶赴大连休养，受到当地人士的热烈欢迎。1928年5月，在国民政府北伐取得成功，准备进攻北京的时候，段祺瑞联络徐世昌、王士珍、曹锟和熊希龄等北洋元老，发起"和平运动"，呼吁南北双方停止战争并召开和会。国民政府并不理会这帮北洋元老的声明，于是张作霖很快就被迫退出了北京，北洋政府的历史宣告终结。

1929年，段祺瑞返回天津日租界寓居，继续以研究佛经作为日常要务，不再过问政治活动。1931年，"九一八"事变发生后，日本有进一步侵占华北的野心，特务头子土肥原贤二多次去天津会晤段祺瑞，希望段祺瑞能够组织亲日的华北政府。

段祺瑞在主政时，总是被人看做亲日派；但他在下野后，拒不接受日方开出的合作条件。其实，段祺瑞前后的行为并不矛盾，因为段祺瑞与日方合作是有条件的，这个条件就是日方尊重自己的独立性。段祺瑞之前亲日不假，但他是绝不会给日本人当傀儡的。

日本人盯上段祺瑞时，国民政府的领导人蒋介石也一直在关注段祺瑞。段祺瑞下野数年来，蒋介石时常给段祺瑞写信，向段祺瑞执以师礼。另外，当蒋介石了解段祺瑞生活拮据的情况后，就时常派人给段祺瑞送去一些生活费用。因此，不管是出于私情还是处于公义，不管是出于自身性格还是出于爱惜羽毛，段祺瑞都会保持一名中国人的气节。

1933年初，在蒋介石的邀请下，本打算在北方养老的段祺瑞，乘船抵达南京江面。蒋介石身穿戎装，新自前去迎接，以最隆重的军礼向段祺瑞致敬。随后，段祺瑞移居上海，住在霞飞路的陈调元公馆，受到了上海滩杜月笙等人的欢迎和资助。

段祺瑞在上海期间，公开表达了他对日本人的抨击，号召北洋旧部反抗日方对中国的侵犯。段祺瑞在接受记者采访时是这么说的："日本横暴行为，已到情不能感理不可喻之地步，我国唯有上下一心一德努力自救。语云：'求人不如求己。'全国积极备战，合力应付，则虽有十个日本，何足畏哉？"

隐居上海不久，段祺瑞的身体就日渐恶化，1934年，他的胃溃疡发作了，生命一度垂危。医生建议他开荤，他坚决不从，声称：人可死，荤不可开！关于这一点，有人说他是因为信仰佛教，有人说他是在为"三一八"死难者赎罪。对于此事的缘由，笔者不敢妄断。但有一点是肯定的，那就是段祺瑞是个执拗的人，他决定的事那是死不回头的。

1936年，段祺瑞死于胃溃疡，他在死前留下亲笔遗嘱，向国民政府提出"八勿"之说：勿因我见而轻起政争；勿尚空谈而不顾实践；勿兴不急之务而浪用民财；勿信过激言行之说而自摇邦本；讲外交者勿忘巩固国防；司教育者勿忘保存国粹；治家者勿弃国有之礼教；求学者勿骛时尚之纷华。

段祺瑞病逝后，国民政府为他举行了国葬，国民政府多名要员前往致祭，上海全城下半旗致哀，随后灵柩被移至北平卧佛寺，而后被安葬在白石桥附近。段祺瑞得以寿终正寝，而又生荣死哀，在那个混乱的年代，也算是一件幸事。

# 虎父犬子

按照清末民初的风俗，大凡生活较好的男人，都是要娶几房姨太太的，以求得多子多孙。在这一点上段祺瑞也不例外，他的原配吴氏死得早，继室张佩蘅是袁世凯的义女，此外他还纳过几个小妾。不过段祺瑞在私生活上绝不强人所难，比如他的四姨太刚进门就表现出愁苦的表情，一问得知她已有意中人；段祺瑞立刻送对方出门，还资助了她一些金钱，从而赢得了好名声。

段祺瑞的子女众多，但是大多在幼年时就夭折了，活下来的主要有长子段宏业和次女段宏彬。段宏业是段祺瑞原配吴氏所生，段祺瑞曾对他抱有很高的期望，所以才给取名为"宏业"。但是，段宏业并不具备其父段祺瑞的才能和作为，一生除了做生意就是下围棋，并且喜好抽鸦片和逛妓院，令段祺瑞非常失望。段宏业对段家的最大贡献，就是生养了一群子女，制造了一个大家庭。

段宏彬生于1902年，死于2002年，活了一百年。段宏彬嫁给了留美青年张直宏，夫妇后来长期生活在美国。

除了子女之外，段祺瑞的侄子段宏刚，自幼跟随段祺瑞经历了一些大事，在个人素质上是强于段宏业的。

段祺瑞性格强硬待人严厉，对子女和部属要求严格，从不以权谋私，更不会为亲属的发展铺路。因此，段宏业等人没能走上政坛，与段祺瑞的培养方式也有直接关系。

段祺瑞对自己的亲属严格，对青年才俊却非常关爱，除了徐树铮之外，段祺瑞还大力关照过围棋天才吴清源等人，把他们推上了国际棋坛，这一段因缘也被世人传为佳话。

# 一生功过

段祺瑞生于晚清，靠从军成就功名，而后进入北洋系统，一步步成长为军政大佬，并最终登上了民国元首的高位。段祺瑞的一生，是传奇的一生，其功过也是值得人们评述的。

不管是在清末还是在民国，段祺瑞都是致力于国家富强和统一的，这是他一生的主线。段祺瑞起家于军旅，终生讲求以军统政，缺乏现代宪政理念。但他的主张和作为符合了那个时代对军政人物的要求，所以他成了继袁世凯之后的北洋掌舵人。段祺瑞为他的政治理想奋斗了大半生，并取得了显著成果，尽管最终他被挤出了政治舞台。

段祺瑞一生的作为，深刻地打着那个时代的烙印，他的三造共和顺应了时代潮流，他的武力统一却又脱离了客观实际。因此，他前期基本是成功的，后期基本是失败的。不管怎么样，段祺瑞都在晚年证明了，他的亲日倾向是有底线的，并不是无原则地亲日，更不是对日屈膝投降。所以，段祺瑞最终受到了国民政府的礼遇，也受到了国人的谅解和推崇。

段祺瑞本质上是个军政强人和威权主义者，他对内主张统一和求强，这一点与袁世凯是相同的；但他的对外战略，是亲日本而远欧美，这就与袁世凯有本质区别了。段祺瑞算是袁世凯的传人，但他并不完全服从袁世凯，而是有着他自己的一套行为准则。袁世凯生前，对段祺瑞也是比较敬重的，总在最关键的时刻把段祺瑞放到最重要的位置上。

段祺瑞是北洋三杰中最厉害的一个，他毕生的功业和作为是超过冯国璋的，比王士珍更是超出一大截。他们三个人比较类似，都是当时的才俊之士，为什么段祺瑞能在这三人中独领风骚呢？这里面可能有着背景和机缘因素，但更重要的应该是段祺瑞的性格、胆略和才识在发挥作用。一个人能成为最优等人才中的尖子，在历史上叱咤风云，这绝非易事，段祺瑞却做到了。

在北洋系崛起初期，段祺瑞就慧眼识才，发现、培养并重用了徐树铮，徐树铮也为辅助段祺瑞贡献了毕生心血和力量，还创立了收复外蒙的功绩，并最终为段祺瑞赔上了身家性命。段祺瑞和徐树铮之间的那份相互信任，不仅在北洋时代，就是在整个社会交往中，都有着可圈可点的闪亮之处。

段祺瑞的霸气是与生俱来的，冯国璋、王士珍、张勋、曹锟、吴佩孚、张作霖这些同期军政强人，无不慑服于段祺瑞的虎威，甚至在皖系被直系打败的情况下，吴佩孚率军包围了段祺瑞的府邸，段祺瑞照样傲然教训吴佩孚，而吴佩孚也表现得唯唯诺诺，不敢为难段老前辈。

段祺瑞死后，吴佩孚给他的评价是："天下无公，正未知几人称帝，几人称王，奠国著奇功，大好河山归再造；时局至此，皆误在今日不和，明日不战，忧民成痼疾，中流砥柱失元勋。"而梁启超给他的评价是："其人短处固所不免，然不顾一身利害，为国家勇于负责，举国中恐无人能比。"

段祺瑞这个人身上，当然有着这样或那样的缺点和不足，但他的功业是值得人们瞩目的，他的品格是值得人们景仰的，他的缺憾是值得人们叹惋的。北洋的历史已经远去，段祺瑞这位皖系首领也早已长眠于地下，但那段历史并不会被后人遗忘。

# 第三章

## 直系军阀冯国璋

◎

袁世凯的北洋系，主要分为冯国璋的直系和段祺瑞的皖系。在清末民初的历史舞台上，冯国璋作为一名举足轻重的军政强人，也是那个时代的主角之一。

　　冯国璋的家世背景、人生道路和毕生功业，与段祺瑞是非常接近的。冯、段二人之间的主要差别在于，冯国璋主张和平统一，而段祺瑞主张武力统一，当然这是由当时直皖两系之间的力量对比决定的。另外，他们俩在私德上也相去甚远，冯国璋平生爱财如命，段祺瑞则对金钱比较淡泊。

　　冯国璋虽然是袁世凯的下属，但他并不对袁世凯唯命是从，而是在历次政治变局中坚持自己的立场。冯国璋虽然未能从功业上盖过段祺瑞，但是他爬上了民国代总统的高位，并且对局势有一定的操控能力，制衡了皖系的膨胀性发展。冯国璋的和平统一政策，从政治文明的角度来看是进步的，但在当时的现实中是难以落实的，这应该是那个时代的悲剧。

　　冯国璋生长于直隶河间的农村，靠着自己的拼搏和选择，明智地投身于北洋系，然后一步步走上清末民初的政坛，并最终登上了国家元首的高位，这也是那个动荡年代的人生传奇。

# 贫苦出身

1859 年（清咸丰九年），袁世凯在河南项城降生的当年，冯国璋出生在直隶河间的一个乡村。冯国璋的家庭出身，与段祺瑞颇为相似，祖上也是大户人家，只是到父辈时期才家道中落。

冯国璋的远祖中有个名人，此人就是明朝开国功臣冯胜，他曾大力辅助朱元璋改朝换代开疆拓土，后来因功高盖主被朱元璋赐死。

祖上的荣光与显赫已成为过往云烟，出身贫寒就要靠自己奋斗，这是冯国璋年轻时必须面对的现实。冯家虽然贫寒，但是尚未贫寒到读不起书的地步。为了改变个人和家庭命运，将来能够有所成就，冯国璋 7 岁那年就进入本村的私塾读书。

冯国璋幼年时代是很聪明也很勤奋的，他花了 5 年的时间就读了不少书，为了进一步深造，他 12 岁时到外祖父家所在诗经村的毛公书院就读。两千多年前的西汉时期，景帝刘启之子、河间王刘德喜好儒家经典，便招揽了大批宿儒，其中就有精通《诗经》的毛亨和毛苌。当年毛苌讲学的地方，就成了后来的毛公书院，而书院所在村落被称做诗经村。

冯国璋在历史悠久的毛公书院学习了 5 年，成绩优异。按照当时早婚的习俗，18 岁的冯国璋经人介绍，迎娶了门当户对的吴凤为妻，这是他的原配夫人。不久，长子冯家遂便降生了，冯国璋成了拖家带口之人。

业已成家的冯国璋并未停止对学业的追求，在堂叔冯甘棠的资助下，他于 1881 年到保定莲池书院进修。但是由于家境艰难，两年后他便被迫辍学回家了。

为了寻找发展出路，1884 年底，25 岁的冯国璋经叔父介绍，只身去天津大沽口投淮军，开始了他的军旅生涯。

冯国璋的投军之路是坚定而悲壮的，这与当年段祺瑞千里投军很相似，但也有所差别：冯国璋投军时已经是有家室的成年人了，而段祺瑞当时还是个无家一身轻的少年；另外，冯国璋虽然比段祺瑞大六岁，但是他投军的时候段祺瑞已经入伍许久了；再有，段祺瑞是怀揣一块银元长途跋涉，而冯国璋相对少吃了一些苦。

　　冯国璋的发迹之路是从进入军营开始的，但他之前的知识积累无疑是非常有用的，他是当时军队中少有的读书人。求学不成而从军，这就为他将来出人头地奠定了根基。冯国璋将沿着这条从军之路走下去，直至登上清末民初的历史舞台，成为声威显赫的直系北洋军的领袖。

## 沙场建功

　　冯国璋加入的军队是淮军，而同期在朝鲜的袁世凯和在山东的段祺瑞，也属于淮军系统。虽然互不相识，但是他们有一个共同的领导，那就是淮军掌门人李鸿章。如果没有太平军和捻军起义，也就不会有曾国藩的湘军和李鸿章的淮军。李鸿章的淮军后来在中国北方一家独大，成为北洋系的前身。

　　1885年，为了培养各级军事专才，李鸿章在天津创办了北洋武备学堂，这就为广大青年才俊提供了一个新的发展平台。该学堂的第一期学员中，后来最有成就的三个人，就是"北洋三杰"王士珍、段祺瑞和冯国璋，其中段祺瑞和冯国璋的功业最为显著。冯国璋此前只有半年的兵龄，但也具备了一些军务常识，并且在军队表现优秀，因此被选入武备学堂步兵科。

　　冯国璋非常珍惜来之不易的求学机会，孜孜不倦地吸收近代陆军操练知识。经过刻苦学习，冯国璋精通了枪炮阵式，熟悉了营垒作业，各科成绩优秀，受到学堂总办荫昌和德国教官的赏识。经过5年的学习和锻炼，

冯国璋在操练士兵

冯国璋已经成长为一名初级军事专才，他以优异的成绩从武备学堂毕业，并又留校任教。

冯国璋凭借扎实的知识功底，用通俗易懂的方式授课，受到了学员们的热烈欢迎。冯国璋通过师生关系笼络了大批门生，培养了一个以他为核心的军政团体，为将来发展直系势力奠定了基础。

1893 年，冯国璋被淮军聂士成聘为幕僚。冯国璋有着过人的天赋，又养成了过硬的专业素养，所以深得聂士成的赏识。在聂士成军中，冯国璋奉命考察了东北边境，对沿边各地的地理风貌进行了详实记录，并编制成兵书《东游纪程》，冠以聂士成的大名出版发行，成了当时颇有价值的国防资料。

1894 年中日甲午战争期间，虽然清军总体不敌日军，但是冯国璋所属的聂士成部还是在局部战场占据过优势，而且冯国璋也在实战中表现出了过人的胆识和才能，所以聂士成更加器重他。因此，清廷在战后表彰有功人员时，在聂士成的保荐下，冯国璋受封五品候补知县的虚衔，并随聂士成驻山海关保卫京畿。

1895 年，冯国璋以军事随员身份，随驻日使臣裕庚出使日本，在日本结识了福岛安正等军事家，并留心考察军事。从日本回国后，冯国璋将留日所得编成兵书数册，呈报给聂士成，可是并未受到重视。此时袁世凯正奉旨编练小站新军，冯国璋便把兵书转呈袁世凯，结果被袁视为"鸿宝"，并谓"军界之学子无逾公者"。于是，冯国璋被袁世凯委任为督操营务处总办，正式加入小站新军，负责新军操练并修订兵法操典。

## 北洋之豹

加入袁世凯的小站新军是冯国璋一生的转折点，他在这里重会了老同学王士珍和段祺瑞，大家一起辅助袁大帅练兵。假如冯国璋仍然留在聂士成军中，那么数年后他就有可能与该军一起覆灭。转投了新式陆军统帅袁世凯后，冯国璋也就获得了一个全新的发展机会，并随着这支武装开始走向人生的巅峰。选择比奋斗更重要，此言非虚！

袁世凯的小站新式陆军，经过数年的发展，已经成为北方的一支劲旅。义和团运动爆发时，袁世凯被调任山东巡抚，冯国璋随军前往。冯国璋奉命收编山东地面上的旧军，改造成新式陆军先锋队20个营，为袁世凯稳定山东局势立下了大功。

鉴于冯国璋的汗马功劳，1900年，在袁世凯的保荐下，清廷授给他补用知府并加盐运使衔。这个直隶河间农村的穷小子，通过从军以来十几年的奋斗，已经成为一名大清中层官员了。虽然与同岁的袁世凯相比，冯国璋还是有很大差距，但和同期从军的人相比，冯国璋已经远超众人了。

1901年，清廷擢升袁世凯为直隶总督兼北洋大臣，冯国璋自然还是要追随袁大帅的。袁世凯主政直隶后，便开始大规模地扩充新式陆军，逐步形成北洋六镇的规模。为了更好地操练新军，袁世凯在保定设立编练北洋常备军的专门机构——军政司，该司分兵备、参谋、教练三处，冯国璋奉命出任教练处总办。

冯国璋在任军政司教练处总办期间，把平生所学全部运用到新军操练上，与段祺瑞和王士珍等人一起，全力帮助袁世凯打造北洋常备军，使这支武装成为当时中国最强大的军队。这支北洋队伍，虽是清朝的统治支柱，却有着浓厚的私人武装色彩，总体上算是袁家军，其中冯国璋和段祺瑞的嫡系力量也开始形成。

清廷并没有对袁世凯完全放心，为了牵制袁世凯，清廷开始培养清朝贵族中的军事专才，并拉拢北洋系中的冯国璋。因此，清廷在派铁良和凤山去日本考察军事时，让冯国璋随同前往。归国后，清廷授予冯国璋正黄旗蒙古副都统职衔，让他在参与编练北洋军的同时，出任贵胄学堂的总办。

贵胄学堂是清廷为培养满蒙高级军事人才而设立的，其成员是王公世爵或四品以上的宗室以及现任二品以上满汉文武大员子弟。该学堂还附设王公讲习所，在固定时间召亲王们去听冯讲课。冯国璋利用此机会结识了不少满蒙贵族，并赢得了清廷的信任。此时，冯国璋不仅是北洋系的人，还与满清贵族有了深厚的关系。所以，在以后的改朝换代中，冯国璋在北洋系和清廷之间左右摇摆。

1906 年 10 月，清政府在河南彰德举办了一场有史以来规模最大的军事演习，冯国璋在彰德秋操中担任了南军审判长。彰德秋操进展顺利，北洋系的实力和战斗力也显露无遗。袁世凯为了免遭清廷的猜忌，只得交出了兵权，奉旨出任军机处兼外务部尚书。袁世凯虽然交出了兵权，但是北洋系的各级将官仍然把他当做掌门人和代言人，冯国璋也选择与北洋团队站在一起。

以铁良为首的清廷陆军部接手了北洋系的军权，但无法真正操控北洋系，为了加强对北洋系的控制，只有拉拢北洋系的高级将官。冯国璋素来与清朝贵族相善，所以成了清廷拉拢的对象。1907 年，冯国璋升任陆军部军咨处正使，次年又升任清西陵梁各庄值班大臣。冯国璋一方面是北洋系大佬，另一方面是清廷重臣，所以在清末的舞台上愈来愈受关注。

1908 年，光绪帝和慈禧太后相继归西后，溥仪继位为君，摄政王载沣掌握了清廷的大权。为了给光绪帝报仇，同时为了收拢兵权，载沣把袁世凯清理出局。载沣本来是想干掉袁世凯的，但是由于担心北洋系造反，便将袁世凯开缺回籍。

袁世凯退养彰德后，冯国璋和段祺瑞等人仍然对他言听计从。但这里面是有差别的，相比之下段祺瑞此时对袁世凯更真诚一些。冯国璋继续效忠袁氏，主要是因为北洋团体仍以袁世凯为龙头，为了团结和统领北洋军，他必须做出效忠袁大帅的姿态。

北洋系已经成长为一个庞然大物，它必然要在局势动荡之际登上时代舞台。而摄政王载沣无视汉人官僚阶层和立宪派的利益，肆意收揽军政大权，悍然组织了"皇族内阁"，这就把清廷的统治推向了崩溃的边缘，从而为北洋系掌控中国打开了方便之门。

## 镇压革命

1911年10月10日，武昌起义爆发后，革命军很快就攻克了武汉三镇，清廷的统治受到了极大的挑战。为了扑灭革命烈火，清廷选派陆军大臣廕昌带着冯国璋和段祺瑞的北洋军，前往湖北镇压革命。

冯国璋虽是北洋系大佬，但他与清朝贵族有着千丝万缕的联系，所以他追随廕昌比较积极；而段祺瑞正想趁机拥护袁世凯复出，从而把北洋系推上前台，所以他消极应对且行军缓慢。北洋军是当时中国最强大的武装，眼下是北洋系站队的关键时刻，他们的选择将决定历史的走向——段祺瑞的选择更符合北洋系的整体利益，所以获得了各级将士的支持；冯国璋不得不顺应形势，遵照袁世凯的指示行事，即慢慢走，等等看。

廕昌调不动北洋军，就无法镇压湖北革命，随着湖北独立，南方各省相继宣布独立，脱离了清廷的统治。面对革命风潮愈演愈烈的态势，载沣只得同意请袁世凯出山。而袁世凯出山的条件，就是由北洋系组织责任内阁。载沣当然明白：假如让袁世凯组阁，那么就有大权旁落之虞；假如不答应袁世凯的条件，那么北洋系就不会卖力镇压革命，清廷就会被革命的大火烧成灰烬。

为了挽救清廷的统治，载沣只得同意袁世凯的组阁要求，请他去前线视事并进京组阁。袁世凯出山后，北洋将士深受鼓舞，镇压革命便提上了日程。就在袁世凯前往信阳检阅部队、打算进京组阁的时候，滦州兵谏爆发了——吴禄贞打算用武力阻止袁世凯进京。不久，吴禄贞便被忠于袁世凯的军官马步周刺杀了。袁世凯派段祺瑞去调查吴禄贞遇刺一案，把湖北前线的军队全部交给冯国璋指挥。

　　冯国璋接管了前线军事全权之后，为了报答清廷和袁世凯的知遇之恩，便全力进攻武汉三镇，猛烈打击湖北革命军。湖北革命军根本不是北洋精锐的对手，冯国璋很快指挥北洋军击溃了革命军，占领了汉口，然后又攻占了汉阳，同时积极准备进攻革命军的大本营武昌。

　　北洋军克复汉口和汉阳的消息传到北京后，清廷为了嘉奖冯国璋，便授予他二等男爵。二等男爵算是个低等爵位，对于立有大功的冯国璋来说，实在是太过轻微了。对此，冯国璋却十分兴奋，打算一鼓作气再打下武昌，从而取得更高的爵位。如果冯国璋真这么干了，估计武昌是能打下来的，因为革命军不敌北洋军。不过，此时在全国25个省份中，已经有15个宣布独立了，就算拿下武汉三镇也改变不了清廷的颓势了。

　　袁世凯是聪明人，他当然不会为了清廷把北洋系给拼光。在袁世凯与孙中山达成协议后，便把冯国璋调往北京接管禁卫军，并让段祺瑞接掌湖北前线军事指挥权。袁世凯这么安排，足见其精明老道：段祺瑞最能猜度他的心思，所以将其留在前线指挥军队最合适；冯国璋与清朝亲贵之间的关系很深，由冯国璋来掌握禁卫军就避免了北洋系与禁卫军之间的决裂。

## 统领禁军

　　冯国璋接掌禁卫军不久，南北双方便达成协议：袁世凯逼清帝退位，而后孙中山把临时大总统的位置让渡给袁世凯。为了达到这个目的，袁世凯指示段祺瑞，让他领衔发表和平通电，再把司令部后撤到保定，并率军进京威胁清廷。

形势进展到这个地步，禁卫军必须要表明态度了，冯国璋虽然领导着禁卫军，但是禁卫军的骨干是清朝亲贵。

如果北洋军和禁卫军之间发生火并，估计禁卫军不是对手。但是如此一来，就把问题复杂化了，如果各种反袁势力乘机发难，局面将无法收拾。冯国璋为了稳住禁卫军，就凭借他在禁卫军中的威望，用最大诚意说服大家接受现实。冯国璋向禁卫军各级军官做出了两条保证：一、清帝退位后，皇室的待遇不变；二、清帝退位后，禁卫军的军费仍有保障。

除了向禁卫军做出担保之外，冯国璋还做出了一项出人意料的举动，他请禁卫军推出两名军官作为代表，时刻跟在自己身后，一旦发现自己违背了诺言，就可以开枪把自己打死。冯国璋的诚意感动了禁卫军将士，再加上良弼遇刺之后的局势，禁卫军便接受了清帝必须退位的事实。

在纷繁复杂的局势中，冯国璋一下子就抓住了问题的核心，那就是禁卫军为什么会效忠清廷。禁卫军效忠清廷，主要是因为他们认为，维护清廷的统治符合自身的利益。一旦让禁卫军认识到，清帝除了退位别无选择，而自己能维护他们的利益，那么禁卫军就没必要为了效忠清廷而与北洋军为敌了。

冯国璋对禁卫军的笼络和改造是卓有成效的，一方面避免了禁卫军与北洋军的决裂与火并，另一方面又重用禁卫军维护了京城秩序。在北洋第三镇发动北京兵变上街抢劫后，冯国璋率领禁卫军打击了作乱分子，受到了北京民众和外国使节的称赞，并获得了新任临时大总统袁世凯的嘉奖。

冯国璋在拱卫京师期间的表现，赢得了各界的交口称赞，进一步提升了自己的知名度，为他在民国初年的政坛上继续攀升准备了条件。在那个大乱方休的时期，一个稳定的首都是非常重要的，冯国璋成功完成了使命，进一步扩大了他的影响。

北京兵变后，在各界的强烈要求下，袁世凯定都北京，冯国璋继续担任禁卫军统领。随着北洋系主政中华民国，冯国璋还曾一度担任直隶都督，掌握了北洋系的兵权并控制着京畿局势，并且他的嫡系李纯、王占元和陈光远等人也担任了督军，直系的势力逐渐浮出水面。

# 南下立功

1913 年 7 月 "二次革命" 爆发后，袁世凯调动冯国璋和张勋等所部北洋精锐，命他们迎战南方的讨袁军。袁世凯选了两名主将，这里面是颇有深意的：如果只选一名主将，那就必须事事仰赖他。有了两名主将，就可以让他们分兵合击，通过相互竞争，不使一方独大。

凭借北洋军的强大武力，冯国璋一路向南势如破竹，很快就攻下了苏皖各地，然后继续进兵，准备一举夺取讨袁军的重镇南京。就在冯国璋准备渡江作战的时候，他的女婿陈之骥从南京城中投奔了他。陈之骥之前担任守卫南京的第八师师长，对南京城的布防情况非常熟悉，他的倒戈将决定南京城的归属。

冯国璋挟得胜之师的兵威，又掌握了南京城的布防，还在南京城中安插了内应，按说夺取南京应该不在话下。但是，南京城城防坚固，就算北洋军能攻克这座坚城，也将遭受巨大的伤亡。事实上也是如此，在黄兴撤离南京城之后，讨袁军依旧在何海鸣的率领下顶住了北洋军的强大火力，并坚守了半个月之久。

此时南京攻坚战已经演变成了冯国璋和张勋之间的抢功战，在刘冠雄的海军协助下，凭借北洋陆军的战斗力，攻下南京城指日可待，但是付出的伤亡和牺牲肯定不会小。袁世凯有言在先，谁先攻入南京，谁就主政江苏这个财政经济最强的省份。在袁世凯的心目中，冯国璋比张勋更亲近，所以他希望冯国璋率先进入南京城。

冯国璋积极作战，准备主政江苏省，但是面对南京城下的死尸，他犹豫了：为了抢个头功损兵折将，值得吗？就在冯国璋稍有犹豫之际，张勋死命往里冲，抢先一步攻入了南京。这么一来，连袁世凯也得信守诺言，把江苏交给张勋了。

北洋军攻克了南京，标志着"二次革命"的失败。冯国璋虽然没能主政江苏，但他也在镇压革命中立下了大功，被袁世凯调回直隶担任都督，并且受封宣武上将军。另外，冯国璋的嫡系李纯趁机攻占了江西，把直系势力进一步向南推进。

张勋不惜代价第一个攻入南京，从而攫取了江苏督军的要职。进入南京城后，张勋的辫子军便开始了大肆烧杀抢掠，借着镇压讨袁军的名义，冲入店铺、民宅和学校，大肆抢劫财物并强奸妇女，激起了极大的民愤，并且还冲击了外国驻华机构。

在外国使节和民间团体的强烈抗议下，袁世凯按照之前的计划，把冯国璋调任江苏督军，让张勋改任长江巡阅使镇守徐州。从此，冯国璋坐镇南京经营东南雄视天下，成为左右民国政局首屈一指的地方军政大佬。

## 坐镇南京

冯国璋坐镇南京主政江苏后，从天津调来一批专业警察，设立军政执法处，负责维持南京城的社会管理秩序；然后整顿沿江四路要塞，任命王遇甲为司令；设立南京宪兵司令部，任命陈调元为司令；另外，他还设立军事研究所、陆军讲武堂、水师学堂和警察学校，发展直系北洋势力。

在冯国璋的苦心经营下，江苏省的各项事业取得了进步，国民党的势力被清理出去，南京城在民国的地位日渐突出，成了东南各省的军政中心。北京是首都，是中央政府所在地，北京城固然比南京城地位高。但是，就因为北京是中央政府所在地，所以会有各种势力云集在此，袁世凯的权力会因此受到挑战和制约，而冯国璋却可以在南京独霸一方。

冯国璋手握四个师的北洋重兵，又完全掌控了江苏这个富庶的省份之后，他的地位和实力不断攀升，袁世凯对此心知肚明。为了进一步笼络冯国璋，袁世凯把他的家庭教师周砥嫁给冯国璋作为继室，并陪送了大批嫁妆。袁世凯这么做，与他之前把义女张佩蘅许配给段祺瑞是一个道理，无非是以此来捆绑他与部将之间的政治利益罢了。

冯国璋对于袁世凯给予自己的知遇之恩和栽培之德是感佩于心的，所以他一直支持袁世凯的威权统治——袁世凯与国民党斗法，冯国璋支持他；袁世凯与国会斗法，冯国璋依旧支持他；袁世凯无限加强大总统的权威，冯国璋还是支持他。但是，等到袁世凯称帝之时，冯国璋走到了他的对立面，这对老搭档开始反目成仇。

在北洋系大佬中，反对袁世凯称帝最卖力的有三个人，他们分别是徐世昌、段祺瑞和冯国璋。他们反对帝制的理由主要是，民国已经建立，大家应该维护政局的稳定，不应随意变更国体。除此之外，背后也隐藏着利益之争。

袁世凯称帝，其目的是从法理上取得优势，以便与包括北洋系在内的军政大佬争权。冯国璋等人反对袁世凯称帝，是因为他们已经具备足够的实力、地位和资格，在袁世凯退休之后主政北洋政府。假如袁世凯称帝了，那么国家大位的继承人就是袁世凯的儿子，他们就无缘问鼎了。

在徐世昌、段祺瑞和冯国璋这三个人中，徐世昌的威望最高、资格最老，段祺瑞最有实力和发言权，但是他们都在北京城和袁世凯的眼皮底下，所以其能量发挥不出来，唯有冯国璋能够真正左右局势。

冯国璋曾经带着其妻周砥，专程赶往北京，亲自当面询问袁世凯有无称帝之意，袁世凯做了否定回答。有很多人认为，袁世凯对自己人都不交心，也难怪日后冯国璋会反对他。其实，这么看问题就小瞧袁世凯了，以袁世凯之精明，他当然明白冯国璋是不会赞成帝制的，他虚言敷衍过去，无非是不想跟老部下当面和提前决裂罢了。

袁世凯明知冯国璋不赞成自己称帝，却未扣押冯国璋，而是让他回到了江苏。此时，冯国璋在江苏及其附近省区的军政班底已经形成，假如袁世凯扣押了冯国璋，那就意味着袁、冯二人提前决裂和正式反目，那么李纯、王占元和陈光远等直系将领会更加与袁世凯离心离德的。所以，袁世凯只好让冯国璋返回南京，并做了一些防范措施。

　　袁世凯为了监视和牵制冯国璋，便把王子铭安插到冯国璋身边，并让张勋、郑汝成、杨善德、倪嗣冲和卢永祥的部队对江苏形成包围态势。袁世凯如此部署，就把冯国璋彻底推上了对立面。在袁世凯称帝时，虽然他封冯国璋为一等公爵，冯国璋却拒不接受。冯国璋不再是几年前那个受封二等男爵就兴奋不已的将军，他已经成长为一名成熟的政治家了。

　　鉴于冯国璋表现出了彻底的不合作态度，袁世凯便让他改任参谋总长，并让阮忠枢和廕昌等人前去劝驾，设法把他弄到北京软禁起来。与此同时，袁世凯命杨善德、卢永祥和倪嗣冲调兵控制长江下游，准备用武力迫使冯国璋就范。对于袁世凯的威逼利诱，冯国璋不为所动，他坚持坐镇南京。

　　当袁世凯在北京做着皇帝梦时，蔡锷在云南起兵了，他率领护国军挺进四川，袁世凯只得派曹锟等人率领十万大军前去迎战。在蔡锷的护国军与曹锟的北洋军打得难解难分的关键时刻，冯国璋领衔发表了五将军通电，联合江西李纯、浙江朱瑞、湖南汤芗铭和山东靳云鹏等地方军政大佬，敦促袁世凯撤掉帝制，并主张全国和平统一。

　　冯国璋的通电具有决定意义，是当时中国政坛上的一枚重磅炸弹，直接导致了袁世凯的败亡。全国人民的反对，北洋军的分裂，让袁世凯陷入内外交困的境地。无奈之下，他宣布取消帝制。

　　袁世凯称帝失败后，还打算回任民国大总统，可是形势已经对他十分不利。冯国璋乘胜追击，一方面继续逼迫袁世凯退位；另一方面准备召集各路诸侯在南京集会，由自己出面组织临时政府，取代袁世凯的政治地位。如果事情进展顺利，冯国璋应该能够在南京建都主政的。但问题是，袁世凯不干，段祺瑞也不干，于是在倪嗣冲的阻挠和破坏下，南京会议成了泡影，冯国璋的夺权计划落空了。

　　袁世凯的失败，只是他个人的失败，绝不是北洋系的失败。1916年10月，黎元洪继任为民国大总统，但是主政的还是北洋系，段祺瑞以内阁总理兼陆军总长的身份，掌握了北京的军政大权。冯国璋任副总统，继续镇守南京雄视天下。

# 副总统

冯国璋都升任副总统了，还不肯去北京上任，这在今天看来是匪夷所思的。当年，袁世凯在北京担任民国大总统，黎元洪被推选为副总统，他仍然坚持坐镇武汉，最后还是被段祺瑞用诱骗加强迫的方式逼往北京的。

副总统的职位似乎很高，但是如果没有足够的实力，就是大总统也不能控制局势，更何况副总统只是大总统的副手。此时的北京是政府首脑段祺瑞在主政，黎元洪这个国家元首被逼得一再退让。冯国璋在南京遥领副总统职衔并兼任江苏都督，就可以超然于中央和地方之外，成为各路诸侯的领军人物，进一步提升自己的实力和威望。

1916 年 11 月，冯国璋在南京宣誓就职中华民国副总统，并在江苏督军府之外另设了副总统府，还以国家元首的身份会见了中外记者。这本身就是一种姿态，冯国璋是要向外界表明，他不是黎元洪那样的政治傀儡和橡皮图章，而是有职有权的军政强人。冯国璋做出这个举动来，段祺瑞是极为不满的，黎元洪却非常高兴，因为终于有人能够制衡段祺瑞了。

冯国璋在南京当副总统，不只是摆个姿态，而是大肆宣布他的施政纲领，主张实行渐进政治与温良改革。冯国璋提出什么样的政治主张来不重要，重要的是他大谈治国方略本身就是在挑战北京政府的权威，中华民国的首都是北京，你以副总统之尊在南京另搞一套是什么意思？

冯国璋不但在南京大当副总统，而且对北京政府指手画脚。段祺瑞的内阁中有支持过帝制的曹汝霖，冯国璋就出面表示了反对。按照民国约法规定，中央政府实行责任内阁制，就连大总统都是个虚位元首，冯国璋这个副总统却非要干涉内阁人事，这就有点过分了。至于曹汝霖的人品和历史怎么样，是否可以担任内阁成员，那是另一回事。

对于冯国璋的干政行为，北京政府是反应不一的，段祺瑞坚决反对，黎元洪则表示欢迎。在段祺瑞看来，冯国璋这是在挑战责任内阁；但在黎元洪看来，副总统是大总统的副手，冯国璋挑战段祺瑞就是替自己出气。此时府院之争已经公开化，冯国璋本该站到段祺瑞这个北洋老友一边，但他偏偏站到了黎元洪一边。因为，在冯国璋看来，段祺瑞太强悍了，还是相对软弱的黎元洪容易合作。

府院之争已经持续了一段时间了，内阁总理段祺瑞和国务院秘书长徐树铮，以北洋皖系势力做后盾，根本不把黎元洪这个大总统放在眼里，黎元洪却不想当傀儡元首。黎元洪虽然毫无实力，但是有人想制衡段祺瑞和徐树铮，就把他当挡箭牌，比如内政总长孙洪伊就是其中一位。孙洪伊打着尊奉大总统的旗号，向徐树铮发起了冲击，最后被段祺瑞踢出了局。

如果不是发生对德宣战一案，府院之争还是勉强可以调和的，但是此案一发府院之争就难以收场了。一战后期，在同盟国败局已定的情况下，日本支持段祺瑞内阁代表中国政府，加入协约国并对德宣战；而与此同时，为了制衡日本插手中国事务，美国方面就支持黎元洪否决对德宣战提案。

段祺瑞与日本合作对德宣战的目的，无非是借以获取日本的军事援助，从而发展皖系的军事力量，为武力统一全国作准备。因此，为了能够通过对德宣战案，段祺瑞表态强硬，非要逼迫黎元洪盖章批准。黎元洪以国会不赞同为由，屡屡拖延不予盖章，逼得段祺瑞暴跳如雷。为了表示对黎元洪的不满，段祺瑞避居天津，并指使各省督军支持自己。

各省督军及其代表，为了联合表达政治主张，便聚集在一起组成会议，这就是大名鼎鼎的督军团。督军团是北洋时期最为强大的势力集团，他们的向背决定着民国政府的前进方向。段祺瑞对督军团具有极大的操控和影响力，包括皖系全体、直系曹锟和奉系张作霖在内的各省督军，都表达了对段祺瑞的支持。

如果北京政府不能令督军团满意，那么各省督军就会宣布独立，这样中央政府就成光杆司令了。黎元洪深知督军团的厉害，为了缓和形势，便请冯国璋进京，让他把段祺瑞从天津劝回来。慑于督军团的巨大声望和能量，此时的黎元洪还不敢跟段祺瑞正式决裂，他希望冯国璋以北洋系大佬的身份调和府院之争。

冯国璋在地方也窝许久了，他认为操纵中央的时机到了，于是从南京驾临北京。冯国璋进京后，住在禁卫军司令部，这又是一种姿态和举措，以此来证明自己对于北京城的武装力量是有指挥权的。除此之外，冯国璋还时常召开记者会并到处做演讲，高谈阔论对时局的看法，再次提升了名望。

冯国璋拜会了黎元洪，又亲自前往天津，力劝段祺瑞返京。冯国璋以为，凭自己副总统的职务和北洋大佬的身份，亲自去劝说段祺瑞，应该能收到良好效果。出乎意料的是，段祺瑞虽然与冯国璋返回了北京，但自负而跋扈的他表态却依旧强硬。黎元洪与段祺瑞争斗不休，最后忍无可忍，下令免去段的内阁总理职务。

段祺瑞拒不承认黎元洪的免职命令，他的法律依据是，大总统发布的命令需要有内阁总理的副署，不然就是违法和无效的。与此同时，段祺瑞再次退往天津，然后策动各省军阀，通电宣布独立，脱离中央政府，以此来反对黎元洪。冯国璋打算请老友王士珍取代段祺瑞，改组责任内阁，王士珍却不敢得罪段祺瑞。

冯国璋调解府院之争无效，觉得在北京没有用武之地，便返回了南京。随后，冯国璋联合李纯和王占元，组成"长江三督"集团，准备与皖系一决高下，至此北洋系正式分裂为直系和皖系两部。冯国璋的直系力量其实不逊于段祺瑞的皖系，但是直系中势力强大的曹锟部却在冯国璋和段祺瑞之间摇摆不定，这就使得直系的总体实力大打折扣了。

由于许多省份宣布脱离北京政府，使得黎元洪大总统遭受了更大危机。督军团的首领张勋，被推举为13省联军统师，他在徐树铮的策动下，宣称将进京调解局势。黎元洪把张勋当成了救命稻草，没想到张勋率领数千辫子军逼迫黎元洪解散国会，并拥清廷逊帝溥仪复辟帝制。

对于张勋复辟，冯国璋认为张勋不过是借清廷这张皮，来行篡国秉政之实。冯国璋通电全国指出："国璋在前清时代，本非主张革命之人；国璋今日之不赞成复辟，亦犹前之不主张革命。彼（指张勋）恃京师为营窟，挟幼帝以居奇，手握主权，口含天宪，名器由其假借，度支供其虚糜，化文明为野蛮，委法律于草莽，此而可忍，何以国为！"

黎元洪被迫解散了国会，但他在逃往使馆区之前，下令恢复了段祺瑞的总理职务，并请副总统冯国璋代理大总统职权。段祺瑞收买了李长泰、曹锟和冯玉祥的部队，组成讨逆军进攻北京。冯国璋坚决反对张勋复辟，他在接见英国领事时说："中国政体已走上了共和，不容许再有皇帝。我可以告诉你们，我跟段总理都是站在反对一方的。"

张勋的辫子军很快就被讨逆军荡平了，段祺瑞重任内阁总理，再次掌握了北京政府的实权。眼下段祺瑞有两个选择，一是请黎元洪复职，二是请冯国璋继续代理大总统职权。几经思考，段祺瑞选择了后者，因为他与黎元洪已经撕破脸皮，再也不愿与他共事。

对于这已经到手的代总统职位，冯国璋并不留恋，这倒不是因为他有多么高风亮节，而是因为这个国家元首的位子不好坐。冯国璋很清楚，以段祺瑞的强势，自己是很难与他共事的。在此情形下，冯国璋恳请黎元洪复职。因为曾经在张勋的逼迫下解散国会，黎元洪便觉得无颜面对国会议员，再加上不想受段祺瑞的气，就坚决不同意复职。

为了敦请冯国璋进京，段祺瑞费尽了心机，他先是让倪嗣冲担任江苏督军，接着派靳云鹏赴南京劝驾。冯国璋并不好伺候，他向段祺瑞提出了条件：调其心腹李纯为江苏督军，陈光远为江西督军，第十五、第十六师为总统卫队。段祺瑞答应了冯国璋的条件，冯国璋便进京担任代总统，直皖之争正式拉开了序幕。

## 代总统

冯国璋进京后，先去拜会了黎元洪，示以无心僭越之意。黎元洪力挺冯国璋，他认为冯国璋可以有效制约段祺瑞，平衡有关各方的势力和利益。冯国璋的确不是黎元洪，他有地盘有实力也有野心，并且带来了两个师的保卫力量。可是，在更加强悍的段祺瑞面前，他的威风很难发挥出来。

1917年8月，冯国璋正式就任代总统，除了在京政要之外，清廷也派代表前来祝贺。冯国璋为了答谢清廷，便派内务总长汤化龙进宫致谢，以此表示他交好清朝遗老之意。冯国璋向包括清廷在内的各方面伸出橄榄枝，无非是要团结一切可以团结的力量，从而更好地对付目前最强大的对手——段祺瑞。

冯国璋就任代总统后，邀内阁总理段祺瑞和陆军总长王士珍餐叙，冯国璋很亲切地跟他们讲，以后三个老弟兄要齐心协力。从个人感情上来说，他们是大半辈子的至交好友，本该携手并进建设民国。然而，政治不是童话，他们三个人（尤其是冯国璋和段祺瑞），各自代表一个军政集团的利益，而直系和皖系是竞争关系，所以他们之间的决裂不可避免。

关于冯国璋和段祺瑞这俩人到底谁更厉害，从表面上是很难看出来的，但是一深入分析就能发现问题。冯国璋是直系北洋军阀的首领，随身又有两个师的卫队，应该说他的势力比黎元洪强大得多，算是有实权的国家元首。但是，段祺瑞不但是皖系北洋军阀的首领，而且收买了直系的曹锟部，又拉拢了奉系首领张作霖，这在总体军政实力上就超越了冯国璋，使得冯国璋难以驾驭民国的政局。

冯国璋深知段祺瑞的厉害，为了与之合作下去，便同意了对德宣战案。对德宣战案的通过，为段祺瑞争取到日本大批军事援助，皖系的军政实力

当上总统的冯国璋

迅速膨胀。皖系成了在直系和奉系之上最强的实力派，段祺瑞便打算武力统一全国。

面对段祺瑞的武力统一政策，冯国璋坚决不赞同，他提出了和平统一方针。从表面上来看，武力统一与和平统一只是路线上的差别，其实这是两个军政集团之间利益相争的表现。假如段祺瑞的武力统一变成了现实，那么皖系的势力将膨胀得无以复加，直系将会被边缘化，冯国璋也就没有了用武之地，这是不甘心做傀儡的冯国璋难以忍受的。为了对抗段祺瑞的武力统一方针，冯国璋积极拉拢有关各方，竭力破坏这一路线的实施，最终与段祺瑞反目成仇。

1917 年 10 月，南北战争在湖南打响后，冯国璋为了破坏段祺瑞的武力统一，便派其女婿陈之骥，去策动前线将领王汝贤和范国璋。王汝贤和范国璋本来就属于直系，他们见陈之骥代表冯国璋来传达指示，便立刻在前线发表和平通电宣布停战议和。

前线将领在阵地通电主和，这给了段祺瑞的武力统一当头棒喝，令全国形势急转直下。而紧随其后的是，效忠冯国璋的"长江三督"李纯、王占元和陈光远，联名通电主张和平统一。冯国璋主导的和平统一大戏开场了，这对段祺瑞的路线和权威是极大地挑战。如果段祺瑞无力招架，那他必将被冯国璋挤到政坛的边缘。

为了应对冯国璋的和平统一政策，段祺瑞采取三个方针：一、指使倪嗣冲等皖系大佬，联络各方坚持武力统一；二、收买并指使曹锟在天津召开督军团会议，号召各省督军继续执行武力统一路线；三、指使亲信徐树铮拉拢奉系首领张作霖，请奉系派兵入关威胁冯国璋。

尽管冯国璋身边有两个师的力量，可他仍然处在段祺瑞势力的包围之中。虽然身为国家元首，但如果手上没有足够的实力，那就等同于一个摆设。冯国璋虽然不是像黎元洪那样的傀儡，但在实力不够的情况下，他没法与段祺瑞抗衡。

为了重新收拢军政力量，冯国璋决定从北京赶赴南京，如果他能实现这个计划，那么段祺瑞必将陷入政治上的被动。1918 年初，冯国璋带领一千名卫兵离京南巡，经由天津和济南，准备赶到南京，与李纯等长江三督共商反段大计。

冯国璋途径天津时，时任直隶督军曹锟，率领直隶全体军政大员，前往车站欢迎。随后，冯国璋下榻曹家花园，与曹锟晤谈了许久。冯国璋指出，段祺瑞只是在欺骗和利用曹锟。曹锟听后颇为感慨，立刻向冯国璋表示，今后坚决服从直系老长官，不再任由段祺瑞使唤。

冯国璋说服了曹锟，便继续乘坐专列南行。到达济南时，山东督军张怀芝不仅热烈欢迎，而且还陪同冯国璋南下。张怀芝是皖系大佬，一向听命于段祺瑞，此时却在直皖之间投机了。如果张怀芝打算阻止冯国璋，那他可以直接在济南把冯国璋扣下；如果张怀芝打算支持冯国璋，那他可以发表主和通电。张怀芝跟随冯国璋南下，他可以一方面向冯国璋表示效忠，另一方面向皖系传递信息，首鼠两端。

冯国璋的专列到达蚌埠的时候，皖系大佬倪嗣冲前来挡驾，他不断指责冯国璋，说他破坏北洋团结又反对段祺瑞的武力统一路线。为了压服冯国璋这个代总统，倪嗣冲甚至抬出了淮军鼻祖李鸿章，说冯国璋是从李中堂创办的北洋武备学堂毕业的，却在当上国家元首后反对中堂的安徽老乡、皖系首领段祺瑞，谴责冯国璋忘恩负义不顾大局。

倪嗣冲作为一个地方大员，竟敢欺负到国家元首的头上，这也算是民国时期的一大政治特色。冯国璋非常清楚，倪嗣冲背后是段祺瑞，而段祺瑞背后是督军团。如果冯国璋敢跟倪嗣冲来硬的，那么以倪嗣冲的脾性，后果将不堪设想。因此，冯国璋坚持说是组织力量来讨伐西南军阀，并非与段祺瑞和皖系为敌。

倪嗣冲当然不相信冯国璋的说辞，他明确地表明了态度：如果你返回北京，继续与段祺瑞合作，那么就放你回去；如果你非要南下，收拢直系长江三督的势力，那么只好把你扣押在安徽。面对倪嗣冲的无礼和蛮横，冯国璋只好低头，因为这是在人家地盘上，凭自己一千人的武装是要吃亏的。

冯国璋在无奈之下返回了北京，他的南行拥兵计划破产了，并再次落入段祺瑞的手掌心，不得不对段祺瑞低头。于是，在1918年1月底，冯国璋被迫下达了讨伐西南的命令，命令曹锟、吴佩孚、张敬尧和张怀芝等部开进湖南。同时，冯国璋被迫下达了"罪己诏"，宣布自己主张的和平统一路线失败，继而支持段祺瑞主张的武力统一。

冯国璋毕竟是有实力的元首，因此他对段祺瑞的服软只是暂时的，在北洋军开进湖南后，他就给曹锟下达密令，要求其与吴佩孚在攻占了湖南后停止进兵。曹锟立刻表示服从冯国璋的指示，将命手下健将吴佩孚见好就收。曹锟此时已经成为仅次于冯国璋的直系大佬，他会服从谁的指示，主要是看谁的指示更符合自己派系的利益，这与个人之间的交情扯不上太大关系。

吴佩孚不愧为直系第一勇将，他率领北洋第三师，很快就开进湖南并攻占长沙，把西南军阀打得节节败退。看到吴佩孚这么能打，段祺瑞便电令他直捣两广，推翻护法军政府。吴佩孚请示曹锟，曹锟便指示他借口粮饷不济，停止进攻原地待命。

为了实现武力统一中国的目标，段祺瑞便极力笼络曹锟，他准备升任曹锟为两湖巡阅使兼湖北督军。巡阅使的确比督军位置高，但是直系的根本在于直隶，所以如果曹锟接受了这项任命，那么皖系必将扩大在京畿周围的军政基础。于是，在冯国璋的指示下，曹锟坚决不接受段祺瑞的任命，擅自从前线撤回了天津。

段祺瑞以为曹锟是嫌官小，便改任曹锟为川粤湘赣巡阅使，让他主掌南方四省军政事务，甚至许诺将让曹锟担任副总统，并封吴佩孚为孚威将军，以此来换取他们继续贯彻武力统一政策。这次曹锟动心了，他征战半生不就是为了高位和大权吗？

为了继续破坏段祺瑞的武力统一，冯国璋派陆建章前往天津游说曹锟，指出段祺瑞不过是在利用直系为他卖命，是不会真正把大权交给直系将领的。曹锟在陆建章的游说下，也认为副总统一职是没谱的，而川粤湘赣四省不是那么容易掌握的。于是，曹锟便电令吴佩孚，驻守湖南不再南下，并与西南军阀签订停战协议。至此，段祺瑞的武力统一计划便宣告破产了。

段祺瑞的武力统一路线失败了，他与冯国璋之间的矛盾便不可调和了。为了教训和恐吓冯国璋，徐树铮悍然诱杀了陆建章，直皖之间的争斗升级了。徐树铮杀了陆建章，也就把自己架在了火炉上，有关各方包括奉系张作霖都要求他为陆建章偿命，最后在段祺瑞的力保下才暂时保住了性命。

经过一系列事变，段祺瑞深深地认识到，要想实现武力统一，必须拿掉冯国璋这个绊脚石。为了达到这个目的，段祺瑞指示徐树铮和王揖唐，在北京组织安福俱乐部操纵国会选举，用合法手段选举徐世昌为大总统，把冯国璋这个代总统赶下了台。

## 黯然辞世

段祺瑞为了搞掉冯国璋是下了大决心的，他提出俩人一起下野，以此来平衡直皖两系。由于段祺瑞对北京政局有着巨大的操控力，所以他虽然下野了，但是很快就出任了比大总统和内阁总理更有实权的参战督办。而冯国璋下野之后，就回到了直隶河间老家隐居起来，暂时不问政事了。

冯国璋当年就是从这个地方走出去的，奋斗了大半生终于爬上了国家元首的高位，而今又回到了这里。冯国璋不同于段祺瑞，他在做官期间聚敛了不少钱财，在江苏和直隶各地都有大量房产，还有多家工矿企业。如今冯国璋下野隐居起来，按照正常情况来说，他是可以富贵终老的。

但新任大总统徐世昌并不打算让冯国璋在家乡终老，因为他还要借冯国璋来团结直系，从而制约段祺瑞的皖系势力。任何一个登上大总统高位的人，都不想成为别人的棋子。为了制衡段祺瑞，徐世昌必须拉拢冯国璋，请他进京参政并收拢直系势力。

为了拉拢冯国璋，也为了在北京获得安全感，徐世昌仍然请冯国璋节制原来的在京卫队第十五师和第十六师。冯国璋节制着这支军队，又是直系各位大佬都买账的人物，所以他对北京政局仍然有着不小的影响力。但北京毕竟在皖系的控制之下，徐树铮又是个杀人不眨眼的混世魔王。所以尽管徐世昌一再邀请，冯国璋还是不敢轻易进京。

1919年10月，冯国璋还是进京了，因为被各方都接受的靳云鹏组阁了，这就给他了一定的胆量和信心。冯国璋打着调和直皖两系的旗号，实际上积极收拢直系部将，希望可以集中直系的力量，全力对抗段祺瑞的皖系势力。除此之外，冯国璋还想夺回被陆军部控制的第十五师和第十六师的两个粮饷局，从而掌握更多的财政资源。

如果冯国璋的计划能够成功，那么他有望重新崛起于民国的政坛，可惜天不假年，他在1919年底病逝了。冯国璋的死是个重要的转折点，从此直皖两系的对抗上升到刀枪相向的地步，直皖战争很快就爆发了。

冯国璋死后，包括徐世昌、段祺瑞和王士珍在内的北洋各派大佬都亲往吊唁，借以显示北洋系的大团结。段祺瑞在吊唁冯国璋时，其悲痛也未必全部出自表演，二人毕竟是大半生的老兄弟，而他们之间的争斗只是两大并立军政集团之间的利益之争。政治人物未必没有人类的正常感情，只是他们受制于现实的利益格局，不能完全凭感情用事罢了。

冯国璋留下了丰厚的家财，也留下了一个庞大的家庭，他死后冯家子弟如何分割财产成了一个问题。按照冯国璋的临终安排，王士珍作为老友主持了分家事宜，他把冯国璋的家财按照一定份额，分配给了冯国璋的几个儿子。有老友代为处理身后事，维护了家庭内部的团结，冯国璋在九泉之下应该可以瞑目了。

## 超级大家庭

冯国璋的元配为吴凤，是他贫贱时在老家迎娶的结发妻子。吴凤病逝后，在袁世凯的撮合下，冯国璋娶周砥为继室。周砥病死后，冯国璋的大姨太彭金梅被扶正，成为第三任正妻。除此之外，冯国璋还有二姨太韩氏、三姨太何艺花和四姨太程氏。

冯国璋共有五子四女：吴凤育有长子冯家遂、次子冯家迪、三子冯家遇、长女冯家逊；周砥无子女；彭金梅育有四子冯家迈、二女冯家祯、三女冯家贤；二姨太韩氏，无子女；三姨太何艺花，育有四女冯家蝶；四姨太程氏，育有五子冯家周；五姨太胡氏，无子女。

冯家遂是冯国璋的长子，他曾考入北洋大学，在清朝末年做过候补知县，在民国初年做过国会议员，但他大部分时间都遵照父亲的安排，在河间老家处理家庭事务。冯国璋的长子冯家遂，和段祺瑞的长子段宏业一样，都在政治上没有大的作为，这并不取决于他们的才能和品德，而取决于北洋系首领在培养子女方面的操守。冯家遂的子女也十分众多，其中他的第三子冯海岩曾为第一届国民大会代表，中华人民共和国成立后回到天津，一直隐居埋名，"文革"期间被批斗至死。

冯家遇是冯国璋的第三子，他曾经进入保定北洋速成武备学堂，后来被选送练兵处，还曾考取留学生赴德国留学，进入柏林工学院，专攻化学冶金专业，回国后任直隶省兵工厂帮办。在冯家遇的孙子中，也就是冯国璋的曾孙中，有个知名的相声演员冯巩。在2010年拍摄的电影《建党伟业》中饰演冯国璋的，就是他的嫡系子孙冯巩。

陈之骥是冯国璋的女婿，他老婆便是冯国璋的长女冯家逊。陈之骥在冯国璋的军政活动中立有大功，在冯国璋镇压二次革命、进攻南京城之前，为冯国璋提供了南京城的布防图；后来，陈之骥又为冯国璋策动了王汝贤和范国璋，让他们在湖南前线通电主和，破坏了段祺瑞的武力统一计划，帮助冯国璋对抗了段祺瑞的皖系势力。

冯国璋子女九人，孙子女数十人，曾孙子女数百人，开枝散叶，形成一个庞大的冯氏家族。

## 多彩的一生

冯国璋是河间农村走出来的穷小子，他从投身军旅到加入北洋，从统兵作战到走上政坛，最后登上了国家元首的高位，这也是清末民初的一个传奇。在北洋体系中，冯国璋是仅次于袁世凯的直系首领，袁世凯死后，他与段祺瑞一起执掌了北洋的大权。

中日甲午战争后，在全国一片愤慨和迷茫的时候，冯国璋提出"国家海禁开，东方大事起"的十字方略，这充分反映了他的政治见识。冯国璋早就认识到：中国积贫积弱的根源是闭关自守，要想使国家获得充足的发展，必须打开国门学习世界先进制度与文化。

怀着求学、练兵、强国的梦想，冯国璋多次去日本学习军事，回国后追随袁世凯大力编练北洋军，与段祺瑞和王士珍一起打造了清末民初的第一强军。北洋军的崛起，凝聚着冯国璋的心血、才华和汗水，也饱含着他的救国之心和战斗意志。在袁世凯被迫离开北洋军之后，冯国璋和段祺瑞等人成了北洋系的顶梁柱，保证了北洋团体的存在和发展。

在改朝换代之际，冯国璋站在了革命的对立面，他率领北洋军在镇压湖北革命军时，不惜烧毁了汉口和汉阳的商铺和民宅，给当地民生造成了极大的创伤。但是，这一切都是在战争状态下发生的，是敌对双方为了达成战略目标而进行的，也是他效忠清王朝的表现。

在民国建立前后，冯国璋先是收服了以清朝贵族为主体的北京禁卫军，并奉命出任直隶都督，维护了京畿周围的秩序，也保证了民国初年的政治稳定。在当时的形势下，应该唯有冯国璋能够胜任相关使命，不然就会导致北洋系和禁卫军之间的火并。

在二次革命爆发后，冯国璋作为北洋军的主将，参与镇压了这次武装革命，再一次维护了民国初年的政局稳定。平定之后，冯国璋出任了江苏督军，驻防南京城，维护了江苏以及东南各省的秩序，发展了政治、经济、文化和军事事业，赢得了一致好评。以冯国璋为首的长江三督势力集团，就是在这个时期开始形成的，他们成了直系的主要支撑力量。

冯国璋在清末并不主张革命，但他在民国建立后也不主张袁世凯称帝，后来更是反对张勋复辟。除了身为北洋直系首领要维护集体利益之外，他还有着自己的价值追求，那就是国体不能轻易改动，凡是试图变更国体的行为都是对国家的破坏，这是冯国璋无法忍受的。冯国璋的政治追求不见得有多先进，但客观上保证了国家的稳定和繁荣，算是那个混乱时代的一个亮点。

出任中华民国代总统后，冯国璋反对段祺瑞提出的武力统一政策，提出和平统一方针。囿于当时的政治形势，他们的统一方略都没能实施，但是相比之下，冯国璋的和平统一更符合人性和文明，更具有政治进步意义。

冯国璋的直系和段祺瑞的皖系，为了争夺对民国政局的操纵权，相互之间发生了几次对抗。但在冯国璋有生之年，两系之间从未发生战斗，等到他一去世北洋内战就开打了。冯国璋以他的政治智慧，对抗了段祺瑞的皖系势力，同时延缓了直皖战争的爆发，对于国家和人民是有利的。

冯国璋并不是道德完人，他终生大肆敛财，这是他平生最大的缺陷。但在冯国璋主政江苏时，因维护社会治安有功，有商民团体筹资为他建造生祠，却被他拒绝了，这说明他在正事上并不糊涂。另外，冯国璋的敛财，并不是全部用于个人享受，更多地是为了给直系军队提供军费或者资助政界同盟人物。

冯国璋病逝后，旧直系基本在民国的政坛上解体了。在奉系的协助下，曹锟和吴佩孚率领直系打败了皖系并控制了北京政府，但此时的直系已经是新直系了。冯国璋是直系的首领，却未能在有生之年让直系主宰中央，这应该是他在政治上最大的缺憾。

# 第四章

## 北洋军阀张勋

张勋是北洋军阀体系中一个非常特殊的人物，他既不属于直系也不属于皖系，与清王朝却结下了不解之缘。在清帝退位民国建立数年之后，他竟趁府院之争闹得不可开交之际，把清逊帝溥仪重新扶上了皇位。

张勋不识时务复辟帝制，这是他一生最大的错误，也是他事业的巅峰，此后他便被迫退出了政坛。

张勋忠于清廷，但在这所谓忠诚的背后更多的是利益。张勋复辟只持续了十来天，但张勋一上来就担任了首席议政大臣、直隶总督兼北洋大臣，试图掌握国家大权成为一代权臣。历史的发展是群体利益博弈的产物，个别首领或大佬的个人喜好永远不起决定作用。张勋复辟不过是利用了当时府院之争激化的形势，联合清朝遗老遗少势力，试图重新瓜分国家权力的举动。

张勋的一生丰富多彩，绝非只有复辟这么一件吸引世人眼球的事件。他终生活跃在清末民初的军政舞台上，经历了许许多多的历史变故，他的故事也是那个风云变化的时代的折射。

## 奉新孤儿

1854 年（咸丰四年），张勋出生在江西省北部奉新县的一个乡村。

张勋的远祖中有个名人，此人便是后周世宗柴荣的大将张琼，因遭宋太祖赵匡胤的猜忌在狱中自杀。张琼死后，他的子孙不愿在宋朝为官，便从河北清河举家迁往江西奉新。

张勋的祖父叫张大吉（张昆一），以种田和做豆腐为生，同时喜好在乡间练武，对子孙有一定影响。张大吉的次子张衍任便是张勋的父亲，张衍任的妻子魏氏便是张勋的母亲。张家有二十余亩田产，基本算是小康家庭，所以张勋幼年的生活还算不错。

1861 年，张勋 7 岁，太平军李秀成部因受到了曾国藩湘军的围剿转战赣北一带，在向当地居民征缴军粮的时候，张勋的祖父张大吉被杀死了。从此张勋与农民起义结下了深仇，这也是日后他投身清军镇压起义的心理基础。

张大吉死后，张家便分家了，张勋的父亲张衍任分到了 8 亩薄田。如果张衍任勤恳劳作，那么日子应该还能过得去。可惜他身体虚弱无力劳作，家庭便陷入困顿了。没过多久，张勋的母亲魏氏便病故了，张勋再一次遭受了丧亲之痛，这给他童年的生活带来了更悲惨的影响。

悲剧总是接踵而至，张勋的母亲魏氏去世后，其父张衍任又迎娶了温氏为妻，可是随后张衍任和温氏相继病死了。为了办丧事张勋家的 8 亩田产和房屋也被变卖了，十几岁的张勋丧失了一切，成了最彻底的无产者。

一无所有的张勋虽偶有张家叔伯们的周济，但是终归解决不了问题，他只能整日游荡，过着饥寒交迫的生活。

为了混口饭吃，张勋经人介绍，去同乡的地主许家做帮工。在此期间，张勋为了获得主人的赏识，便主动改掉自身的一些毛病，勤奋做事积极表现，最终被少主人许希甫看中，做了陪读书童。张勋之前只读过一年私塾，这次更是抓住机会，一方面学到了一些文化知识，另一方面借以赢得主人的信赖。

张勋在许家混了十年多，从一个帮工和书童做到了管理者的位置，并在后来经人介绍定了一门亲事，媳妇是小他14岁的贫寒女子曹琴。如果张勋是个安生的人，那么他的小日子也能过得下去，可问题在于张勋立志有所作为，所以他的人生路便与常人有所不同。

张勋出身贫寒，虽然他依附大户并获得了主人的欣赏，并陪读了几年私塾，但是以他的功底和条件是没机会参加科举的，这就断送了他通过考试求官的梦想。当时的中国正处在乱世之秋，虽然太平军和捻军起义已经被镇压下去了，但是中外战事偶有发生，所以投身军旅成为张勋的首选之路。

## 从军之路

张勋投军的起步很晚，1881年，他27岁时才正式参军入伍，做了江西巡抚署衙的一名旗牌兵。旗牌兵类似于衙役兵，虽然工作十分清闲，还有油水可捞，但是毕竟没有建功立业的机会，所以张勋干了两年就离职了。

1883年，年近三十的张勋返回了家乡，先是按照婚约迎娶了曹琴为妻，而后又通过之前的少东家许希甫拜见了其父许振祎。经过两年军旅生涯的打磨，张勋已经见了一番世面。许老先生一见之下便对张勋颇为满意，立刻答应把张勋推荐给湖南巡抚潘鼎新。

张勋拿着许振祎的荐书，求见了潘鼎新大人，遂被任命为把总，并被带到了广西边境中法战场，划归广西提督苏元春统领。在中法战争中，虽然清军的火器不如法军，在战争初期吃了不少败仗，但是穷小子出身的低级军官张勋抓住了这次建功立业的机会，不怕牺牲死命向前，在收复谅山和观音桥的战斗中立下了大功。

中法战争结束之后，在潘鼎新、苏元春和张之洞等人的保荐之下，清廷相继授予张勋千总、守备和游击将军等职。并且，张勋很快就受到了苏云春的欣赏和重用，成为了这位提督大人的心腹爱将。在此期间，还有个人在苏元春手下为将，此人便是后来同样声名显赫的陆荣廷，他与张勋私交甚好。

苏元春所带军队作战还算英勇，只是军纪十分涣散时常滋扰地方，所以苏元春遭到了朝中御史的弹劾。为了化解危机保住官位，苏元春便命张勋携带大批财宝去北京打通关节。张勋第一次进京办事，凭借他多年积累的本事，不但设法保住了苏元春的官位，而且结交了大内总管李莲英和小德张等人。

张勋在苏元春手下，率领广武右军驻守广西边防达 7 年之久，过着花天酒地的生活，一改当年勤奋节俭的作风。除此之外，张勋还广泛结交各路权贵，为进一步飞黄腾达作准备。张勋的放纵和野心最终得罪了苏元春，他被苏元春以解散军队为由给遣散了。但不管怎样，张勋因为投身军旅，实现了人生中的首度辉煌。

被开缺回籍的张勋回到了家乡，在陪老婆过日子之余时刻想着再次出山。1893 年，年近四十做过将军的张勋，跑到武昌去谋取军职，竟然只做了一名守城大兵。张勋勉强做了几个月，便离开这个让他蒙受了耻辱的地方，去投效驻扎在东北的淮军统领宋庆，并参加了中日甲午战争。

张勋参加甲午战争，与他之前参加中法战争一样，都是在大局不利的情况下冲锋陷阵，所以在战争中立有显著功勋。宋庆是淮军中一名比较强硬的将领，他在业已战败的情况下仍坚持再战，最后在李鸿章的严令下，他才率部退守直隶境内。

甲午战败后，张勋感觉在宋庆手下无所作为，便转投了在山东编练新防军的岑春煊。由于时任山东巡抚李秉衡的反对，岑春煊被迫解散了新防军，张勋再次成了丧家犬。好在张勋认识淮军老将姜桂题，而当时袁世凯正在天津编练小站新军，张勋便在姜桂题的引荐之下，投靠了袁世凯的小站军。

袁世凯以李鸿章的继承人自居，他编练的小站军也秉持着新旧并用的原则，不但招募新兵而且从淮军旧部中选拔人才。由于张勋参加过中法战争和甲午战争，有着丰富的带兵打仗经验，所以袁世凯对张勋的来投十分欢迎。袁世凯任命张勋为先锋官和工程营统带，张勋也充分发挥他的带兵才能，竭尽全力帮助袁世凯打造小站新军，所以深受袁世凯赏识。

张勋除了帮助袁世凯练兵之外，还注意结交人脉，不但跟段祺瑞、冯国璋和王士珍等人称兄道弟，而且向袁世凯的首席军师徐世昌递了门生帖子。张勋比袁世凯大5岁，比徐世昌大1岁，却要拜徐世昌为座师，应该不止因为仰慕徐世昌的才学，而是借以巩固他在袁世凯军营中的地位。

袁世凯的小站新军虽然是当时最精锐的一支武装，但是最初只有7000人。后来借助镇压义和团运动，才迅速扩充了规模，逐渐成为清末雄踞中国北方的北洋常备军。在北洋军走向强大的过程中，张勋也是出过一把大力的。在袁世凯升任山东巡抚后，他兼并和改组了山东旧军，编练为武卫右军先锋队20个营，主要交由张勋统领。

张勋率领武卫右军先锋队，转战山东各州县，疯狂镇压了山东的义和团，树立起了这支军队的威名。

在八国联军攻占天津进攻北京的时候，慈禧太后以光绪帝的名义，命令各省督抚进京勤王。袁世凯作为山东巡抚，理应奉旨办差，可他并未遵命进京，而是对慈禧的意旨虚与委蛇。八国联军很快打到了北京，慈禧和光绪离京西逃，以李鸿章、张之洞和刘坤一为首的东南各省区开展了东南互保，袁世凯面临着站队的问题。袁世凯一方面遵照李鸿章的指示，加入了东南互保的阵营；另一方面派遣张勋率领3000兵马，象征性地进京勤王。

张勋率军赶到北京附近的时候，北京城已经陷落于八国联军之手，袁世凯打算将张勋调回山东，张勋却追着慈禧太后护驾去了。张勋在随銮护驾过程中深受慈禧的器重和信赖，慈禧授予张勋副将衔。张勋在此期间与小德张结为兄弟，还趁机结识了一帮王公大臣。这就为日后张勋升官发迹

108

和效忠清廷埋下了伏笔，他是袁世凯的北洋干将，但他首先是清廷的人，这是他与段祺瑞等人的主要差别。

义和团运动被镇压下去之后，慈禧太后按照李鸿章的遗嘱，任命袁世凯为直隶总督兼北洋大臣。袁世凯便在直隶保定设置新军编练军所，以原有军队为基础，扩编北洋常备军。与此同时，袁世凯将驻防直隶的淮军各营整编为北洋巡防营。张勋被任命为巡防营后路统领，主要负责京师宿卫。

1902年，王公大臣按照惯例要去清东陵祭祖，张勋因为深受清廷信赖，所以由他率领马队随扈。像这种清朝亲贵的重大活动，一般是要由八旗将佐负责护卫的，张勋能够随扈是因为他对清廷的忠诚。忠诚的背后是利益，张勋效忠清廷，他赢来的将是立功受赏的机会。1903年，清廷授予张勋总兵衔，以此来表彰他多年来对于朝廷的忠诚，同时命他继续负责京师宿卫。张勋已走上了富贵之路。

## 剿匪立功

1904年，张家口一带马匪起事，很快就纵横于直隶北部各州县，危害了京师附近的安定秩序。为了剿灭这支叛乱武装，清廷命张勋率领马队前去镇压。张勋再次拿出他之前镇压义和团的劲头，不惜大开杀戒将叛匪斩首示众，最终将这次匪患镇压下去了，并用他们的鲜血染红了自己的顶戴。

匪患是社会运转不良的产物，官僚腐败、民不聊生和自然灾害都会诱发匪患，但是最为根本的问题，是政府对社会管控能力的下降。张勋在张家口剿匪立了功，之后各地再有匪患，清廷便把剿匪事宜交给他处理。日俄战争后，东北三省匪患严重，所以张勋就被派往奉天。

张勋最初赶赴奉天剿匪的时候，是归奉天将军管辖的，张勋在那边的职权比较有限。后来东三省改制，在奕劻和袁世凯（此时已升任军机大臣）的联合保荐下，徐世昌出任第一任东三省总督。作为徐世昌的老部下兼门生，现在又归徐世昌管辖，所以张勋在东北混得如鱼得水了。

在徐世昌的提携下，张勋担任的职务是巡防翼长，全权负责东三省的剿匪事宜。从此，张勋率军转战东北各地，大力剿灭盘踞在这片土地上的红胡子。张勋从前有镇压义和团和张家口剿匪的经验，所以在剿匪时杀人如割草，丝毫不会手软。张勋的军队也杀人成性，甚至有杀良冒功之举，所以他们在剿灭土匪的同时，自己又成为官匪了。

不论如何，张勋总算基本剿灭了东北地面上的匪患，为清廷立了大功。为了表彰张勋的功勋，清廷授予他头品顶戴，这是对他莫大的荣宠。除了立功受赏之外，张勋还在东北结识了几个朋友，比如从土匪转为官军的张作霖和冯德麟等人，他们都在后来成了民国初年的风云人物。

御前侍卫张勋

1908 年，慈禧太后和光绪帝驾崩了。为了表达对他们的哀悼，张勋飞快赶回北京，如丧考妣披麻戴孝。张勋的表现，赢得了清朝亲贵们对他的信赖，也就与清廷建立起了更为深厚的情谊。于是，张勋奉命护送慈禧太后的灵柩赶赴清东陵，并在路上与小德张合谋，抑制几个贵妃与隆裕争位的念头。

张勋在拥护隆裕顺利成为太后的过程中立下了大功，这就获得了新任最高统治者的感激和青睐。有隆裕的宠信，再加上把兄弟小德张的维护，张勋在清廷的官场上更加春风得意。按说等丧礼结束后，张勋应该返回东北任职的，但他打算再谋新职，不想再去东北了。

此时载沣已经出任监国摄政王，他把袁世凯打发回老家去了，把徐世昌内调为邮传部尚书。接替徐世昌的是锡良，他嫌张勋迟迟不到职，便向朝廷参了张勋一本。张勋有北洋将领的身份，还有隆裕太后的崇信，他是不会害怕被参的。于是，在小德张的运作下，张勋重新负责京城宿卫，并于 1910 年升任了江南提督。

提督是清朝各省绿营最高武官，算得上是封疆大吏。江南提督统领江防军，驻守南京郊区的浦口，负责长江沿线的治安和剿匪事宜。此时袁世凯被迫隐居在河南彰德，北洋团体前景莫测，张勋却因交厚清廷而成为政坛不倒翁。在清廷和袁世凯之间，张勋应该是更倾向于效忠清廷的，因为他虽然跟过袁世凯，但给他高官厚禄的是清廷。

1911 年，辛亥革命爆发后，张勋要求率军赶赴武汉镇压革命。两江总督张人骏害怕自己的地盘上也会爆发革命，便请张勋驻守南京镇压革命。此时南京城内还有一支军队，就是徐绍桢率领的新军，他们是主张响应革命的。张勋是坚决维护清廷统治的，他首先率军把徐绍桢赶出了南京城，并在城内疯狂镇压革命党。

徐绍桢被迫退出了南京城，便联络安徽柏文蔚和上海陈其美，组成联军反攻南京城。张勋率领江防军，坚守南京城一个月之久，抗击了联军的进攻。此时袁世凯已经东山再起，担任了内阁总理大臣，如果他肯派军支援张勋，那么事情还有转圜的余地，而他已经不打算保大清了。

袁世凯玩的是两面手法，他一方面派冯国璋攻占了汉口和汉阳，向清廷交了差，同时威慑了革命党；另一方面故意不支援张勋，让革命党全力打下南京，并以此逼迫清廷做出让步。在袁世凯放纵革命联军进攻南京的情况下，张勋再也支撑不住了，他被迫与革命党停战议和，然后率领江防军突围而出，一直逃到徐州地界。

## 犬马恋主

张勋虽然丢城失地战败北逃，但是有力地阻击了革命联军的进攻，并在撤退前成功地把两江总督张人骏和江宁将军铁良送出了南京城，也算是对清廷尽心尽力了。清廷当然明白张勋的忠心，在辛亥年举国皆叛的形势下，有这么个忠臣武将实属难得。为了表彰张勋的忠臣和劳绩，1911年底，清廷任命他为江苏巡抚、署理两江总督兼南洋大臣。

张勋陡然获得高位，虽然十分兴奋，却怎么也无法真正高兴起来。原因很简单，清廷封的这几项官职虽然都很大，却都是空架子，地盘都被革命党占据了，要想当上这官必须把苏皖两省给拿回来。要想夺回这两个省，必须有清廷和北洋军的全力支持，否则是没戏的。

问题是此时袁世凯已经与孙中山达成了协议，且已接管了清廷的全权，他是不会支持张勋破坏和谈大计的，而摄政王载沣被迫退守醇亲王府邸，所以张勋的官位成了空中楼阁。只有大清才能给自己荣华富贵，自己与清廷的利益纠葛太深了，这是张勋对清廷怀有犬马恋主之情的根源。

张勋失去了来自袁世凯的支持，又不甘心丢掉这个到手的官位，就时刻密谋反攻南京。一己之力太过单薄，为了拉拢同盟军，张勋就策动了北洋同僚倪嗣冲。张勋和倪嗣冲派遣小分队，混进南京城挑起事端，妄图里应外合拿下城池。可是，城内革命党早有准备，迅速就平定了这股破坏力量。

张勋收复南京的梦想落空了，便集兵万人驻防徐州，以列车车厢作为军营，滋扰当地士绅百姓。眼看清朝变成了民国，张勋愤恨不已，就向北京方面提出了离职归隐。实际上这是张勋威胁袁世凯的一种策略，假如袁世凯批准了他的辞呈，那么他的军队立刻就会发动叛乱，到时袁世凯就要忙着收拾残局了。

　　袁世凯逼迫清帝退位，接着又压服了以孙中山为首的革命党，爬上了临时大总统的高位。时任内阁总理唐绍仪主张干掉张勋并解散他的军队，袁世凯却另有打算，他认为目前的主要政敌仍是同盟会，所以不能与张勋自相残杀。袁世凯的安排是，把张勋调防山东兖州，而后请张勋进京，希望能够将其收为己用。

　　张勋本来不打算遵从袁世凯的调防令，可是架不住徐世昌亲自前来劝驾，便勉为其难地接受了命令。徐世昌跟张勋讲，目前袁世凯是为了安抚革命党才逼清帝退位的，等以后局势稳定下来了还是要拥护清廷复辟的，所以请张勋务必要先行忍耐。

　　于是张勋根据袁世凯的要求，把军队调到了兖州，但他为了向清廷遗老遗少们表态，便要求所属军队保留一应旧制，从编制到服饰包括发辫不得更易。张勋的军队都是前清的绿营兵，他们对清廷有着很深的依恋，所以张勋的命令得到了彻底的贯彻执行，这支军队成为民国的一大怪象——辫子军。

　　在安顿好军队之后，张勋便赶赴北京。袁世凯在车站安排了隆重的欢迎仪式，张勋却十分傲慢地先进皇宫向小皇帝请了安，然后才进了中南海总统府。袁世凯特设家宴款待张勋，以示双方感情深厚，席间袁世凯劝张勋剪掉发辫，张勋坚决不干。袁世凯的干儿子段芝贵打算趁机突袭，剪掉张勋的辫子，张勋激动地讲：大帅之恩不可忘，大清之恩更不可忘，宁死也不剪辫子！

　　张勋在京期间，以满清遗臣自居，见到前清宗室子弟溥伦剪掉了发辫，便上前大声斥责。在隆裕太后驾崩后，张勋痛哭失声如丧考妣，穿着前清官服，与遗老遗少们一起筹办了一场隆重的葬礼，民国政府内阁要员也不敢怠慢，都积极参加了这场葬礼，外交总长孙宝琦因为没准备前清官服，还受到了遗臣梁鼎芬的辱骂。

袁世凯无法收服张勋，便只好尊重张勋的意志，并把他放回山东兖州兵营。如果袁世凯把张勋扣押在北京，那么张勋的部队是很可能会叛乱的，在各省军阀林立而中央军费紧张的情况下，袁世凯还真不敢冒这个险。张勋回到兖州军营后，就积极与清朝遗老遗少联络，妄图复辟大清王朝。

民国建立后，清朝遗臣们在北京不便活动，就转移到青岛和上海等地，以住在青岛德租界的恭亲王溥伟为核心成员，积极与德皇宗亲联络，希望可以得到德方的支持。德国亲王亨利代表德皇表示支持溥伟，并特别指出兖州距离青岛和济南都不远，张勋的军队可以作为复辟帝制直接依赖的武力。

于是，清朝的遗老遗少们便去拜会张勋，希望张勋在山东起事。张勋觉得自己的力量太过单薄，便联络了其他各地驻军。在张勋广泛联络各方的过程中，有人把张勋的阴谋告知了山东都督靳云鹏，靳云鹏便立刻拆毁了从兖州到济南的铁路，并做好了军事部署，还密报了袁世凯。

张勋见靳云鹏做好了应对措施，便觉得在山东起事无望，就取消了相关行动，这次复辟计划便流产了。张勋复辟不是一时心血来潮，而是长期处心积虑的行为，一次的失败并没有让他死心。

## 再战南京

1913年二次革命爆发后，黄兴为了扩大讨袁军联盟，就派人给张勋送去一封亲笔信，请他从兖州出兵攻占济南。当时的张勋面临着投向问题，他趁机北伐可以威胁袁世凯，趁机南征可以进攻讨袁军。几经考量之后，张勋选择了南征，因为北洋军的实力远强于讨袁军。

张勋首先派手下大将张文生进攻苏北的讨袁军，而后亲自与冯国璋会师。张勋见到冯国璋，不是首先合兵南下，而是策动冯国璋与自己一起趁势威逼袁世凯拥护清帝复辟。冯国璋没有答应张勋，也没有断然拒绝，而是从大局出发，搪塞了张勋并请他一起南下。张勋并不支持袁世凯，但他更加痛恨革命党，所以就跟冯国璋一起南下，进攻讨袁军包围南京城。

袁世凯请张勋参与镇压二次革命，主要是想借用他的武力，并不是要真正重用他。为了攻克南京，袁世凯与张勋、冯国璋约定，先入南京者为督。南京是清朝两江总督驻地，也是东南的军政中心，战略位置极其重要，所以张勋和冯国璋都想抢先攻占南京。

冯国璋是袁世凯的嫡系，而张勋身上忠于前清的色彩更加浓厚，所以袁世凯当然倾向于让冯国璋率先攻占南京。为了达到这个目的，袁世凯便让冯国璋走易走的陆路，而让张勋走难走的水路。张勋也明白袁世凯的用意，他拼尽全力开赴南京。冯国璋因为后方动乱，反倒落在了张勋后边。

张勋赶到南京城外后，便集中火力攻击城池。由于守军顽强抵抗，所以张勋损兵折将仍然未能破城。后来，冯国璋率军赶到，与张勋合力攻城。冯国璋的到来，支援了张勋，也给张勋增大了压力。为了抢先入城，张勋不顾辫子军的伤亡，死命向前冲，并炸开了城墙，率先进入南京城。

张勋抢在冯国璋之前进入了南京城，袁世凯只好依照前约，任命张勋为江苏都督。江苏是当时中国最富庶的省份，所以江苏都督是个最大的肥缺，可是张勋却并不满意。张勋要做的是前清封给他的两江总督，不但要

"辫子军"被"讨逆军"围困

主政江苏，而且要兼管安徽和江西。张勋挂起了两江总督的招牌，使用了两江总督的印信，但是他所能控制的只有江苏一省。

南京城是张勋用辫子军血战换来的，所以他坐镇南京之后就要拼命享用了，先是命令部队滥杀无辜大肆抢劫，而后放纵军士奸污妇女横行不法。由于冯国璋坚决制止军队奸淫掳掠，所以冯部与张勋的部队发生了冲突，冯国璋下令抓捕了张勋的几百名乱兵。张勋闻讯后大为光火，下令与冯部将士对峙，大有两军火并之势。

冯国璋把当时的情况上报了袁世凯，袁世凯怕发生火并会折损北洋的实力，便让海军总长刘冠雄出面调解，而后把冯国璋调回直隶。张勋横行不法，袁世凯也无可奈何，这就更加增强了张勋的嚣张气焰。从此，张勋用前清旧制管理江苏地界，并大肆收税广开财源，然后进一步招兵买马扩充实力。

张勋在统治江苏时期还杀了几名日本人，这就引起了外交纷争。由于当时的英国和日本是同盟关系，于是各国领事联合起来向袁世凯提出抗议，强烈要求查办张勋，这就给袁世凯重新规划江苏省提供了借口。袁世凯提出把张勋调出南京另任他职，可是张勋死活不同意，他说南京城是他血战得来的，他不会轻易放弃。

面对张勋的强硬，袁世凯先礼后兵，先派几拨人来劝说，而后派冯国璋和倪嗣冲率领大军威慑。张勋很清楚，以自己目前的实力，对付北洋大部队是力不从心的，所以唯有跟袁世凯讨价还价。最后议定的结果是，张勋升任长江巡阅使兼定武上将军，率部驻防徐州。

巡阅使说起来比都督官职高，但是实际上这个长江巡阅使所能管辖的地盘只有徐州城和附近 8 个县，当然理论上还有权节制长江下游 5 省的水警，但也就是理论上可以，实际上是行不通的。不过，张勋曾经驻守徐州，对那里的情况比较熟悉，也算是回老家了。于是，张勋在统治了江苏半年之后，从南京撤出，带走了一切所能带走的军火和物资，赶赴徐州上任。

## 割据徐州

张勋率部到达徐州后，便开始设置官署和军营，正式就任长江巡阅使了。为了进一步扩大自己的职权，张勋制定了一部《长江巡阅使条例》，向袁世凯提出依照长江巡阅使的职责，有权掌管长江沿岸 10 个省份的水警。

袁世凯接到张勋的请求之后大为惊愕，他没想到张勋真是拿着鸡毛当令箭了。可是此时白朗起义越闹越大，在这个时候必须敷衍张勋。为此，袁世凯给张勋复电，说什么该巡阅使不宜过劳，只需负责节制长江下游省份的水警就行了。同时，袁世凯指示相关各省区，做好自己辖区的水上防卫工作。

其实就算袁世凯不做安排，各省都督也不会让张勋把手伸到自己地盘上来的，张勋所能有效管辖的唯有徐州一地和附近铁路而已。张勋不是袁世凯的嫡系，所以袁世凯不会像对待冯国璋和段祺瑞那样信赖他，这就更加加深了张勋和袁世凯之间的隔阂，使张勋更加倾向于复辟清廷。

为了割据徐州，张勋用武力接管了徐州城和附近 8 县，自行任免官吏和征收赋税，不允许任何外来势力的干涉。徐州本来不过是江苏省的一部分，但是此地自古以来就是军事要地，假如能把此地经营好，也能形成一支独立力量。袁世凯对于张勋的行为虽然不满，却又无暇顾及他，最后只能听之任之了。

张勋除了掌管徐州地盘上的行政和税收之外，还大肆屠杀异己力量，建立起个人军事独裁制度。除此之外，张勋还派兵保护孔府、孔庙和孔林，与康有为等人一起维护孔教的权威和地位，为将来复辟清廷作舆论准备。

张勋只占有徐州一地，却把军队扩编到 3 万人的规模，成为北洋各省军事力量中较强的一支。此外，张勋的职衔较高资格较老，在各省军阀中的名望和地位也很高。张勋的这支力量，成了清朝遗老遗少们的最大希望，他们希望借助张勋的武力复辟帝制，张勋也一直在等待机会。

1915 年，在袁世凯的授意下，杨度、严复和刘师培等人在北京组织了筹安会，鼓吹实行帝制。张勋最初摸不清头脑，以为袁世凯要复辟清廷，便颇为兴奋和鼓舞。后来弄清了真相，张勋十分失望和愤慨，随即联合冯国璋等各省督军，对洪宪帝制采取了消极抵抗态度。

为了拉拢张勋和冯国璋，袁世凯便派秘书长阮忠枢来到徐州和南京，分别向这两位大佬游说。张勋和冯国璋不赞同袁氏称帝，阮忠枢也表示理解，只是指出他们不得公然反对帝制。袁世凯称帝的前景如何，此时是看不清楚的，张勋和冯国璋也就不便与袁世凯反目，就在口头上勉强同意了。

张勋和冯国璋是不会真心赞同袁世凯称帝的，但是他们的心态并不一致，张勋一心想要复辟清廷，冯国璋却打算借机登上大总统之位。尽管两人各打各的算盘，但是他们努力的大方向是一致的，那就是对袁世凯消极抵抗，并借机联络各省军政大佬，把自己的政治目标付诸实施。

张勋拥护清逊帝溥仪复辟，而不支持袁世凯称帝，这里面是有深奥道理的，绝不仅仅是张勋对清廷的感情。假如小皇帝溥仪复辟，那么他所能依靠的首先是张勋的武力，从而张勋就能执天下之牛耳，主宰整个国家的军政大权。可是如果袁世凯登基称帝，那么他就会建立起一个强势的袁家王朝，并且会不断地收回被各省大佬侵夺了的军政大权，到时张勋的日子就不好过了。

袁世凯最终还是称帝了，很快蔡锷便联合唐继尧和陆荣廷等人，在西南起兵讨袁。袁世凯急忙调兵遣将，派曹锟带兵镇压蔡锷的护国军。就在两军在四川境内打得难解难分的时候，冯国璋联合李纯和靳云鹏等 5 省军政大佬，发出了著名的"五将军密电"，给袁世凯当头一棒，使得袁世凯立刻宣布取消帝制。

在袁世凯取消帝制之后，冯国璋继续联络北洋系各省大佬，在南京举行会议，商议国家的前途问题，试图夺取国家大权，让自己爬上大总统的高位。张勋虽然也不支持袁世凯称帝，但他意在逼袁世凯把大政奉还给清廷，所以他便派出参谋长万绳栻，联合忠于袁世凯的倪嗣冲，一起破坏南京会议。

在张勋和倪嗣冲等人的搅局下，南京会议没有达成决议便草草收场，冯国璋的夺权计划流产了。嗣后，张勋邀请各省代表，集齐徐州开会，以武力讨伐西南为号召，企图把北洋系各省大佬团结在自己周围。虽然这次徐州会议并未达成任何实质性纲领，但是提升了张勋在各省军政大佬中的地位和声望，也就提升了他在民国政坛的分量。

张勋打算借徐州会议的威势，逼袁世凯把权力交给清廷，可是没想到袁世凯在1916年6月6日就病死了，所以张勋的复辟计划暂时落空了。这次失败与上次失败一样，张勋都不甘心认输，只要以后有机会，他必然会卷土重来。

在袁世凯称帝失败后，关于如何惩治帝制罪魁问题，张勋发表了自己的意见。张勋通电各方，指出主张帝制本身是没错的，错在袁世凯不忠于清廷，而是自己贪恋皇位，他主张拥护袁世凯称帝的以杨度为首的十三太保无罪。后来，虽然国会通过了决议，准备惩办十三太保中的8个骨干分子，张勋还是参与解救并收留了他们。

张勋如此祖护帝制余孽，并不是因为他的胸怀有多么博大，而是为了自己将来作准备。复辟清廷一定会成功吗？不见得一定会成功，说不定失败的概率会更高。那么，应该怎么给自己留后路呢？最好的办法就是，制造一个先例，告诉有关各方复辟帝制是无罪的，即便有罪也不会受到追究。

袁世凯死后，黎元洪继任民国大总统，段祺瑞以内阁总理的身份掌握了北京的实权，府院之争正式开始。段祺瑞和他的心腹徐树铮，以北洋系的武力为依托，根本不把黎元洪放在眼里。黎元洪借用各方面的势力来制衡段祺瑞，以便能够掌握实权。

如果北京政府没有发生府院之争，那么张勋的复辟梦就没有实现的机会了，正是府院之争让张勋看到了绝佳良机。但是，复辟毕竟不是小事，所以必须谨慎从事。于是，张勋一方面密切关注着北京的政局，一方面联合各省督军发表对时局的看法，扩大自己在政坛的影响。

府院之争的第一个回合是徐树铮挑起的，他以国务院秘书长的身份，完全无视黎元洪的尊严，这引起了支持黎元洪的内务总长孙洪伊的反对。徐树铮和孙洪伊的矛盾激化之后，黎元洪请北洋元老徐世昌出面调和，于是以徐树铮和孙洪伊一起离职作为结果，但是徐树铮很快就恢复了职权。

在内阁的组成问题上，段祺瑞主张成立一个效命于自己的北洋系内阁，黎元洪则主张组织一个代表全国各派别的内阁。当时南北对峙仍未结束，为了调和各方利益和愿望，段祺瑞便暂时做了让步，于是有着南方势力背景的唐绍仪成为外交总长、张耀曾成为司法总长。

为了表示对南方势力的不满，张勋召集北洋系各省督军组成第二次徐州会议，商议成立督军团，并联名通电向北京政府施压，以北洋军的武力逼迫唐绍仪和张耀曾辞职。在这种形势下，唐绍仪和张耀曾只得辞职下野，而张勋因军人干政之名遭到了国民党籍议员的弹劾。

1917 年，第一次世界大战的局势陷入相持状态，中国是否参加协约国对德宣战逐渐提上了议事日程。段祺瑞在日本人的支持下，主张对德宣战；黎元洪在美国人的支持下，反对对德宣战。段祺瑞和黎元洪在这一重大原则问题上不能达成一致，且相互之间各不相让，府院矛盾日趋激化，给张勋借机起事创造了条件。

段祺瑞主张对德宣战，最初并未获得各省督军的支持，当他向大家解释清楚事情原委之后，这些地方军政大佬立刻表示拥护。原来，对德宣战不过是与日合作的一种形式，不但不需要出钱出人出枪，而且可以获得日本的军火军费军援，对北洋系各省督军壮大实力是有利的。

张勋及时抓住这个机会，把各省督军召集到徐州来开会，召开第三次徐州会议，商议如何共同应对局势的变化。当然，在此次会议前后，张勋还会见了前来拜访他的日本人佃信夫和田中义一等人，与他们商议和酝酿复辟大计。日本人支持复辟，不过是借机搞乱中国，好从中谋利罢了。

# 复辟始末

1917 年 5 月，因在对德宣战问题上无法与段祺瑞达成一致，且二人之间的冲突业已公开化，黎元洪便下令解除了段祺瑞的内阁总理职务。段祺瑞负气出走天津，一方面声称黎元洪的免职命令无效，另一方面唆使各省督军通电反对黎元洪。至此，府院之争白热化。

与此同时，张勋召开第四次徐州会议，与北洋系各省督军商讨应对方案。在这次会议上，徐树铮和倪嗣冲等人以支持张勋复辟为条件，要求张勋领衔反对黎元洪。面对这次大好机会，张勋自然是不会放过，他请大家签名为证，共同参与复辟清廷的活动。至此，年过六十的张勋，要将他策划了几年的复辟大计付诸行动了。

徐州会议之后，倪嗣冲率先在安徽宣布独立，脱离了北京政府的领导。随即，奉天、河南和山东等 8 省督军相继宣布独立，通电脱离北京政府并反对黎元洪。这些军政大佬们不止通电而已，他们宣布独立后，就派军截留国税并扩大军备，还扬言要打进北京。

黎元洪撤掉了段祺瑞，打算请王士珍或徐世昌担任内阁总理，可是这两人都不敢得罪段祺瑞，不敢就任内阁总理，唯有王士珍勉强担任了陆军总长一职。黎元洪无奈之下，便请李鸿章的侄子李经羲进京组阁。内阁的事刚有个着落，各省独立之举立刻震惊了黎元洪，令他更加不知所措。

就在黎元洪茫然无助之时，张勋向他伸出了橄榄枝，发电声称将进京调停府院之争，化解北京政府面临的危局。黎元洪接电之后感动万分，便病急乱投医，立刻回电邀请张勋进京调停。张勋便把徐州交由张文生代管，然后点齐 5000 嫡系辫子军，名正言顺地率军北上。

1917 年 6 月，张勋率军到达天津，便通电逼迫黎元洪解散国会。至此，黎元洪大梦方醒，明白自己是引狼入室了，但是事已至此，只能硬着头皮下令解散了内阁，以此来换取张勋对自己的支持。可是，张勋是不会支持黎元洪的，正如他不会支持段祺瑞，他所在意的唯有自己的复辟清廷一事。

当月下旬，张勋率军抵达北京，先进宫拜谒了清逊帝溥仪，接着驻军天坛一带，着手进行复辟准备工作。当时的北京，一共有两万人左右的卫戍部队和警察，都在陆军总长王士珍和警察总监江朝宗的手里。如果他们坚决反对张勋复辟，那么张勋的辫子军根本就开不进北京城，问题是他们的态度暧昧，便给了张勋可乘之机。

在京的军政大佬，支持张勋复辟的主要有：溥仪的老师陈宝琛和梁鼎芬，袁世凯的旧将张振芳和雷震春，以及保皇派首领康有为等。这些清朝遗老们，巴望了多年的复辟，终于要在张勋的主持下实现了，他们是非常兴奋的。当然，这次复辟的顶梁柱是张勋，所以他们是不敢与张勋争功的。

在地方大佬中，张勋最在意的有两个人，一个是冯国璋，另一个是陆荣廷。张勋认为，如果复辟能获得他们的支持，或者至少不遭到他们的反对，事情就成功在望了。对于在北洋系督军中威望正隆的段祺瑞，张勋则非常轻视，他认为段祺瑞久不亲掌兵权，所以可以忽略不计了。事实证明，张勋打错了算盘，不管是冯国璋和陆荣廷，还是段祺瑞，都不会支持复辟，复辟只能是他自己的痴心妄想。

1917年7月1日，张勋复辟的大戏正式开场，张勋率领全体遗老，恭请宣统帝溥仪临朝，大肆册封复辟功臣并大力笼络各省军政大佬，以期恢复清廷对于中国的统治——张勋被任命为首席议政大臣、直隶总督兼北洋大臣，掌握着对朝廷的控制权；其他参与复辟的大佬也全被论功行赏加官晋爵。此外，张勋的辫子军通知北京城的商户和民宅，都挂起大清龙旗，其他省份也有响应者，短暂的清廷复辟粉墨登场了。

张勋复辟面临的首要问题，便是黎元洪不肯辞职。为了敦促黎元洪辞职，张勋便派梁鼎芬去劝说。因为梁鼎芬是溥仪的老师，也是黎元洪的亲家，由他出面劝说比较合适。梁鼎芬进入总统府说明来意，黎元洪将他骂得狗血喷头，拒不交出总统印信。黎元洪是辛亥革命武昌首义的都督，现在是民国大总统，决不会主动辞职的。

如何处置黎元洪，成了当前第一项要务，帝师陈宝琛主张赐他一死，小皇帝溥仪坚决不干。此时溥仪只有11岁，却已经有一定的主见了，他说民国政府并未亏待清廷，所以自己不能以怨报德。于是，溥仪册封黎元洪为一等公，随后张勋派兵接管总统府卫队。

黎元洪面对严峻的局势，紧急致电冯国璋，请他代行大总统的职权，并通电恢复段祺瑞的总理职务，然后化装逃出总统府，到日本使馆政治避难。黎元洪虽然被迫解散了国会，但他并未与张勋复辟同流合污，而是在最紧急的时刻做出了正确的选择。

张勋复辟所面临的第二个问题是分赃不均，张勋总揽了朝政大权，却并未恢复载沣的摄政王职务，就引起了清朝亲贵们的不满。如果张勋真的效忠清廷，就不会这么干了，而是会交出大权，与皇族大佬分享。纯粹的忠心，也许只会在童话中出现；在现实政治舞台上，权力和利益的分量远远超过忠心的。

除了清廷显贵不满之外，汉族官僚也不尽满意，比如徐世昌和康有为分别被任命为弼德院正副院长，徐世昌无意掺和这出复辟闹剧，康有为却嫌官职和权力低微；其他在京遗老遗少也大多没能如愿，而各省反对复辟的军政大佬更是不会接受清廷的封赏。

张勋复辟面临的第三个问题，便是全国各界的通电反对。最先反对这次复辟的，是上海报界和广东的孙中山，随后段祺瑞、冯国璋和陆荣廷等人带头通电讨伐张勋，各省正在观望的军政强人也跟着做出同样的表态，这就给了张勋致命一击。

张勋在拥护清廷复辟之前，把事情想得太过简单，别说外界诸人了，就是他自己的家人和部将也大多反对他的一意孤行。张勋的老婆曹琴，怕他主持清廷复辟失败后会招致满门抄斩的灾祸；张勋的部将张文生，也在张勋率军入京之时苦劝过他，可惜张勋死活不听。

以张勋和他支持者的实力，要想抵抗全国的一致反对，那简直是螳臂挡车。可是，张勋不甘心失败，他打算借助自己对北京政局的把握，拉拢和分化反对派，逐渐壮大自己一方实力。问题在于，以段祺瑞为首的反对派，不会给张勋壮大实力的机会，他要把张勋复辟消灭在初始状态，从而重新登上民国中央政府的舞台。

段祺瑞对北洋系大多数省份的军阀都有影响和操控力，但是京畿周围没有他的嫡系力量，调动外地军阀又是远水不解近渴。在身边谋士徐树铮、段芝贵和梁启超等人的建议下，段祺瑞通过交通系大佬曹汝霖向日本借到了大笔军费；之后，他又收买了天津马厂的李长泰师，接着又策动了曹锟、吴佩孚和冯玉祥的部队，并以此军事力量为基础，组织了讨逆军总司令部。

张勋复辟数日之后，段祺瑞便命令讨逆军开进北京城，并在军用飞机的投弹配合下迅速击溃了张勋的辫子军。为了阻止讨逆军的进军步伐，张勋下令拆毁了京津之间的铁路，这就违反了《辛丑条约》的相关条款，遭到了列强公使团的抗议。辫子军的败象已现，清朝遗老们惶惶不可终日，张勋也急得团团转。

张勋打算按照率军进京之前的约定，密令部将张文生把徐州的辫子军大部调到北京来助战。可是冯国璋和倪嗣冲已经控制了徐州地区，而且倪嗣冲很快就改编了徐州的辫子军，张文生无力给张勋提供兵源支持，张勋唯有走向失败这一条路了。

张勋为了挽回败局，重新把徐世昌推到了前台，企图把首席议政大臣的职务让给他，让他发挥对北洋系的影响力，阻止讨逆军的进攻。徐世昌一辈子精明强干，岂能上张勋的当？张勋请不动徐世昌，也就丧失了化解危机的唯一希望，只能坐等他的惨败了。

张勋困守在自己的府邸，命令手下坚守下去。可就在几天之内，讨逆军就攻入了内城，辫子军或被枪决，或被改编，或者四散奔逃。

在形势危急的时刻，张勋被手下强行拖到了荷兰使馆避难，这次复辟闹剧仅仅开演了12天便以失败而告终。这是张勋倾尽全部心智和力量做的平生最大的一件事，被永久地记录在了民国初年的历史上。

# 下野之后

通过讨伐张勋复辟，段祺瑞重新控制了北京的政局，成为了著名的三造共和元勋。黎元洪因为之前在张勋的逼迫下，下令解散了国会，所以他无颜回任大总统了。冯国璋在代理大总统期间选对了方向，为反对复辟重建民国立了功，所以得以继续代理大总统。

冯国璋是代总统，段祺瑞是内阁总理，王士珍是陆军总长，这三个老弟兄再次开始合作共事了。从个人感情上来说，他们应该和睦共处团结协作的，可是他们无法代表他们自己，只能代表他们身后的利益集团。由于不同军政集团之间的利益是不同的，所以新一轮的府院之争又开始了。

冯国璋和段祺瑞争执的第一个焦点是，要如何处理复辟罪魁张勋等人。为了撇清清廷的责任，冯国璋便通电谴责了张勋的罪行。当复辟失败后，冯国璋为了壮大直系的同盟力量，便想通过赦免张勋来争取其余部的支持。段祺瑞为了制衡冯国璋，便坚决要求惩办张勋，以此来树立自己的威信。

关于如何处置张勋，只是冯国璋和段祺瑞之间权力之争的一个表现。他们还有更为重要的路线斗争，比如和平统一和武力统一的问题，这就把张勋的事暂时放到了一边。冯国璋主张和平统一，他的意见一度占了上风；段祺瑞主张武力统一，他后来虽然压服了冯国璋的主张，却把直皖两系彻底搞决裂了。

为了拿掉冯国璋这个代总统的职务，段祺瑞指示徐树铮和王揖唐组织了安福国会，通过改选的方式把徐世昌推上了大总统的宝座，这么一来冯国璋便只好退休下野了。徐世昌上台后，为了制约段祺瑞的皖系势力，便积极拉拢一切可以拉拢的力量，包括直系曹锟和奉系张作霖，当然也包括张勋。

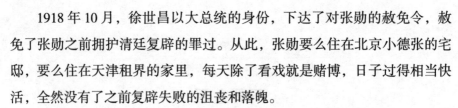

1918 年 10 月，徐世昌以大总统的身份，下达了对张勋的赦免令，赦免了张勋之前拥护清廷复辟的罪过。从此，张勋要么住在北京小德张的宅邸，要么住在天津租界的家里，每天除了看戏就是赌博，日子过得相当快活，全然没有了之前复辟失败的沮丧和落魄。

1920 年，直皖战争爆发了，直系曹锟在奉系张作霖的协助下，打败了皖系段祺瑞，直奉两系联合控制了北京的政局，从此直奉两系之间开始争锋了。为了抗衡直系的势力，张作霖积极拉拢张勋，与他结为儿女亲家，并打算拥他复出。张勋与张作霖是多年老友，但是张作霖拥张勋复出，绝不止是看在老友和亲戚份上，而是为了借以增强奉系的实力。

直系江苏督军李纯自杀后，张作霖提请大总统徐世昌和内阁总理靳云鹏，任命张勋继任江苏督军并兼任苏皖赣巡阅使。曹锟为了对抗奉系，便针锋相对地提出由齐燮元担任江苏督军，而由王士珍担任苏皖赣巡阅使。当时直系对北京政局的掌控力是超过奉系的，所以张作霖的提议落空了，张勋丧失了这次复出的机会。

1921 年初，为了安抚张作霖的情绪，徐世昌任命张勋为热河林垦督办，张勋坚辞不受。张勋不是不想复出，而是不屑于担任这么一个闲职，他要么重掌军政大权，要么就拒不出山。张勋面对徐世昌的任命，非常狂傲地说："我老张只会带兵，不会种树！"张勋没有接受热河林垦督办的职务，张作霖还想让他统领西北数省的军政，可是他已经年老体衰，且斗志不再，所以他的军政生涯就此终结了。

1923 年 9 月 12 日，享年 69 岁的张勋在天津病死了。张勋的葬礼是隆重的，包括前清代表在内的各界大佬纷纷前来吊唁。他的遗体被停放了大半年，而后被迁往江西老家安葬。

# 婚烟家庭

张勋一生娶了一妻五妾，生了一大群子女，制造了一个大家庭。不过张勋的子女，大多是在他 60 岁之后才出生的。这是因为据说张勋贪恋男色，也就是说，他是个双性恋者。关于张勋的这种性取向，时人多有议论和回忆，想必不会全部出自捏造。

张勋的正妻是曹琴，她虽然出生在江西奉新贫寒之家，却知书达理为人正直，且很有政治头脑。在她发现张勋所部将士为非作歹时，总是出面制止，而张勋的手下也颇为忌惮她，不敢在她面前胡来。在张勋发动复辟闹剧前夕，她跪在张勋面前进行劝阻，希望张勋"勿取灭门之祸"。

张勋发迹之前，对曹琴很是喜爱。后来，张勋飞黄腾达了，找了许多男宠，还纳了几个小妾，便疏远了曹琴。但是曹琴对此十分淡泊，依旧料理好张家的各种事务，并维护了家庭的团结和睦。因此，张勋始终敬重曹琴，把治家大权主要交给她。曹琴虽是张勋的正妻，可她并未给张勋留下子嗣。

张勋的大姨太叫邵雯，是天津小站人，是张勋在帮助袁世凯练兵期间纳的妾，被人称为张勋的二夫人。邵雯对张勋忠心到盲从的地步，在张勋复辟时她非但没加以劝阻，而且与张勋一起避难于荷兰使馆。张勋对邵雯也非常宠信，把家产的一半交给她打理。邵雯为张勋生了四男一女。

张勋的二姨太叫傅筱翠，是河北梆子戏名伶，她为张勋生了长子张梦潮，令张勋欣喜和兴奋异常。张梦潮出生时，张勋不但大摆筵席，而且专门把兄弟小德张叫来庆祝。后来，张勋死后，受到清逊帝溥仪恩赏的也是这个张梦潮。

张勋的三姨太是卞氏，人称小毛子，是秦淮河名妓出身。她是张勋在江南提督任上纳的，为张勋生了长女张梦缃。后来，张勋在辛亥革命中撤离南京时，小毛子落入了革命联军之手，陈其美打算把她展览并收费，被徐绍桢拒绝了。徐绍桢把她交还了张勋，之后不久她便染病身亡了。

张勋的四姨太叫王克琴，是清末民初的戏曲名伶。她曾被段芝贵看上，段芝贵欲纳为妾，却令原配夫人妒而自杀。段芝贵不便再纳王克琴，张勋便出面讨要了王，把她纳为自己的四姨太。王克琴为张勋生了一个儿子，后来张勋复辟失败后逃到荷兰使馆避难，王克琴便在天津找了一个情人，后跟随情人流落江湖不知所终。

张勋的五姨太叫吕茶香，她本是大姨太邵雯的侍女，后来被张勋一并收纳了，为张勋生了一子二女。

张勋抱着儿子

# 莽夫愚忠

从职务、实力、军事才能等各方面来说，张勋在北洋人物谱中都不能算是拔尖人物，但他比众多北洋人物更为世人熟悉，无它，因为"张勋复辟"。

从历史影响来看，张勋复辟虽然历时仅仅十二天，但却是中华民国历史上一个极为重要的转折点。这场复辟直接导致段祺瑞的复出和皖系、直系两大军阀的崛起，更将民国以来的两大法统（孙中山和袁世凯）统统彻底打翻。此次复辟之后，北洋集团的利益分化更加明显，复辟后段祺瑞与冯国璋之间的兵戎相见，使得自民国成立以来的"总统府"与"国务院"之间的争执最终付诸武力。以张勋复辟为界限，民国成立以来"内阁制"与"总统制"、北洋集团与民主党派（革命党人）的制度之争、政见之争，演化为赤裸裸的力量博弈和军事较量。此外，张勋复辟还间接使得吴佩孚、冯玉祥两个北洋后辈崭露头角。

"张大帅进京，八千辫子兵。小皇帝上殿，老家伙发疯。美梦做了七天整，哏儿屁着凉嘎崩崩！"——民国时有首童谣这么唱，说的就是张勋复辟这件事。在共和深入人心，袁世凯称帝失败之后，稍有政治头脑的人都知道复辟帝制是一条死路，更何况是复辟那个失掉了民心的清王朝，由此可见张勋的政治眼光是何等的狭隘和保守。

所以，前后十二天的复辟，就成了一出历史闹剧。

但，与张勋的政治态度呈鲜明对比的是，其为人在当时的军政界却恶评不多。复辟失败后，徐世昌与段祺瑞商量说："绍轩（张勋字）虽为祸首，但只不过是一莽夫，请念北洋同胞之谊，穷寇莫追。"段祺瑞同意了。同年，孙中山先生在致广西督军陆荣廷的一份电报中称："张勋强求复逆，亦属愚忠，叛国之罪当诛，恋主之情可悯。文对于真复辟者，虽以为敌，未尝不敬也。"中山先生的评论，正是把张勋的政治态度和他的人格区分开来，分别对待。

张勋头脑简单、卤莽急噪、治军无方，辫子军军纪败坏，烧杀抢掠；但张勋为人忠诚慷慨，坦率直白，憨厚重义，性情开朗，敢作敢当，颇能知恩图报，从不隐瞒自己的观点，从不出尔反尔，从不卖友求荣，无当时军阀的阴险狡诈心机，而且作战勇猛。张勋出身贫寒，在功成名就之后没有忘本，对江西乡亲慷慨解囊，做过许多义举，比如捐款在北京建立会馆，资助在京的江西籍学生和贫苦人士，江西省第一任省长邵式平，后来的方志敏、张国焘、许德珩等曾得到过资助，他们当时都是北京大学的江西籍学生。张勋在老家江西奉新还曾出钱救济当地灾民和孤儿寡妇。张勋在朝居高位时，常提拔赣人才子，对赣实惠政策颇多。

因此，张勋在去世后，被逊帝溥仪赐谥"忠武"。一些复辟派人物及其亲友敌仇，皆纷纷写悼诗、挽联致哀，灵柩经过几番周折运回老家江西奉新安葬，众多江西百姓自发相送，名人高位者也纷纷写挽联，成为当年在江西地方上最为轰动的大事之一。

"莽夫""愚忠"是世人对张勋公认的评价。

# 第五章

## 直系军阀曹锟

提起张勋，人们的第一印象是复辟；而提起曹锟，人们的第一印象是贿选。没错，曹锟的确是通过花钱竞选当上民国大总统的，这场闹剧也被永久地记在了历史上。然而，对于曹锟贿选的背景、细节和影响，人们却未必清楚。

曹锟的一生是丰富的，贿选不过是其中的一段插曲，除此之外还有许多内容值得研究。曹锟出身于贫寒之家，没有任何背景可以依靠，祖上也没出过一个名人，从军前曾做过下乡卖布的小商贩。出身如此低微，最终却爬上了国家元首的高位，这里面当然有时代因素，更为关键的则是曹锟本人的因素。

曹锟年轻时被称做曹三傻子，表现得极为愚钝和宽厚，经常受到世人的嘲弄。然而，假痴不癫正是曹锟的成功之道。曹锟摆出一副不聪明的姿态来，受得了任何委屈，所以赢得了广泛的认可，从而在北洋军阀中人缘颇好。

曹锟与张勋一样，都是思想守旧之人，差别在于张勋效忠的是清王朝，而曹锟效忠的是袁世凯。在袁世凯称帝之时，包括徐世昌、段祺瑞和冯国璋在内的北洋大佬都背弃了他，曹锟却始终如一地为袁大帅卖命，领衔南下镇压了蔡锷的护国军。但是，正如张勋效忠清王朝有着功利考量一样，曹锟效忠袁世凯也有着自己的盘算。袁世凯如果不称帝，那么他的接班人也轮不到曹锟。曹锟支持袁世凯称帝，也就能顺势获取更多的军政资源。

在袁世凯死后，段祺瑞的皖系与冯国璋的直系明争暗斗。作为直系的大佬，曹锟在段祺瑞和冯国璋之间投机，无非是借机壮大自身实力罢了。曹锟先是支持段祺瑞的武力统一，接着又向老长官冯国璋表示效忠，让这两位顶级大佬围着自己转，这一手玩得十分高明。在冯国璋死后，曹锟继承了直系首领的位置，并联合奉系击败了皖系，掌握了北京政府的实权，走上了人生的顶点。

曹锟当上民国大总统之后，国会通过了一部正式的《中华民国宪法》，用以取代之前的《中华民国临时约法》和《中华民国约法》，这部宪法被习称为"曹锟宪法"。客观地说，他主持修订的宪法规定了相当多的民众享有的权利和自由，而对政府的权力进行了制约。

在民族大义上，曹锟称得上是大节不亏。日本侵略势力曾企图拉拢曹锟为其效力，但曹锟坚决不从贼，还严厉斥责了投效日本人的老部下，保持了民族气节和尊严。因此，当曹锟病逝后，国民政府给了他隆重的礼遇，并追赠他一级陆军上将衔。

# 布贩投军

1862 年（清同治元年），曹锟出生在天津大沽，其父曹本生是一家造船厂的普通工人。曹本生一共有七个儿女，因曹锟排行老三，加之性情敦厚表面憨傻，所以在年轻时混了一个绰号"曹三傻子"。

曹本生是个要强的人，他的收入相当微薄，但是为了能让下一代有出息，在养家糊口之余，还是拿出一笔钱来供孩子们读私塾。曹锟虽然只读了几年私塾，却也打下了一点文化底子，并练得一笔好字，这就为他后来出人头地打下了基础。

134

曹锟 16 岁时走出了私塾，要通过谋生来贴补家用了，该何去何从呢？就凭读了几年私塾的水平，去教书是不够格的，看来只能做些体力活。曹本生让曹锟子承父业，去造船厂学造木船，曹锟坚决不肯去；曹本生让曹锟去农村学种地，曹锟也坚持不干。曹锟已经长大了，反正要找点事做了，不然就是泼皮无赖了，于是他选择了去卖布。

卖布这门生意可大可小，大的可以去开织布厂，小的就只能去摆地摊了。曹锟当时是个赤贫布贩，他连摆摊的资本都没有，甚至连个小推车都买不起，他只有每天背着几十斤的布匹，走街串巷去叫卖。当时买布的人，大多是没什么钱的穷人，所以曹锟贩布是没有多少利润空间的。

曹锟与其他商贩的差别在于，他不像别人那么精明，而是带着一脸的憨厚，不太计较获利多少。更为关键的是，曹锟的志向不在生意，而是爱好练武与喝酒，喝醉了就席地而卧，有时被人掏去腰包，他醒后也不在乎。久而久之，曹锟在大沽一带混了个"曹三傻子"的绰号。

一个人被称做傻子，一般来说并不是坏事，因为谁也不愿意跟精明人合作，而傻子的人缘却格外好。如果曹锟像他父亲一样，终生从事一种劳动职业，就算干得再卖命，那么终其一生也不会有多大的作为。曹锟后来能够飞黄腾达，是因为他选择了从军。在清末民初出人头地的军政强人，大多与曹锟同期投身了军旅。曹锟从军也有个导火索，就是有次他贩布到保定城，守城士兵非但没让他走进城门，而且辱骂了他一顿，于是他愤而从军。

1882年，年满20岁的曹锟投身行伍，成了一名淮军士兵。曹锟在部队的表现应该是优秀的，他性情敦厚循规蹈矩，且写得一手好字，又在经商过程中练就了察言观色的本领，所以深受上司的赏识，后来被推荐进入北洋武备学堂，而进入这家学堂的士兵以后大都出人头地了。

1885年，李鸿章在天津创办北洋武备学堂。曹锟作为淮军优秀士兵，被推荐进入该学堂，成了第一期学员，与冯国璋、王士珍和段祺瑞等人成了校友。曹锟在天津武备学堂的功课是扎实的，他对侦查和参谋很有研究，学习和训练成绩良好，顺利毕业。

1890年，曹锟被分配到宋庆的毅军部队，担任了一名哨官。这是曹锟事业的开端，他从一名小贩成了一名军官。虽然哨官只相当于今天的排长，属于低级军官，但是曹锟是从北洋武备学堂毕业的，有着扎实的陆军军事功底，所以他在军队发展是很有潜力的。

1894年，曹锟随同毅军统帅宋庆赶赴朝鲜，参加了中日甲午战争。众所周知，甲午战争以清朝的惨败收场，参战清军没机会立大功。曹锟作为一名基层军官，在大局不利的形势下参加了战斗，虽然未能建立功勋，但是他经历了战争的锻炼，也算是经历过战场炮火的老行伍了。

## 飞黄腾达

曹锟在事业上有大的起步，是从他追随袁世凯练兵开始的。1895年，袁世凯奉旨在天津小站编练新军，急需陆军军事专才。曹锟凭借毕业于北洋武备学堂和参加过中日甲午战争的资历，经人推荐加入了小站新军，被袁世凯任命为右翼步队第一营帮带。

营的帮带相当于现在的副营长，官职并不算高，不过小站新军是保卫京畿的核心武装，曹锟只要能在小站有所作为，那么前途是不可限量的。曹锟非常珍惜这次发展机会，他充分发挥自身优势，带兵训练勤恳敬业，与人相处宽厚仁义，久而久之获得了广泛的认可，并受到了袁世凯的赏识和器重。

为了获取升迁的捷径，曹锟除了在小站军营中积极表现之外，还采取曲线救国的方式，设法结交了袁世凯的叔祖袁甲三的把兄弟曹克忠。曹克忠也是天津人，与曹锟有同乡同族之谊，他早年在镇压太平军和捻军的战争中与袁甲三结下了八拜之交。曹锟通过给曹克忠做族孙的方式，结交了这位淮军前辈，请他在袁世凯面前为自己说话，从而加深在袁大帅心目中的分量。

经过戊戌变法和义和团运动，袁世凯成了直隶总督兼北洋大臣，小

站新军扩编为北洋常备军，曹锟也水涨船高地先后升任了协统和统制，步入高级军官的行列。曹锟在这段时间立过不少军功，但是他的光芒被北洋三杰段祺瑞、冯国璋和王士珍给掩盖了，所以在这个时期并未留下太多记录。

1907 年，曹锟正式升任北洋新军第三镇统制，奉命驻扎在长春一带。在此期间，曹锟的主要任务是维护吉林和黑龙江两省的治安，配合当地政府的剿匪工作。第三镇在曹锟手上有所发展，但是军纪却日渐变坏，当然这是由当时的大环境决定的。

1911 年，辛亥革命爆发后，袁世凯得以重新出山，他把曹锟的第三镇调到娘子关一带，镇压了北方响应革命的势力，随后命令第三镇移防京畿周围。从此，曹锟开始负责北京城外的防卫，为袁世凯取代清廷主掌民国立下了功劳；同时，他开始经营直隶的地盘和势力，为进一步掌握大权作准备。

# 北京兵变

1912 年初，南京临时参议院派出了以蔡元培为首的迎袁专使团，赶赴北京迎接袁世凯到南京就任中华民国临时大总统。这期间，曹锟的北洋第三镇发动了北京兵变，大肆抢劫北京的银行、商户和民宅，还冲击了总统府和使馆区。

按照传统说法，北京兵变是袁世凯授意发动的，是老袁一手主导了这幕兵变大戏，借以定都北京而拒不前往南京就职。最早持这一说法的是唐绍仪，但是唐绍仪的说法只是孤证，连后来的国府要员徐永昌都不赞同这个说法。唐绍仪为什么要这么说呢？无非是因为他亲近同盟会而反对袁世凯罢了。

据当时兵变的亲历者之一冯玉祥后来回忆说，北洋第三镇发动兵变跟袁世凯没什么关系，主要是由于段芝贵减饷导致的。这种说法是相对靠谱些，当时袁世凯已经隐居 3 年，在很大程度上他已经失去了对第三镇的控制权，而第三镇在曹锟的手上已经军纪涣散。当然发生兵变的直接原因是段芝贵减饷，因为按照惯例军队开拔要发给士兵每人一两银子，而段芝贵擅自代表政府减去了这项饷银，所以激发了兵变并冲击了总统府。

还有一种说法，这次兵变是袁世凯的儿子袁克定与第三镇统制曹锟的合谋，其中袁克定的目标是拥立袁世凯称帝，而曹锟的盘算是借机抢掠钱财。不管这种说法是不是合乎实际，有一点是肯定的，那就是曹锟作为统制，治军不严是无可推脱的。军队作为一个群体，他们有着自身的利益诉求，一旦政府比较弱势且不能满足他们这一点，那么动乱就难以避免了，这是整个民国初年社会动乱的根源之一。

北京兵变发生了，列强公使团强烈要求中华民国建都北京。在这种情况下，迎袁公使团致电南京参议院，要求接受列国公使的建议，而南京参议院只得表示同意。从这层意义上来说，袁世凯是北京兵变的受益者，所以他难逃授意兵变之嫌。

北京兵变后，曹锟的地位和职权并未受到削弱，第三镇改称第三师之后，他仍然作为该师师长，全权掌控这支军队。

## 护国战争

1914年，曹锟被袁世凯调任长江上游警备司令，同时兼任第三师师长。于是，曹锟率领第三师南下，进驻湖南北部的岳州（今岳阳），负责监视南方势力。岳州是南北势力的分界线，在民国史上扮演了重要角色，曹锟坐镇岳阳的军事和政治意义十分重大。

曹锟是一名职业军人，他此时尚未表现出任何政治主张，在政治上唯袁世凯马首是瞻。因此，当袁世凯表现出称帝倾向时，曹锟是举双手赞成的。于是，曹锟进一步获得了袁世凯的信任和封赏，在1915年底袁世凯称帝前后，曹锟获得虎威将军称号并受封一等伯爵。

蔡锷在云南发起护国战争时，袁世凯委派曹锟为北洋军总司令，派他率领十万兵马前去迎战。这里面有袁世凯对曹锟信任的原因，也因为段祺瑞和冯国璋对袁世凯称帝的抵制。不管怎样，曹锟第一次成为了北洋一系的统率级人物。

1916年初，护国战争在四川境内打响，曹锟统领马继曾、张敬尧和龙觐光三路大军，与蔡锷率领的护国军展开激战。本来北洋军的实力远胜于护国军，可是护国军却在战场上占了上风，这里面有着复杂的情况，但是主要原因是护国军反对帝制，得到全国人民的支持。

在北洋军吃了一些败仗之后，马继曾羞愤自杀，张敬尧顽强抵抗，龙觐光被陆荣廷抓获，而总司令曹锟也陷入了护国军的重围。就在生死存亡之际，吴佩孚率领 1200 人的敢死队赶到，拼命救出了曹锟。从此，曹锟把吴佩孚视做第一心腹干将，吴佩孚也为曹锟立下赫赫战功。

就在北洋军出师不利的情况下，冯国璋趁机在南京发难，他联合江西李纯、浙江朱瑞、湖南汤芗铭和山东靳云鹏几个军政大佬，联名向袁世凯发出密电，要求他取消帝制。从此，袁世凯败局已定，而曹锟与蔡锷之间的战争陷入相持阶段。据冯玉祥后来回忆，当时的护国战争还在打，但是双方都不是真打了，他们已经暗通款曲，都是把枪炮对准天空开火，实现了战争零伤亡。

袁世凯被迫取消了帝制，并在忧愤中病死了。袁世凯死后，黎元洪依法继任大总统，段祺瑞成为国务总理并掌握了北京政府的实权，护国战争正式宣告结束。鉴于此时曹锟的军政实力，段祺瑞把他调回后方，担任直隶督军。从此，曹锟回师直隶，正式经营保定大本营，并竭力发展手下军事武装，成了地方军政大佬中的强者。

曹锟本来属于以冯国璋为首的直系，但是此时主政北京的是皖系首领段祺瑞，而段祺瑞又竭力拉拢他，所以曹锟也暂时承认了段祺瑞的北洋掌门人地位。曹锟此时已经不再代表他个人，而是代表其部下数万将士的一方山头，他的选择主要取决于谁能给他提供财政和军火支持，而不是他个人的关系和喜好了。

## 讨逆战争

黎元洪有着大总统的头衔却毫无实权，段祺瑞以责任内阁为名行军事独裁之实，这就把总统府和国务院之间的关系搞得很僵，府院之争就此展开。

最初的府院之争还是容易调和的，支持黎元洪的内务总长孙洪伊与支持段祺瑞的国务院秘书长徐树铮矛盾激化后，由北洋系元老徐世昌出面做了调和，最终以孙洪伊和徐树铮两人的去职作为交代。但是，孙洪伊去职，徐树铮因有段祺瑞的撑腰很快再获职位。

1917年，随着第一次世界大战的进行，日本以军事援助为诱饵鼓动段祺瑞政府通过对德宣战案，美国则针锋相对地支持黎元洪反对该项提案，至此府院之争便不可调和了。在黎元洪与段祺瑞彻底闹翻之后，黎元洪下令免去了段祺瑞的总理职务。随后，段祺瑞避往天津，同时宣布黎元洪的免职命令无效，并鼓动各省督军宣布独立，以此来挑战黎元洪的地位和权威。

为了挽回不利局面，黎元洪拉拢北洋系督军团大佬张勋，进京调和府院之争。张勋多年来一直准备着复辟清廷，他趁机率领5000名辫子军北上，威逼黎元洪解散国会，并拥立清逊帝溥仪复辟，从而掌握了北京政权。张勋复辟是继袁世凯称帝之后的又一出历史闹剧，当时共和观念已经深入人心，张勋的辫子军和清廷遗老遗少的势力逆历史潮流，所以张勋复辟必将失败，而反对复辟的讨逆战争必将取得胜利。

曹锟在政治上并不敏感，他起先并未反对张勋复辟，相反还对张勋复辟报以观望的态度。但是，随着张勋复辟的深入，他发现事情麻烦了。原来，张勋兼任直隶总督兼北洋大臣，这就要直接侵夺曹锟的权力。就在曹锟不知该如何应对的时候，段祺瑞找上门来了，他给出了大批军费，要曹锟和李长泰率领所部发起讨逆战争，打进北京城消灭辫子军。

有了段祺瑞的牵头，曹锟便放胆集合队伍，率领吴佩孚和冯玉祥诸将，并联合李长泰部，浩浩荡荡开进北京城，给张勋的辫子军以迎头痛击。张勋的辫子军抵挡不住讨逆军的进攻，张勋便想把徐州大本营的辫子军调来参战。可是冯国璋和倪嗣冲已经控制了徐州地区，张勋的部将张文生无力支援张勋，所以等着张勋的只有失败。

张勋复辟失败后，曹锟以讨逆之功重新主掌直隶的军政大权，并在保定等地大力编练直系陆军。通过合作发起讨逆战争，曹锟与段祺瑞之间的关系更加密切，从而获取了更多的军政资源，为进一步壮大实力奠定了基础。但是，张勋复辟后，冯国璋代理了大总统一职，他与段祺瑞之间的矛盾日渐尖锐，曹锟将不得不在府院之争中做出选择。

# 护法战争

1917 年，孙中山为恢复国会的约法，联合陆荣廷和唐继尧等西南军阀的势力，在广州建立起了护法军政府，发起了针对北洋系的护法战争。如何应对，成了北京政府面临的当务之急，冯国璋主张和平统一，段祺瑞则主张武力统一。

冯国璋主张和平统一，目的是借以抑制皖系势力的膨胀；段祺瑞主张武力统一，是因为他想拓展北洋系的发展空间，从而进一步壮大皖系力量。面对新一轮的府院之争，曹锟和张作霖等人的态度是至关重要的，他们将决定双方的力量消长。曹锟属于直系，冯国璋是他的直隶同乡兼老长官，但是冯国璋的势力范围主要在长江一线，而曹锟目前要支持段祺瑞才能获取更多的军政资源，所以曹锟便在直皖两系之间摇摆。

护法战争在十几个省份同时展开，开始护法军一度取得了战场上的优势，在主战场湖南前线重创了皖系督军傅良佐。为了挽回不利局面，段祺瑞只得收买直系王汝贤和范国璋部为其卖命，而冯国璋趁机派人唆使这两个将领在前线停战。于是，王汝贤和范国璋在前线通电主和，而曹锟与长江三督李纯、王占元和陈光远随后联名通电响应。

直系联合起来反对皖系的武力统一政策，段祺瑞也被迫辞去了内阁总理的职务。段祺瑞非常清楚北洋系不会任由南方势力坐大，于是他策动包括曹锟、张作霖和倪嗣冲在内的北洋直皖奉北方十督，在天津举行督军团会议，联名通电北京政府，要求冯国璋向南方下达讨伐令。

曹锟本来是站在冯国璋一边的，怎么突然投机转向了呢？这里面的原因大致是这样的：段祺瑞已经在联合皖系的基础上拉拢了张作霖的奉系，皖奉联盟盘踞在北方就给北方政局造成了极大影响，曹锟看到皖系占了上风，于是又反过来支持段祺瑞。

面对督军团力挺段祺瑞的合力，冯国璋只得表示低头让步，他任命段祺瑞为参战督办、段芝贵为陆军总长，由皖系重掌北京政府的实权，同时被迫命令曹锟和张怀芝等部开进湖南，重启武力统一计划。冯国璋虽然表面上对段祺瑞表示了臣服，但是并不情愿受制于人，于是他率领护卫队南下，准备重返南京老巢，结果却在蚌埠被皖系倪嗣冲截返北京。而后，张作霖率兵南下，与皖系结成联盟。在这种威压之下，冯国璋只得恢复段祺瑞总理职务。

1918 年初，段祺瑞重任总理后，立刻组织北洋军大军南下。曹锟率领两个师加一个旅的精锐力量，迅速开赴前线逼近长沙。吴佩孚在此战中神勇异常，凭借所部北洋军的炮火优势，迅速攻克了长沙城，并乘胜向南追击，一直攻占了衡阳等地。如果照这个势头发展下去，那么段祺瑞的武力统一计划是有望实现的，问题是曹锟和吴佩孚为什么要继续替段祺瑞卖命呢？

曹锟为段祺瑞打仗，无非是借机获取更多的钱、权，壮大自身的实力，绝不是为了帮段祺瑞圆他的武力统一中国梦。段祺瑞也深知这一点，所以他不得不给予曹锟和吴佩孚高官厚禄，借以收买他们继续为自己效力。段祺瑞给曹锟的职务是川粤湘赣巡阅使，并许诺将把他推上副总统的宝座，给吴佩孚的封赏是孚威将军衔。

段祺瑞本以为他开出的条件够丰厚了，曹锟和吴佩孚一定会欣然接受的，没想到曹吴二将并不满意。川粤湘赣巡阅使虽说可以管四省军务，但是除了湖南之外其他三省都不在曹锟手里，要想全部打下来绝非易事，而副总统不过是个虚衔罢了；更重要的是，如果曹锟和吴佩孚在南方为官，那么他的直系老巢必然会被段祺瑞的皖系占领，这就得不偿失了。

曹锟有了退却之意，而此时老长官冯国璋又派陆建章来拉拢他，曹锟便就坡下驴，让吴佩孚在前线停战，自己返回了天津。与此同时，护法军内部也发生变化，陆荣廷和唐继尧等人反对孙中山，南方也无力反攻了，遂与吴佩孚在湖南战场达成了停战协议，护法战争就这么告一段落了。

# 直皖战争

冯国璋派心腹陆建章破坏了皖系的武力统一政策，段祺瑞的心腹徐树铮就诱杀了陆建章，这么一来段祺瑞与冯国璋就正式决裂了。为了对付冯国璋，段祺瑞与之约定一起下野，并指示安福国会改选徐世昌为大总统。冯国璋下野后，段祺瑞以边防督办的职务仍然操纵着北京政权；为了抗衡段祺瑞，徐世昌便设法拉拢业已下野的冯国璋，可冯国璋在1919年病死了。

冯国璋死后，曹锟成了直系军阀的首领，此时他已经拥有了与皖系分庭抗礼的资本。为了打败段祺瑞，曹锟联合张作霖共同挑战皖系势力，矛头直指徐树铮和安福系。如此一来，直皖战争便不可避免了，而奉系也将加入这一战局，北京政府要重新洗牌了。

尽管直皖战争只进行了5天，却决定了北洋系军政格局的走向。在这次直皖较量中，奉系为什么会站在直系一方呢？这是很值得玩味的。张作霖帮助曹锟对付段祺瑞，绝不是因为曹锟和张作霖是亲家，而是因为皖系太强大了——没错，谁的力量太过强大了，就会让其他人睡不着觉。

自袁世凯归西以来，不管谁当大总统，都是由段祺瑞的皖系控制着北京政府。而且，皖系获得了日本的大批军火和军费援助，徐树铮在西北编练了精锐的边防军，并用武力收回了独立已久的外蒙古。因此，皖系的力量强大且风头正盛，他们是不肯让直奉两系与之分享中央政权的。直奉两系要与皖系争夺霸权，就是怕皖系进一步侵夺自己的利益。

不管怎样，直奉两系已经建立起战略同盟，他们决定要倒皖了。单凭直系或奉系的力量，是不足以打败皖系的，但是直奉两系一结盟，力量对比立刻就发生逆转了，皖系处于下风。这还不算，由于皖系执政日久且有武力统一天下之心，所以南方势力也与直奉两系联合倒皖，这么一来皖系就在劫难逃了。

直奉两系都要倒皖，那为什么是直系领衔而奉系协助呢？这里面主要有三个原因：一是此时直系的力量大于奉系，奉系只能起到辅助作用；二是此时直系已经控制了京畿周围，而奉系的军政重心尚在关外，张作霖尚未做好入主中原的准备；三是冯国璋死后，曹锟作为新直系的当家人，他要通过倒皖来主宰北京政府，也要通过倒皖来整合直系内部的力量。

1920年4月，曹锟在保定召开直、苏、赣、鄂、豫、辽、吉、黑八省军阀代表会议，结成八省反皖同盟。5月，曹锟令吴佩孚自衡阳率直军北上至保定。7月1日，曹锟、吴佩孚发表《直军将士告边防军将士书》。时至此时，直系已经做好了战争的准备，而奉系也准备在直皖两系两败俱伤的时候大举入关。

虽然直皖两系已经做好了充足的准备，但是战争是需要有个由头的，何况此时段祺瑞身为边防督办，位高权重余威犹在。曹锟该如何向段祺瑞发难呢？其实他想激怒段祺瑞很容易，只要对徐树铮发难就行了。谁敢惹徐树铮，段祺瑞就会跟谁拼命。当年连袁世凯都要忌惮三分，更何况这次是资历不如段祺瑞的曹锟。

1920年7月4日，曹锟迫使大总统徐世昌撤销徐树铮西北边防军总司令职务，调任徐树铮为远威将军的虚职。段祺瑞闻讯大怒，作为对曹锟的报复，他随即强迫徐世昌给予吴佩孚撤职处分。徐树铮是段祺瑞的心腹，而吴佩孚是曹锟的心腹，这下段祺瑞和曹锟正式撕破了脸皮，直系皖系双方进入总动员状态。

1920年7月14日，直皖两军在京汉铁路线上的涿州、高碑店、琉璃河一带开战。直军号称讨逆军，分为两路，以西路（北京至保定的京汉铁路沿线）为主攻方向，吴佩孚为前敌总司令兼西路总指挥；曹锳（曹锟的弟弟）任东路总指挥，另派第一混成旅旅长王承斌为后路总指挥。皖系方面号称定国军，段祺瑞为总司令，徐树铮为副总司令兼参谋长，段芝贵为前敌总司令。

曹锟为此战做了充足的准备，而吴佩孚也是志在必得，但是直系毕竟不如皖系力量强大，所以战争第一天皖系就占了上风。皖系西路第一师师长曲同丰率部猛袭直军，直军被迫退出高碑店地区；皖系东路徐树铮以西北边防军四独立旅进攻张庄、蔡村和杨村一带，直系被迫向后撤退。如果战争照这个势头进展下去，别说直系有望取胜了，连奉系都未必敢于参战了。

就在直系陷入不利境地之后，上海一百多个团体通电支持吴佩孚，给予直系巨大的支持，既有政治上的声援也有经济上的援助，从而提高了直系将士的士气，也鼓舞了奉系参战的勇气。那么上海团体为什么会支持吴佩孚呢？主要是因为皖系在执政期间，不可避免地得罪了有关各方；而直系从未上台执政，吴佩孚又比较注重军纪和口碑，所以各界对他抱有很大期望。

战争进入第四天时，吴佩孚率兵突袭松林店，活捉了曲同丰，皖系西路全线溃退。战争进入第五天时，直军占领涿州并向长辛店追击，皖系东路徐树铮部追赶直军到北仓、李家嘴一带，这时奉军压境与直军会合，把皖系彻底打败了。

皖系输给直奉两系后，段祺瑞也就丧失了对北京政府的控制权，但慑于他的余威，没人敢追究他的战争责任，于是惩罚的枪头对准了安福系的首领徐树铮和王揖唐。徐树铮被迫流亡日本，而他新组建的数万边防军大半覆没，导致外蒙古得而复失，这才是直皖战争的最大损失。

皖系垮台，直奉两军开进北京，分别进驻了南北苑营房，然后敦促大总统徐世昌下令解散安福国会，通缉王揖唐、徐树铮和段芝贵等十人，并撤销了对吴佩孚的处分。随后，直奉两系联合控制了北京的政权，曹锟被任命为直鲁豫三省巡阅使，成立了直鲁豫巡阅使署；吴佩孚为直鲁豫巡阅副使，并成立了直鲁豫巡阅副使署。曹锟也与张作霖结为了儿女亲家，但是在政治利益面前亲情是微不足道的。他们之间的分裂、对抗和相互攻伐是难以避免的。

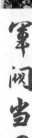
# 直奉首战

直皖战争结束后，皖系势力败落雄风不再，直奉两系共同主政北京，可是应该由谁来执政呢？曹锟认为，直皖战争是直系打败了皖系，奉系只起到了辅助作用，所以理应由直系来执政。张作霖则不这么看，他认为如果没有奉系入关参战，直系就不可能打败皖系，所以应由奉系来执政。

直奉两系互不相让，那么只能诉诸武力来解决争端，可此时大战方休，两系都需要休养生息，所以只好暂时相互妥协。结果是徐世昌继续担任大总统，靳云鹏继续担任内阁总理。这就是政治，尽管直奉两系取得了军事上的胜利，可是由于他们互相排斥互不信任，所以只能由这两系之外的人来执政。徐世昌是北洋元老，超脱于各派系之外；靳云鹏是安福系之外的皖系大佬，他与直奉两系的关系都比较融洽。

徐世昌和靳云鹏的日子并不好过，虽然他们名义上是政府首脑，但是实际上每天都被迫夹在直奉两系之间，在政策倾向上左右为难。如果他们倾向于支持直系的主张，那么奉系是肯定不干的；如果他们倾向于支持奉系的主张，那么直系更是不会容忍。

平衡还是被打破了，由于北京主要位于直系的包围圈中，所以曹锟有着更大的发言权。徐世昌也不是甘心做傀儡的人，他要在直奉两系之间搞平衡，就要加大与张作霖的合作力度。张作霖早就认为直系太过强势了，他准备与徐世昌密切合作，共同对抗直系的权力扩张。可是，靳云鹏不同意徐世昌倒向奉系，他认为北京政府要尽最大努力保持稳定和平衡，不能在政策倾向上过于投机。

1921 年底张作霖联合徐世昌，逼迫靳云鹏辞职，把更加听话的梁士诒扶上了总理宝座。这一下就直接引发了直系的不满，1922 年初吴佩孚联合

146

六省军阀，通电攻击梁士诒内阁媚日卖国，逼迫梁士诒辞职。梁士诒并未辞职，但被迫请假离京，直奉矛盾日趋激化。

梁士诒曾是袁世凯的秘书长，也是交通系的首领，他在对外政策上一向是亲日的，所以他与同样亲日的张作霖是立场一致的。吴佩孚在对外政策上是亲英美的，他一向反对日本支持张作霖扩张势力，所以他要借着抨击梁士诒卖国并逼迫其离职，来达到攻击张作霖的目的。

直奉矛盾激化之后，张作霖便设法拉拢联盟来对付曹锟和吴佩孚，而段祺瑞站在了张作霖一边。段祺瑞已经兵败下野，但虎老余威在，他们的派系势力和号召力也是不容小视的。

然而，此时反直与当年倒皖的情况毕竟有所不同：两年前倒皖时，直奉两系都是生力军；而现在反直时，除了奉系力量能够与直系分庭抗礼之外，段祺瑞的皖系势力已经凋零而不堪大用了。力量对比决定战场胜负，直系目前是最强大的军政集团，只要它自身不出问题，就足以单独对抗反直联盟。

战争毕竟不是拔河，其中也充满了变数，所以张作霖并不相信他会败给直系，他率先做好了战争的准备。1922年初，张作霖自任总司令，孙烈臣任副总司令，杨宇霆任参谋长，组成了镇威军总司令部，集中兵力讨伐直系。4月，奉军12万人通过山海关开进关内，29日张作霖到天津亲自督战，即日下达命令发起总攻，第一次直奉战争爆发。

直系方面也做好了迎接战争的准备，曹锟深知吴佩孚的统兵打仗之能，便任命他为总司令，让他指挥七个师、五个旅约十万人进驻涿州，分东西两路迎战奉军——西路为琉璃河吴佩孚第三师，固安王承斌第二十三师；东路为马厂张国溶第二十六师，以及张福来第二十四师。

战争开始后，直奉两军在马厂（右翼）、长辛店（左翼）、霸县（中路）展开固安战斗、永清战斗、长辛店战斗、霸县战斗，激战中两军互有胜负。吴佩孚出奇兵绕道攻击奉军后方，奉军腹背受敌，再加上奉军邹芬第十六师临阵倒戈全阵崩溃，直军势如破竹胜利在望。

1922年5月初，在吴佩孚的指挥下，直军占领了长辛店、永清、静海一带。与此同时，冯玉祥率领西北军出潼关，击败了河南督军赵倜，并且占领了河南。吴佩孚乘胜追击，张作霖被迫退出山海关外，在秦皇岛遭到了直系海军的炮火攻击。经此一战，吴佩孚威名更盛，而张作霖不得不退回东北老巢。

吴佩孚本来打算进攻奉系的老巢的，但直军在进攻山海关过程中，遭到张学良、郭松龄部队的顽强抵抗，进攻被阻止。直奉两系在战场上陷入僵持之后，经外国传教士调停，1922年5月5日，持续了一个多星期的第一次直奉战争宣告结束，后双方在秦皇岛签订和约宣布停战。

第一次直奉战争结束后，直系完全掌控北京政府，奉系在东北三省宣布自治。在吴佩孚的建议下，曹锟宣布恢复法统重开国会，逼迫徐世昌下野，拥立前总统黎元洪复职。本来按照曹锟的想法，是由自己上台执政的，可是吴佩孚更有远见，提出了一套更可行的方案，不然直系很快就会陷入统治危机。假如曹锟一直听从吴佩孚的建议，他将不会走到贿选总统的歧路上去，直系后来就不会失败得那么快了。

## 贿选总统

第一次直奉战争结束后，驻守保定的直系首领曹锟，完全掌控了北京的政权。此后，曹锟的政治野心急剧膨胀，借大摆寿宴来提升威望，并又取得黎元洪这个泥菩萨的支持，因此自己有了担任大总统的野心。曹锟见识过民国以来历届大总统，他应该知道仅有大总统的名位是没用的，他相信凭自己的实力可以成为货真价实的国家元首。

对于曹锟的上位之心，其手下铁杆大都赞同，而心腹大将吴佩孚却表示反对。此时曹锟的直系军政集团，已经隐然分裂为其亲属和亲信驻守的保（定）派和（天）津派以及吴佩孚驻防的洛（阳）派。由于吴佩孚的能力和威望太大，保派和津派都感觉受到了威胁，他们便联合起来抵制洛派，并积极拥立曹锟上位。

吴佩孚不支持曹锟当大总统，是因为他发现各种反直势力还在蠢蠢欲动，曹锟上位的时机还远未成熟，并不是他不效忠曹锟。可曹锟却利令智昏，看不透形势，所以他对吴佩孚的意见不以为然。吴佩孚始终对曹锟保持着忠诚，但是这种忠诚绝非愚忠，其中是有着利害考量的。

曹锟把黎元洪踢下去并采取手段取而代之，这会更加刺激反直联盟，逼他们联合起来与直系拼命，而目前直系尚无足够的实力消灭这些实力派。这是吴佩孚从直系军政集团的整体利益进行考虑的，除此之外还有他的小算盘——假如曹锟上位成功了，优先获得京畿要地军政资源的必然是保派和津派，根本轮不到洛派；如果曹锟上位引发严重后果，马上就会祸及自身，因为保派和津派中没有真正的军政大才。

吴佩孚从来都没想过取代曹锟，因为这并不取决于吴佩孚对曹锟的忠心，而是取决于当时的军政格局。在直系内部，除了曹锟的保派和津派的制衡，还有冯玉祥等人的不服气，而吴佩孚拥有的洛派实力是有限的；在直系外部，有已经失败但绝不死心的反直联盟的压力，一旦直系内部发生了严重分裂和冲突，他们必然会趁势而上的。

吴佩孚对曹锟表现出了最大程度上的效忠之心，只是不同意他当大总统。可是当曹锟决意要当这个大总统时，吴佩孚也只得对此表示认可。研究直系的历史，往往过于夸赞吴佩孚对曹锟的效忠，而忽视了曹锟对吴佩孚的信任。曹锟虽然贵为直系首领，但是吴佩孚的军威和声望已经远远超过了他，他还一直信任和重用吴佩孚，这容易吗？这绝对不容易，没有足够的胸怀和自信是做不到的。

曹锟已经有了入主总统府之心，就积极行动起来，准备取代黎元洪。曹锟把黎元洪赶下台很容易，派手下将士去逼宫就行了，可是要想取而代之那是很麻烦的，因为沐猴而冠最受指摘。曹锟一旦上位，他必然要进一步侵夺反直联盟的军政资源，会生出段祺瑞有过的武力统一之心，这就必然会逼反各地反直势力。

而且曹锟要想当大总统，也得通过一定的法定程序，不是说当就能当的。皇权时代乱臣贼子要想废帝自立，也得走三辞三让的过场。更何况在民国时代，当大总统要经由国会合法选举，不然就不具备相关任职资格。

权力和地位的实质就是规则和秩序，要想获取权力和地位，必须懂得尊重既定的规则和秩序。

国会不是几个人，而是七百多人组成的政治联盟，搞定他们绝非易事。在曹锟掌权之前，国会曾遭受过解散和压制，议员们已经变得非常穷酸，所以应该是可以拿钱收买的。可是，这不是向一两个人行贿，可以弄得神不知鬼不觉；而是同时收买数百人，他们中间肯定有不买账的和泄密的。这将在当时的政坛和以后的历史上留下一个贿选的骂名，曹锟对此应该是有心理准备的，不然他是不敢这么干的。

国会是个政治组织，曹锟要想收买国会议员，首先就要收买国会首领。幸好众议院议长吴景濂是个拥曹派，他幻想着等曹锟上位后由自己组阁，这就让曹锟省了不少事。1923 年，国会举行大选前，曹锟在北京甘石桥设立了竞选俱乐部，作为收买国会议员的活动机关。与此同时，拥曹派大肆活动，为曹锟上台积极造势。

在国会大选开始后，有许多议员丑态毕露，他们个个兴高采烈眉飞色舞，所注意和关心的问题就集中于选票的票价，和票价有连带关系的是付款的办法。因为卖票的怕投了票拿不到钱，买票的则怕付了钱议员们不投曹锟的票；而票价的多寡也因人因事而异，同样是一个议员，同样是一张票，可是喊价不同，卖价不同，成交价也不同。至于付款是现款或支票，

曹锟（左三）在接受记者采访

支票是即期还是远期，出票人是谁，银行是哪一家，都是争论的问题。

1923 年 10 月 5 日，原定于上午 10 点召开的总统选举会，延至 12 点左右才开始，签到参议员 152 人，众议员 441 人，共 593 人，实际出席者 585 人，刚刚达到法定出席人数（583 人）。当时参议院院长王家襄刚刚辞职，故由众议院院长吴景濂主持大会，并公推 16 人为检票员，从下午 2 点开始投票，至 4 点完毕。随即当众点票，结果总投票数为 590 张，曹锟得 480 票，赢得了大选，成功当上了大总统。

选举曹锟的这 480 名参会议员均收受了曹锟的贿赂，原则为每人 5000 元，但实际上根据人物地位或作用的不同，高的可达到 1 万元，低的还不足 2000 元，都在 10 月 1 日以支票形式发出。整个贿选共花费 1356 万元。

曹锟通过贿选成为大总统，确实是很不光彩。但在整个选举过程中，都是按照既定法律程序进行的，而且有人拿了曹锟的钱也不投他的票，他也没有在事后报复相关议员。从这一点上来说，曹锟还算有点政治道德底线的，与之前的军政强人肆意解散国会或殴打议员的行径一样，都是民国初年的政坛乱象、历史丑闻。

贿选一事传开后，当时相对自由的报界对此进行了连番报道和猛烈抨击，直系的政治对手也纷纷拆台。张作霖不但大骂曹锟贿选，而且宣称议员若能不接受曹锟的贿赂，就可以向自己领取相同数目的金钱，这叫"反贿选"。但由于"大选派"准备得当布置周密，终于有惊无险地达到了目的。

曹锟贿选成功后，中国国民党发表宣言，申讨曹锟的贿选行为。孙中山在广州主持会议，讨论讨曹事宜，并致电各国外交团否认曹锟为总统，又以大元帅名义下令讨伐曹锟，通缉贿选议员，并电段祺瑞、张作霖、卢永祥一致行动。

1923 年 10 月 10 日，吴景濂捧了新总统的当选证书，乘坐专列赶到保定迎接曹锟。当时保定全城庆祝，家家悬挂五色旗，欢呼声不绝于耳。吴景濂见到曹锟，照例说了"众望所归，人心所向"的鬼话，而曹锟也冠冕堂皇地说了感谢国民的厚爱和敬谢不敏云云的客套话。随后，曹锟踏上专列，驶往北京，也驶向了他个人政治生涯的尾声。

为了掩盖贿选的恶名，曹锟当上大总统的第一天就公布了一部比较完善的宪法，历史上称为曹锟宪法，这是中华民国宪法会议公布的第一部正式宪法。这部宪法改内阁制为总统制，对大总统的权力进行了很大程度的制约，明确了中央与地方的制衡关系。曹锟宪法公布后仅一年，即被段祺瑞公布的《中华民国宪法草案》所推翻，其大部分条款未能施行。

## 直奉再战

通过第一次直奉战争，直系掌握了北京政府，而后曹锟又通过贿选的方式当上了民国大总统，那么直系必将进一步扩展势力，于是武力统一就提上了日程。直系欲统一全国，大致有两个选项：一是先难后易，先消灭奉系势力；二是先易后难，先消灭皖系残存势力。

当时的皖系，还残存着一个省份的势力，就是卢永祥盘踞的浙江省。浙江的北边是江苏，江苏的督军是直系齐燮元。上海作为中国最发达的工商业中心，位于江浙之间，于是齐燮元和卢永祥都想接管上海。这么一来，齐燮元和卢永祥之间的矛盾就激化了。此时直系占着上风，所以齐燮元率先攻打了卢永祥。

如果没有外援，卢永祥肯定是打不过齐燮元的，因为齐燮元的背后是直系军政集团。如果齐燮元攻占上海，进而夺取浙江，直系的势力会更加膨胀，从而大增了武力统一全国的筹码，这是奉系张作霖所无法容忍的。于是，在江浙战争爆发后，张作霖于1924年9月15日，宣布支援卢永祥并入关参战。

张作霖聚集15万大军，分两路向直系地盘山海关、赤峰、承德发起进攻，第二次直奉战争正式打响了。这既是第二次直奉战争，也是张作霖第三次入关参战，其目的就是实现逐鹿中原的野心。通过这场战争，张作霖终于实现了多年的梦想，成功主宰了北京的政局。只是，张作霖不会想到，高潮过后是尾声，他将再也不能回到关外老家了。

为了对抗奉张的大举进攻，曹锟任命吴佩孚为讨逆军总司令，彭寿莘为第一军总司令，王怀庆为第二军总司令，以20万人应战。这是一场豪赌，胜者将赢得入主北京的大权，败者将身陷图圄或仓皇败退。要知道曹锟和张作霖是亲家关系，抛开个人感情不谈，曹家和张家已经相互捆绑了政治利益，他们只能代表各自背后的军政集团。

战争一开始，由于有白俄军团的助战和飞机坦克的火力，奉军在先锋司令张宗昌的率领下如入无人之境，于1924年10月9日占领了赤峰，随后两军在山海关激战。本来吴佩孚担心后方不稳，一直坐镇北京遥控指挥前方战事，由于战局对直系变得不利，为了尽快挽回颓势，他不得不亲自开赴前线。

1924年10月11日，吴佩孚亲赴山海关督战。吴佩孚不愧为当世名将，他很快就挽回了直系的颓势，战场形势一下子发生了变化，奉军的进攻被有效遏制住了。但奉军已经抢占了先机，所以任凭吴佩孚再能打，也很难迅速反败为胜。这样一来，直奉两系之间的战局陷入了胶着状态，双方损兵折将互有胜负，打得难解难分。

吴佩孚之前不肯亲赴前线，主要是因为他对冯玉祥不放心，怕他在直系背后搞鬼。为了安抚冯玉祥，吴佩孚给了他大批军用物资。冯玉祥对曹锟贿选的丑事非常愤怒，为了推翻直系军阀，他暗中与南方革命党及奉系均有联系。冯玉祥所部的态度和行动，将决定第二次直奉战争的结局，也将决定直系和曹锟的命运。

吴佩孚的担忧终于变成了现实，这次战争打响后，冯玉祥一直在古北口按兵不前，与奉系张作霖和皖系段祺瑞缔结密约，并与直系内的孙岳和胡景翼部密谋反直。1922年10月23日，冯玉祥与孙岳发动北京事变，倒戈进京，囚禁曹锟，驱逐逊清皇室，宣布成立国民军。同时，冯玉祥邀孙中山北上，欲以孙中山主持政事，段祺瑞主持军事。

但冯玉祥没有想到，张作霖很快就率领奉军进驻京畿周围，又以北洋系大团结为号召，拉拢段祺瑞并抵制了孙中山，在更大程度上掌控了北京的政局。

经过第二次直奉战争，曹锟输掉了绝大部分家当，还被冯玉祥的部将鹿钟麟给关押了起来。在段祺瑞的策划下，吴佩孚不但逃了出去，而且重整旗鼓占领了两湖。

## 晚节不亏

北京事变后，曹锟暂时被冯玉祥的人关押在中南海的延庆楼。

冯玉祥没杀曹锟，是因为吴佩孚此时已在中原和两湖地区东山再起了，而张作霖的奉系势力日益加强着对北京的压力。冯玉祥和张作霖的联合也并不牢固。

1926年初，冯玉祥和张作霖正式翻脸大打出手，段祺瑞代表执政府站在了张作霖一边，冯玉祥抵挡不住张作霖的进攻。在这种形势下，为了拉拢吴佩孚共同抵抗张作霖，冯玉祥的部将鹿钟麟释放了曹锟。

曹锟重获自由后，冯玉祥的军队被迫撤出了北京，段祺瑞的执政府也已垮台，张作霖尚未完全主宰北京的政务。在这短暂的时间内，曹锟希望可以回任大总统，并希望得到吴佩孚的支持。谁知吴佩孚已经不热心了，他认为如果自己拥护曹锟重新上台，必然会与张作霖反目成仇，那么到时就会把直系所剩不多的兵马损失掉。

吴佩孚专心在中原地区练兵，无意为曹锟争夺台上风光，曹锟的复职梦落空了，便回到了老巢保定。谁知此时直鲁两军正在争夺保定，曹锟在保定不得安生，便南下中原投靠了吴佩孚。

对于曹锟的到来，吴佩孚非常高兴，他热情周到地接待了这位老上司。曹锟和吴佩孚肯定有着深厚的个人情谊，但是这种情谊并不能直接转化为吴佩孚的忠心。曹锟丧失了直系军政实力，只身来投吴佩孚，这就等于给吴佩孚送来了一面旗帜。

1927年，南方国民政府的北伐军击溃了吴佩孚的军队，吴佩孚被迫通电下野。曹锟丧失了容身之地，不得不回到北方，在天津英租界隐居起来。此时的曹锟年老多病，但是精神尚好，每日以练字作画自娱。此外，曹锟还经常宴请宾客，或者听听他喜欢的河北梆子，有时也上街与人闲聊。

1931 年，九一八事变爆发后，日本占领了东北，加紧了侵略华北的步伐。日本人为了侵占和统治华北地区，招降了大批下野的直系军政要人，想通过他们拉曹锟下水。在这种关系到民族利益和尊严的大是大非面前，曹锟表现得一点也不含糊，他断然拒绝了日方的要求，坚决不做汉奸。

1938 年 5 月，曹锟因感冒转成肺炎，经医治无效，于 5 月 17 日在天津寓所病故，终年 76 岁。曹锟的葬礼十分隆重——吴佩孚派夫人张佩兰赴津吊丧，吴本人则在北平身穿重孝举哀致悼；日本方面和国民政府方面都派人前来吊丧。日本人送给曹锟的刘夫人大笔抚恤金，但遭到刘夫人的拒绝；国民党政府有感于曹锟拒绝与日本人合作，于 6 月 14 日发布特别训令予以表彰，并追授曹锟为陆军一级上将。

# 家庭琐事

曹锟的家族比较庞大，他在兄妹七人中排行第三，上面有哥哥曹镇和姐姐曹大姑，下面有弟弟曹锐、曹钧和曹锳以及妹妹曹二姑。在曹锟的兄弟中，曹镇没有太大作为，曹锐、曹钧和曹锳或者帮助曹锟统兵打仗，或者代替曹锟经营实业，都成了一时位高权重的人物。其中曹锐一直追随着曹锟，死于北京事变，曹锐的独子曹少珊曾过继给曹锟。

曹锟一共娶了一妻三妾，他们分别是正妻郑氏、大姨太高氏、二姨太陈寒蕊和三姨太刘凤玮。其中最有名气的是三姨太刘夫人，她在日本人拉拢曹锟时挺身而出加以拒绝，声称宁肯喝粥也不当汉奸，这令曹锟十分感佩和信赖。宁肯喝粥也不当汉奸，这需要明智的判断和坚强的意志，作为一个女性实属难得。

曹锟一生育有三子四女，三个儿子分别是曹士岳、曹士岱和曹士嵩，四个女儿分别是长女（名字不详）、曹士熙、曹士贞和曹士英。曹锟的儿女都没有太大成就。

曹锟性格随和，他平生很少与人争吵，就是对身边的仆人也是和蔼可亲。但曹锟晚年却在家里大发脾气，原因是其老部下齐燮元和高凌蔚等人不但投靠了日本人，还要拉老上司曹锟下水。曹锟的性情，在民国所有军政大佬中都算是温和的，他对齐、高等人发脾气，是对他们丧失民族气节的深恶痛绝。

在曹锟的晚年，其家庭中有两件事对他精神上的打击很大，一是儿子曹士岳与儿媳袁怙贞（袁世凯的女儿）打架，曹士岳情急之中开枪打伤了袁怙贞。袁怙贞住院后，袁家不甘罢休。虽然袁世凯此时早已去世，但袁家仍很有势力，曹士岳受控告被拘留，曹、袁两家打起了官司，天津各报纸也争相报道这一消息。曹士岳被刘夫人保出后，便与袁怙贞离了婚。这件事曹锟觉得丢了面子，每当家人提起此事，他脸上都现出愤愤之情。

二是曹锟的养子、曹锐之子曹少珊，他虽在曹锟的儿子曹士岳出生后便认祖归宗了，但实际上他仍把持着曹锟家的财产大权。对此，曹锟的子女们十分不满，常为此闹矛盾。看在曹锐的面子上，曹锟不忍心对曹少珊过于苛刻，所以他左右不了家里这个乱糟糟的局面，这成了他的一块心病，常常唉声叹气很是烦恼。

## 身后评价

曹锟是个布贩子出身的北洋直系首领，他一生以憨傻糊涂的姿态示人，最终却爬上了国家元首的高位，也反映了民国初年政局之混乱。在那个混乱动荡的年代，有很多聪明人都成了炮灰，而曹三傻子却一步一个脚印地不断向上攀升，带领直系军阀开创功业，并主宰了北京政府。

没有吴佩孚，也许曹锟难以取得如此大的成就，但是吴佩孚在曹锟面前，始终执弟子礼。这当然与曹锟的人格魅力和心胸韬略直接相关，一个真正的傻子是无法驾驭吴佩孚这号军政强人的，也无法带领直系取得太大的成功。吴佩孚当然厉害，但他是在曹锟这个大哥的带领下干出来的，所以曹锟的领袖地位不容小觑。

曹锟是个没多少新思想的人，他在清朝时维护清廷统治，在民国建立后拥护袁世凯称帝，甚至在张勋复辟的前期也是立场不定，并且始终压制着青年学生的进步运动，最后更是通过贿选的方式上了台。他思想守旧，缺少符合或赶超时代潮流的新思路。

但曹锟也不是一无是处，至少他性格宽厚，为政并不苛刻，在张勋复辟后坚决讨伐了他，在压制学生运动时没忘尊师重道，在贿选上台时也没镇压反对者。

曹锟晚年拒绝日本人的拉拢，也是值得称道的。曹锟以其智慧和勇气，在大是大非面前完美地交出了一份答卷，受到了国民政府的赞誉和嘉奖，也给自己的历史增添了光彩的一笔。

第六章

# 直系军阀吴佩孚

在北洋系军政大佬中，吴佩孚算是后起之秀，他与袁世凯、段祺瑞、冯国璋、张勋和曹锟等人相比，是矮了一两个辈分的。但是，吴佩孚以其军事才能，成为无可争议的直系第一健将，并有了武力统一天下之势。因此，吴佩孚作为第一个登上美国《时代周刊》的中国人，被西方世界认为是当时中国最强者。

吴佩孚是秀才出身，在主要由大老粗们组成的北洋团队中，他算是个文人统帅。吴佩孚是怎么从一个穷秀才走上民国政坛的？这个过程是一段历史，也是一篇纪传，更是一部传奇。

吴佩孚确实是个军事大才，他接受过正规军事训练，也经历过战场上血与火的洗礼，一步一个脚印向上攀登，最终爬上了人生的巅峰。吴佩孚本来是有机会统一中国的，这一点并不是西方人对他的神化，而是他确有这个才智和实力。但是，他和北洋集团一样，只能是新旧交替时期的产物，终将要退出历史舞台。随着国民政府的北伐节节胜利，吴佩孚被迫退出了民国的政坛。

吴佩孚与段祺瑞一样，为官时不敛钱财，下野后穷困潦倒。这是他们二人在私德上有别于其他北洋系大佬的地方，也是他们人格的闪光点。欲成大事者不应贪恋身外之物，他们俩都做到了。吴佩孚比段祺瑞更进一步，他不但不爱财，而且不出洋、不入租界，这在民国政坛上和北洋团队中绝对是一朵奇葩。

吴佩孚终生仰慕的人物是关羽和岳飞，换言之他终生遵循的信条是忠义和爱国，他也被世人称为"关岳吴"。在吴佩孚下野隐居后，日本侵入华北地区，土肥原贤二多次试图与之合作，均遭到了坚决拒绝，吴佩孚以生命的代价，诠释了民族气节。

# 落魄书生

1874年4月22日（同治十三年三月初七），吴佩孚出生在山东蓬莱一个小商人家庭，其父吴可成是开杂货铺的，其母张氏是一名普通的家庭妇女。吴家祖籍是江苏常州，不知是何时迁居山东的，祖上也没有显赫的家世和名人。当然，以吴佩孚后来的功业，也不需要拿祖上风光来装点门面。

关于吴佩孚的出生，有点传说和来历。吴佩孚字子玉，成为军政大佬后被世人称为玉帅，据说这个玉字来自戚继光的字佩玉，是因为张氏在产前梦到戚继光到吴家来做客。

1880年，吴佩孚6岁时被送进了私塾，开始了他的求学生涯。吴佩孚是个聪明而要强的孩子，他从识字起就发奋攻读四书五经，并取得了良好的成绩，受到了先生的欣赏和同窗的敬佩。不管周围是何等的喧闹，他总是不为所动，总能旁若无人地读书。这对于一个少年来讲是不可思议的，但是吴佩孚做到了。

与生俱来的聪颖，加上他的勤奋刻苦和坚韧不拔，使吴佩孚深受私塾先生的器重。如果日子正常地过下去，那么吴佩孚理应沿着科举的道路，从秀才到举人再到进士，最后成为清末的官员。可是天有不测风云，在吴佩孚16岁那年，家里发生了重大变故，其父吴可成突然病逝了。吴佩孚安葬了父亲，与母亲相依为命，家庭陷入了困顿，再也无力供养其就学了，他只得退出了私塾。

吴佩孚虽然辍学了，但他不忘读书，不管走到哪里都找书来看。为了谋生，吴佩孚便进蓬莱水师当了一名水兵，一边挣些粮饷一边读书。在水师军营中，吴佩孚见识了晚清军队的军纪败坏。

也许吴佩孚感觉在蓬莱水师当兵没有出路，或者他还做着科举求官梦，反正他在 22 岁那年（1896 年）参加了登州府（当时蓬莱县属于登州府）的科考。由于吴佩孚有着多年攻读四书五经的功底，在此次科考中他取得了不错的成绩，以登州府第三名的成绩成为一名秀才。秀才是最初级的功名，接下来该考举人和进士了，可是吴佩孚因为自己的偏激行为永远地丧失了这种机会，还丢掉了已经到手的秀才功名。

1897 年秋，23 岁的吴佩孚干了两件事，在当时来说算是英雄的壮举——他出面反对人家抽鸦片，还公然反对男女同台演戏。客观地说，吴佩孚做的这两件事一对一错，反对人家抽鸦片是正义之举，反对男女同台演戏就是迂腐之至了。大家都能容得下新事物，连老年人都不出面反对，一个读过几年私塾的穷秀才想怎样？

按照现在的道德标准来看，吴佩孚肯定是没事找事自以为是，但是这说明他崇信传统文化的圣人之言和伦理道德，并且敢于把它落到实处。当时看不惯抽鸦片和男女同台的人多了，可是谁也不站出来反对，这说明了什么？这说明大家都太上道了，每个人油滑无比，已经缺乏是非观念了；唯有不上道的吴佩孚是个愣头青，非要做出点出格的事情来，然而为理念而战是要付出代价的。

吴佩孚的孟浪激怒了相关人员，他们便把吴佩孚告上了县衙。为了平息众怒，知县大人便把吴佩孚的秀才功名给革去了。从此，吴佩孚丢掉了他多年辛苦换来的功名，彻底断送了科举求官的念想，被迫流落江湖。

吴佩孚一路步行云游过许多地方，后来流落到北京城内。吴佩孚是个穷小子，一路上凭着自己多年读书练字培养的文化功底，靠给人写春联和摆摊算卦为生。

吴佩孚在走投无路之下，重新选择了从军这条道路。

# 秀才投军

1898 年，24 岁的吴佩孚在堂兄吴亮孚的资助下，前往天津投身军旅。当时拱卫京畿一带的军队，是荣禄统率的武卫军，其中荣禄自领武卫中军，聂士成统领武卫前军，董福祥统领武卫后军，宋庆统领武卫左军，袁世凯统领武卫右军。在这五支军队中，袁世凯的武卫右军是最精良的，它又称小站新军或新建陆军，是后来的北洋六镇常备军的底子。可惜，吴佩孚选择的不是这支军队，而是聂士成的武卫前军。

吴佩孚之前在蓬莱老家当过水兵，不过那时只是为了混点粮饷，根本就没接受过正规军事训练，加之他本来就比较文弱，所以他投身聂士成的武卫前军之后发现，自己的身体素质这一关就很难过去。在从军之初，吴佩孚因为训练动作不达标，经常要接受体罚。这对于一个秀才兵来讲是很为难的，但是吴佩孚无怨无悔，默默地承受，并逐渐成长为一名坚强的军人。

吴佩孚最初在军营中，总是沉默寡言，因此被人称作吴傻子。当年的曹锟，因为一脸的憨厚，就曾被称做曹三傻子。其实，他们非但不傻，而且是大智若愚之人。吴佩孚的沉默换来了上司的赏识，被选拔为一名勤务兵，这是他在军中的第一个发展机会，以后就时来运转了。

吴佩孚在做勤务兵之后，遇到了他人生中的第一个伯乐，此人就是军中幕僚郭绪栋。郭绪栋的文化程度不高，他连秀才功名都没考取，但是在遍地都是大老粗的聂士成军中，轻易地混到了文案幕僚的职务。有一次，郭绪栋命令吴佩孚去送一份公文，吴佩孚随便一看就发现其中用错了一个典故，向郭绪栋指了出来并详解了相关知识，这令郭绪栋对吴佩孚刮目相看。

郭绪栋对吴佩孚的赏识，对于吴佩孚在军中的发展是具有关键意义的。如果没有郭绪栋，吴佩孚就是一名普通勤务兵，很难有后来的出人头地。郭绪栋认识到吴佩孚绝非池中物，他主动倾力与这个秀才兵相结交，俩人结拜为异姓兄弟，为的是日后相互扶持。后来，吴佩孚果然发迹了，而郭绪栋也因此水涨船高，当然这都是后话。

聂士成为了培养军中才俊，开办了开平武备学堂，这是一个很好的晋身之途，郭绪栋肯定不会放过这个机会，立刻就推荐把兄弟吴佩孚进入了该学堂，这就为吴佩孚在军中提升提供了很好的机会。吴佩孚在这家学堂受到了系统的军警知识训练，在毕业后进入了陆军警察队，从正目（班长）做起，随后升任初等官（相当于排长），先后被授予准尉、少尉和中尉衔。

在八国联军侵华的战争中，聂士成的武卫前军在天津被消灭了，但是该军附设的开平武备学堂却保留了下来。袁世凯升任了直隶总督兼北洋大臣，他在保定开设的陆军速成学堂，正是以开平武备学堂为依托的。1903年，吴佩孚报考了保定陆军速成学堂，并顺利进入该学堂测绘科。次年，吴佩孚以优异的成绩毕业，被分配到袁世凯的新军督练公所参谋处，从此正式成为北洋系的一员。

1904年，日俄战争在东北爆发，清政府被迫宣布局外中立。对于清朝来说，北极熊和东洋狼都是侵略者，而且他们都很强大，自己是惹不起的。但这里面是有区别的，俄国与中国陆路接壤，严重威胁着中国的北部边疆；而日本是新兴的帝国，主要威胁着中国的东部沿海。两害相较取其轻，所以清政府虽然名义上宣布局外中立，实际上却暗助日本抵抗沙俄。

清政府对日本的暗中援助，主要表现在军事侦察上，由北洋大臣袁世凯负责。袁世凯从保定新军督练公所中选拔了十余名青年军官，与日本方面的情报机构合作，共同在旅顺和大连等地暗中调查俄军的行动，而吴佩孚就是其中的佼佼者。吴佩孚之前做过军警并学习过测绘，加之做事胆大心细，所以是从事情报工作的最佳人选。

在侦察过程中，吴佩孚冒险深入敌后，仔细观察并详实记录，结果被俄军抓获了。在押解途中，吴佩孚趁看守不注意中途跳车保了性命。侥幸不死的吴佩孚，继续刺探俄军情报，并把成果带了回来。

由于吴佩孚在日俄战争前刺探俄军情报有功，所以他受到了日本方面的嘉奖，这对吴佩孚来讲既是荣誉也是耻辱，不知这位青年军官当时是作何感想的。侦查任务结束后，吴佩孚回到了北洋，被派到了曹锟的第三镇，这是北洋常备军的嫡系和主力，而吴佩孚后来成了这支军队的主将。

1906 年春，吴佩孚在北洋第三镇步队十一标第一营任督队官（营副），不久被保荐到天津讲武堂进行短期培训，毕业后回到原所在营部升为管带（营长）。次年，吴佩孚随第三镇驻防吉林，曹锟要用东北地图，整个第三镇只有吴佩孚有一张在日俄战争时期自己绘制的东北地图，由此曹锟对吴佩孚开始有所关注，随后吴佩孚被调任炮兵第三标第一营管带（营长）。

吴佩孚的从军之路是比较晚的，当其他北洋大佬已经位高权重的时候，他还是个低级军官。但是，不管怎么样，吴佩孚已经在北洋军队中开始崭露头角了，只要有机会他就会脱颖而出。

## 不断升迁

1911 年辛亥革命爆发后，各省纷纷宣布独立，清廷被迫请退野在家的袁世凯重新出山收拾残局。袁世凯为了稳定京畿周围的局势，便把曹锟的第三镇从吉林调回来，命它驻防北京、天津和保定一带。吴佩孚作为一名管带随军前往，但此时他在军中的影响还很小。

山西独立后，革命党有东进的意图，袁世凯便命令曹锟率领第三镇前去攻剿。第三镇是北洋军的精锐之师，本来靠它攻打山西革命军是绰绰有余的，可是第三镇中第三标标统（团长）打算响应革命，并准备在阵前起事。

在这关键的时刻，吴佩孚站了出来，他向曹锟密报了该标的兵变计划。这次起义破产了，相关人员受到了清洗和惩处，吴佩孚顺理成章地升任了该标标统。说到底吴佩孚只是一名旧军人，在他心中革命大义远不如长官恩情私谊重要，当然，这次的密报也使吴佩孚救了曹锟一命，曹锟也更加赏识吴佩孚。

1912 年初，北洋第三镇发动了北京兵变，大肆在北京城内抢劫，并且冲击了使馆区。这次兵变是出于袁世凯的授意，还是由于段芝贵减饷引起的，无从知道确切答案。但是有一点是肯定的，那就是这支队伍已经军阀化，他们在抢劫时暴露了军纪的涣散，并且事后袁世凯不敢追究曹锟的责任，更是显示了中央政府的虚弱。吴佩孚在此次事变中扮演了什么角色，历史上没有相关资料，但他是跟着长官曹锟共同进退的。

1912 年秋，袁世凯代表中央政府下令改革军队编制。原先的镇被改称师，曹锟仍然担任第三师师长；原来的标改称团，吴佩孚改任炮兵团团长。这支军队主要驻守在南苑，是拱卫京师最重要的力量。后来吴佩孚在沙场上纵横驰骋，跟他善于使用炮兵作战有很大关系，而他的炮兵专业指挥技能就是此时开始培养起来的。

1913 年，在二次革命爆发后，曹锟奉命率领第三师南下进攻，吴佩孚率领炮兵团在战场上攻势凶猛。战后，曹锟被袁世凯授予长江上游警备司令职，率领第三师驻防岳州（今湖南岳阳），吴佩孚被升任师部副官长，作为曹锟的心腹随同前往。这是他们第一次从北方转战南方，主要任务是监视南方割据势力，为北京政府效力。

岳阳属于湖南，而时任湖南都督是袁世凯的心腹汤芗铭，他曾任海军次长。汤芗铭是吴佩孚人生中的第二个伯乐，他虽然未能将吴佩孚收为部下，却推动了吴佩孚的再一次升迁。原来，汤芗铭在省会长沙举行名流会议时，请第三师师长曹锟致辞，可是曹锟不善辞令，吴佩孚主动请缨代为演讲，结果受到汤芗铭的赏识。汤芗铭以丰厚的条件，向曹锟讨要吴佩孚，从而曹锟更加认识到吴佩孚的价值，他不舍得把吴佩孚交给汤芗铭，就顺势将吴佩孚提升为旅长。

吴佩孚当上了旅长，掌握了第三师的一部分军权，同时兼任曹锟的副官长，就对第三师有了更大的影响和操控力。假如没有汤芗铭，吴佩孚凭借其本事和战功，也会获得升迁的，只是不会升迁得这么快，也不会被曹锟如此看重。至此，吴佩孚已经成为了曹锟的心腹爱将，甚至在后来成了曹锟的灵魂。吴佩孚之于曹锟，正如徐树铮之于段祺瑞，都是超越了上下级之间的关系。

段祺瑞听郭绪栋讲起吴佩孚的才能，也有了挖掘人才之意，可是吴佩孚回绝了他。此时，段祺瑞比曹锟位高权重得多，吴佩孚似乎改投段祺瑞更有前途，吴佩孚为什么回绝了段祺瑞呢？这里面主要有两个原因：一是段祺瑞已经有了徐树铮这个心腹，而吴佩孚不甘心给徐树铮打下手；二是段祺瑞精明而曹锟糊涂，相比之下，曹锟更能给他发挥的空间。

## 拼死救主

1915年，袁世凯准备登基称帝时，北洋系大佬徐世昌、段祺瑞和冯国璋等人都表示出了反对的态度，曹锟却明确表示支持。这里面没有太多的玄妙，假如袁世凯不行帝制，徐世昌、段祺瑞和冯国璋就有机会接任民国大总统的职位；假如袁世凯称帝，他们就丧失了这种机会，所以他们会表示反对。曹锟则不同，就算袁世凯不称帝，他也没资格接袁世凯的班，而他支持袁世凯称帝就可以获得袁世凯的信赖和重用，所以他会支持袁世凯称帝。

曹锟以直隶代表的身份，两次向袁世凯劝进，从而获得了袁世凯的封赏，先是被授予虎威将军衔，而后又被封为一等伯爵。曹锟只看到了利益，却没看到弊端，所以他竭力拥戴袁世凯称帝。吴佩孚却对局势更具洞察力，他看出了袁世凯称帝不得人心，便劝曹锟改变立场，却遭到了曹锟的拒绝。在这种情况下，吴佩孚违心地服从了曹锟，并静待局势的演变。

吴佩孚的判断没错，袁世凯称帝果然不得人心，蔡锷率先在云南起兵，发动了声势浩大的护国战争。袁世凯调动三路大军，共计有十万多人，以曹锟为总司令，开赴西南镇压护国军。仅以兵力而论，北洋军明显占有优势，可是袁世凯称帝不得人心，护国军得到各方的支持，连以冯国璋为首的北洋系大佬都站在了护国军一边，所以曹锟的军事行动变得十分困难。

护国战争打响后，南北两军主要在四川一带激战，吴佩孚率部取得了泸州和纳溪战场的胜利。吴佩孚深知这场战争无法长期持续，但是唯有先行取得胜利，才有资格在谈判桌上争取利益。见部将吴佩孚进展顺利，曹锟更是率军突进，意图一举歼灭护国军，没想到却钻进了护国军的伏击圈，被围困在高洞场的峡谷中。

主帅曹锟被围使战争进入僵局，各位将领该如何行动呢？多数将领采取了回避的态度坐视曹锟的败亡，唯有第十六旅旅长冯玉祥提出了解围方案，即采取反包围的方式，先击溃敌军再解救主帅。

但吴佩孚没有听从冯玉祥的意见，他不等大军集结，亲自率领一支1200人的敢死队，冒险杀入重围，拼死救出了曹锟。经此一战，吴佩孚的善战和忠义之名传遍了南北，令各路将士心悦诚服，从此曹锟视他为心腹和手足，俩人之间的关系更近了一步。曹锟把吴佩孚的战功上报袁世凯，袁世凯代表中央政府授予吴佩孚陆军中将衔，吴佩孚的职权和名望再获新高。

吴佩孚受到曹锟的信赖和袁世凯的封赏后，却再也不肯为袁世凯卖命了，因为全国反袁的形势日益明朗化，而冯国璋也领衔发出了五将军密电，袁世凯面临着败亡。

获救之后的曹锟，把吴佩孚当成了自己的主心骨，他根据吴佩孚的意见，一方面继续获取来自北京的枪弹粮饷，另一方面私下与护国军议和，静观形势的发展。

如果曹锟认不清形势，非要跟护国军死拼到底，那么最终就算他不给袁世凯殉葬，也会输掉一切军政资源的。在吴佩孚的策划下，曹锟保存了实力，也就有了与各方面讨价还价的筹码。在靠枪杆子说话的年代，没有强大的武力就没有立足之地，有了强大的武力就有了对局势的操控力，至少可以获得当权人物的倚重。

1916年袁世凯死后，段祺瑞以责任内阁总理的职务接掌了北京政府的实权，也就继承了北洋系首领的位置。为了实现对全国的控制，他必须拉拢各大军政实力派，为此他任命曹锟为直隶督军，命他驻防保定。

吴佩孚深知枪杆子的重要，他建议曹锟扩大第三师的规模，编练成五个混成旅。曹锟接受了吴佩孚的建议，迅速扩充了自己的嫡系武装，并请吴佩孚严格训练军队。从此，曹锟的力量迅速膨胀起来，他接下来将在民国的政坛上发挥更加重大的作用，而吴佩孚也当仁不让地成了曹锟集团的二号人物。

# 讨逆立功

袁世凯死后，黎元洪继任为大总统，段祺瑞复任国务总理，从此北京政府进入了府院之争的时代。按照临时约法的规定，政府实行责任内阁制，大总统只是虚位元首，这样段祺瑞就比黎元洪占了法理优势。另外，段祺瑞作为北洋系的新任首领，他对各省军政大佬都有很强的操控力，所以黎元洪根本就不是段祺瑞的对手。

不但段祺瑞不把黎元洪放在眼里，就连徐树铮也当黎元洪是橡皮图章，总弄得黎元洪下不来台。但是，民国的政坛受多股势力的支配，谁也无法一手遮天，内务总长孙洪伊就站在黎元洪一边，跟徐树铮针锋相对，这样矛盾就激化了。后经徐世昌出面调解，以孙洪伊和徐树铮的去职暂时和解。

府院之争的焦点是对德宣战问题，1917年，段祺瑞在日本的支持下主张对德宣战，黎元洪在美国的支持下反对这一提案。其实，就当时的实际情况来说，第一次世界大战的结局已经基本确定，德国必败无疑，对德宣战对中国有利。但是，在路线斗争的背后，是府院的权势之争，这就不可以按常理来看待了。段祺瑞率领内阁全体，向黎元洪提交了对德宣战案，并鼓动各省督军起来响应。但黎元洪不为所动，联合国会反对这一提案，这就把府院之间的矛盾逼到了墙角。

在府院之争无法化解的时候，段祺瑞以离职罢工相威胁，黎元洪请冯国璋出面调解，最终也无济于事。最后，黎元洪以大总统的名义，下令解除了段祺瑞的总理职务。段祺瑞随即避居天津，但拒不承认黎元洪的解职令，又鼓动各省督军闹独立，使得包括曹锟在内的北方各省纷纷宣布独立，而王士珍也不敢继任总理职务，北京政府陷入瘫痪。

黎元洪为了缓和局势，便电请坐镇徐州的辫子军统帅张勋进京调停。在徐树铮等人的鼓动和利用下，一向忠于清廷的张勋率军进京，他不但逼迫黎元洪解散了国会，还拥立清廷逊帝溥仪复辟。这一下子就把政局彻底搞乱了，黎元洪紧急致电冯国璋代理大总统之位，而且电请段祺瑞复职，并请他组织讨逆军，打倒张勋复辟。

段祺瑞闻讯后，紧急在天津成立了讨逆军总司令部，自任总司令，让皖系大将徐树铮和段芝贵等人参与其事，并通过曹汝霖弄到了一大笔军费贷款。但是，当时皖系在京畿周围没有军队，而外省的军队难以紧急调往北京，一旦张勋复辟势力坐大，局面就不可收拾了。在这种情况下，段祺瑞就收买了李长泰、曹锟和冯玉祥等人的部队，让他们开进北京讨伐辫子军。

曹锟为什么会跟段祺瑞合作呢？因为吴佩孚支持他这么干，吴佩孚清醒地认识到，张勋复辟是他联合清朝遗老势力侵夺北洋系军政利益的行为。张勋就任直隶总督兼北洋大臣，就是侵夺了曹锟集团的利益。在张勋复辟后，大多数省份的军政大佬，都对这次国体变更持反对态度，所以讨伐张勋的辫子军是有光明前途的。

在段祺瑞的统一部署下，曹锟、李长泰、吴佩孚和冯玉祥等人率领数万讨逆大军，在空军的掩护下从天津开赴北京城。张勋的辫子军在京的只有数千人，他徐州老巢的数万辫子军被冯国璋和倪嗣冲的军队给控制了，而北京城原有的卫戍力量则作壁上观，这样一来张勋的失败就不可避免了。吴佩孚等人在进攻丰台和天坛时固然打得很厉害，但在这种力量对比下，是无需夸大他们个人能力的，换个人照样能打赢这场讨逆战争。

讨逆战争结束后，张勋避居荷兰使馆，清帝溥仪再次退位，冯国璋代理大总统，段祺瑞重任内阁总理，曹锟因讨逆之功任直隶督军兼省长。曹锟的胜利就是吴佩孚的胜利，从此曹锟集团在冯国璋和段祺瑞之间左右逢源，最终曹锟的势力凌驾于这两个老长官之上，而吴佩孚也将获得更大的发展机会。

## 扬威潇湘

北京政府重组后，冯国璋按照段祺瑞的要求，主持通过了对德宣战案。段祺瑞获取了日本提供的大批军事贷款，为他练兵修武和统一全国准备了条件。为了更好地掌控北京政府，段祺瑞联合梁启超的研究系组织了临时参议院，拒绝恢复旧国会和临时约法。为了恢复国会和临时约法，孙中山联合西南军阀陆荣廷和唐继尧等人，在广州成立护法军政府，准备武力北伐北洋政府。

如何应对，成了段祺瑞和冯国璋的最大分歧，段祺瑞主张武力统一，冯国璋主张和平统一，这一对北洋老弟兄开始分道扬镳。从表面上看，段祺瑞和冯国璋仅仅存在着路线之争。其实，在路线斗争的背后是利益之争，个人关系的好坏是无关紧要的，关键问题在于直皖两系军政集团之间的利益是对立的。段祺瑞打算通过武力统一，来提升皖系的军政实力，而冯国璋是不会甘心任由皖系膨胀的。

护法战争的主战场在湖南，段祺瑞任命心腹傅良佐为湖南督军，让他率领直系的王汝贤和范国璋两个师去讨伐护法军。为什么段祺瑞要重用直系军队，为什么直系军队要听从段祺瑞的指挥？原因很简单，就是冯国璋和段祺瑞的矛盾尚未公开化，直皖两系之间的矛盾还未激化，而此时段祺瑞掌控着北京政府的实权尤其是财政大权，所以北洋各路军队都要唯他马首是瞻。

1917年10月，北洋军和护法军在湖南湘潭一带展开激战。随后，南方数省卷入了这一战争，战况十分激烈。开始北洋军占据优势，后来在护法军的反攻下北洋军遭到了惨败。

在冯国璋的策划下，属于直系的北洋将领王汝贤和范国璋，在湖南前线通电主和，随后直隶督军曹锟和直系长江三督李纯、王占元和陈光远通电响应停战。至此，段祺瑞的武力统一政策受阻，段祺瑞被迫辞职，其职务由王士珍暂时接替。曹锟站在了老长官冯国璋一边，他看到形势暂时有利于和平统一政策，等客观形势发生变化，他还是会转向的。

北洋直系提出了停战议和，如果南方护法军坚持北伐，那么战争是无法停止的。但是，直系北洋军的主张立刻获得了唐继尧和陆荣廷等人的赞同，在他们的坚持停战下，孙中山的北伐计划破产了，南北双方实现了暂时的和平。西南军阀并无统一中国的实力和野心，他们只想保障既得利益，因此护法对于他们而言不过是一面旗帜而已。

段祺瑞是不甘心失败的，被迫辞职后，他于1917年底便策动北方十督，在天津召开督军团会议。这北方十督，包括皖系全体督军、直系曹锟和奉系张作霖，他们一致拥护段祺瑞的武力统一政策，联合发电向北京冯国璋施压。曹锟本来是支持冯国璋的，为什么迅速支持段祺瑞了？这正是吴佩孚的主意，一方面要顺应客观形势变化，跟大多数督军站到一起，从而保证自己的既得利益；另一方面要在直皖之间来回站队，以便获得更大的政治筹码和军政资源，为壮大自身实力服务。

在北方十督的强大压力下，冯国璋被迫做了让步，他任命段祺瑞为参战督办，段芝贵为陆军总长，以此来消解皖系的不满。段祺瑞这个参战督办，其权威是大于大总统和总理的，因为他背后有着北方各省军政大佬的支持。1918年初，在段祺瑞的逼迫下，冯国璋只得派曹锟、张怀芝和吴佩孚等将领率军开进湖南，南下讨伐护法军。

吴佩孚率领以第三师为主的军队，迅速击溃了护法湘军，接连占领了岳阳、长沙、衡阳和醴陵等地。吴佩孚这次扬威潇湘后名声大噪，从此南北双方无不对这个后起之秀刮目相看，令他赢得了常胜将军的美名。吴佩孚固然厉害，但是客观形势的变化对于战局的影响也不容小视，陆荣廷和唐继尧已经停止了对护法军的支持，这也是吴佩孚能够迅速取胜的关键因素。

吴佩孚在战场上建立大功后，段祺瑞为了拉拢他，便派徐树铮前去慰问嘉奖，授予他孚威将军的职衔，并准备授予曹锟川粤湘赣四省巡阅使的职务。吴佩孚接受了孚威将军的称号，后来至死以此自称，但是他仍然非常失望。因为将军是虚衔而督军才是实职，吴佩孚没能当上湖南督军。曹锟这个四省巡阅使名义上官职很大，但川粤湘赣四省大都在南方势力内，要想打下来绝非易事，而且去西南就职的话就要离开直隶老巢。

吴佩孚不满，且很快就付诸了行动，他不顾段祺瑞的强烈反对，接受了冯国璋特使陆建章的建议，于1918年春在与陆荣廷和唐继尧达成一致意见后，在前线通电主和。至此，段祺瑞的武力统一政策彻底破产了，而吴佩孚在民国政坛上则越来越引人注目。

## 声援五四

直系破坏了皖系的武力统一政策，段祺瑞和徐树铮非常恼火，徐树铮诱杀了直系干将陆建章，段祺瑞又指示徐树铮和王揖唐组织了安福系国会，通过改选大总统的方式把冯国璋赶下台，另立北洋元老徐世昌为大总统。北京政府进入了段祺瑞和徐世昌争权夺利的阶段，段祺瑞以为徐世昌没有军权，应该比冯国璋便于控制，可事实证明段祺瑞打错算盘了。

徐世昌是什么人？他是硕果仅存的北洋元老，当年连袁世凯都要高看他一眼，虽然没有嫡系力量，但是他的权术可以弥补这一点，完全可以借助直皖奉三系之间的平衡来对抗段祺瑞。皖系是北洋系最强大的一个派别，但是直系和奉系联合起来就足以与皖系抗衡，所以只要徐世昌能够拉拢直奉两系，就足以对抗段祺瑞的权势。

在冯国璋下野后，徐世昌继续拉拢他，请他节制拱卫北京的直系两个师。冯国璋也曾试图复出，但是由于惧怕徐树铮心狠手辣，所以最终病死在了直隶河间老家。在冯国璋下台之后，李纯等人的影响式微，曹锟逐渐成为直系的首领。曹锟在吴佩孚的帮助下，把军事力量扩编为九个混成旅，成了实力强大的军政大佬。

曹锟集团的力量强大后，必然要对抗段祺瑞的皖系势力。曹锟在吴佩孚的建议下，联合了张作霖的奉系势力。

要想挑战皖系的权威，需要有人牵头，也需要一个合理的由头。牵头人就由曹锟和吴佩孚的新直系来担当，因为他们的实力仅次于段祺瑞和徐树铮的皖系，干掉了皖系他们就能上台。毕竟此时已经步入民国时期，民主和法治已经初步建立起来了，不能想开仗就开仗，总得找个说得出口的借口。

直系挑战皖系的机会很快就来了，1919年，解决第一次世界大战之后各国利益归属问题的巴黎和会开幕了，中华民国作为战胜国，却被要求把原来德国在山东的权益移交给日本。这个消息传到国内后，5月4日，广大在京青年学生纷纷组织起来，在天安门广场举行集会并发表演讲，游行示威反对北洋政府代表团在巴黎和会上签字。此外，学生队伍还火烧了赵家楼，冲击了皖系亲日派曹汝霖的府邸，并殴打了章宗祥。

五四运动爆发后，以徐世昌为首的北京政府，在皖系势力的逼迫下，下令逮捕了肇事学生32人，并通缉了活动策划和指挥人员。五四运动得到了全国人民的支持，包括吴佩孚在内的爱国人士纷纷谴责政府的行为。吴佩孚不顾上司曹锟的反对，在湖南通电大总统徐世昌，表达了对青年学生的支持和声援。

吴佩孚在发给徐世昌的电报中表示："青岛得失，为吾国存亡关头。如果签字，直不啻作茧自缚，饮鸩自杀也。卫国是军人天职，与其签字贻羞万国，毋宁背城借一。如国家急难有用，愿率部作政府后盾，备效前驱。"吴佩孚认为大好河山任人宰割之时，这些学生不顾自己的生命，为国家、为民族奔走呼告，"其心可悯，其志可嘉，其情更有可原"，吴佩孚让徐世昌释放学生，否则众怒难犯。

吴佩孚的通电，为他赢得了极高的声誉，国人普遍认为他是一个富有胆略的爱国军人。如果吴佩孚仅是一名普通官僚和军阀，那么他的话影响不大，问题在于他是手握重兵的常胜将军，连段祺瑞和徐树铮都要忌惮三分。因此，徐世昌下令释放了被捕学生，并撤销了皖系亲日派曹汝霖、陆宗舆和章宗祥的职务。从此，吴佩孚的声望更加高涨，而段祺瑞等人的威信则急剧下降，直系在政治上取得了优势。

吴佩孚的举动，激化了直皖之间的矛盾，这两系之间的冲突即将爆发。在直系扩军备战的时候，皖系也在加强实力，段祺瑞委托徐树铮编练了西北边防军，并收回了业已宣告独立的外蒙古。徐树铮收复外蒙，为皖系赢得了一些声望，在政治上赢回一局。不过，直系和奉系已经结盟，直系将在奉系的协助下向皖系发起进攻，吴佩孚也就在直皖战争中扬名立万。

## 雄霸天下

1920年4月，曹锟在保定召开直奉两系代表会议，结成八省反皖同盟，为打败皖系奠定了基础。但是，直系要想赢得直皖战争，还得依靠常胜将军吴佩孚。同年5月，曹锟命吴佩孚自衡阳率军北上至保定。在北上途中，吴佩孚遭到了皖系大佬张敬尧的阻挠，不过他很快冲破了阻挠，顺利抵达保定，并做好了战略部署。

同年7月1日，曹锟和吴佩孚发表《直军将士告边防军将士书》，向皖系发起了挑战，但是皖系暂时并未接招。为了彻底激怒段祺瑞，7月4日直系迫使大总统徐世昌撤销徐树铮西北边防总司令职务，调其为远威将军虚职。段祺瑞闻讯大怒，强迫徐世昌于7月8日给予吴佩孚撤职处分。至此，直系皖系双方进入总动员状态，一场大仗很快就要打响了。

直皖战争在1920年7月14日正式开打，战争进行了五天，分东西两路同时展开。吴佩孚在此战中神勇异常，率部冒险突击了皖系西路主将曲同丰的司令部，并顺利俘获了曲同丰，从而赢得了西路战线的胜利。与此同时，在奉系的配合下，直系曹锳打败了皖系东路主帅徐树铮，皖系的西北边防军大部被击溃，直皖战争以皖系的失败宣告结束。

在直皖战争打响后，上海有114个团体通电支持吴佩孚，为直系赢得直皖战争提供了政治上的支持。在战争未分胜负的情况下，这种支持是很难得的，因为民间团体的声音代表了民心所向，甚至有风向标的作用，可以引导骑墙观望派的投机方向。民间工商界和学界支持吴佩孚，主要是因为他在五四运动中迥异于一般军阀，站在国家利益的角度为青年学生保驾护航，从而赢得了民心。

直皖战争结束后，皖系的势力一蹶不振，丧失了对北京政府的控制权，段祺瑞通电下野，徐树铮流亡日本，段芝贵和王揖唐遭到了通缉。与此同时，直系和皖系共同掌握了北京政府，张作霖为东三省巡阅使，曹锟出任直鲁豫三省巡阅使，吴佩孚为直鲁豫三省巡阅副使，并成立了直鲁豫巡阅副使署。从此，吴佩孚率领第三师驻守洛阳，在中原地区练兵，成了遥控北京政府的直系大佬。

1921年，因原两湖巡阅使兼湖北督军王占元被川湘联军驱逐，吴佩孚被北京政府任命为两湖巡阅使，命萧耀南部占领湖北。至此吴佩孚控制了中原和两湖地区，进一步壮大了实力。中国共产党成立后，吴佩孚允许其在辖区的京汉铁路和陇海铁路等铁路沿线组织工会，表现出了扶持工农商学各界的姿态。吴佩孚此举，再一次为他赢得了巨大的政治声望，各方面都愿意与他合作，使得他在民国政坛上的影响力再创新高。

1922年4月，为了争夺对北京政府的控制权，第一次直奉战争爆发，吴佩孚受曹锟委派，出任直军前敌总司令，将奉系军队赶出了山海关外。从此，吴佩孚成为当时势力最强大的军阀，连曹锟都要侧目而视。同年6月，在吴佩孚的主张下，北京政府恢复旧约法和旧国会，请黎元洪复任大总统，倡议南北议和统一。虽然南北暂未走向真正统一，但在此期间也未发生战争，可见吴佩孚的努力是卓有成效的。

1923年4月，吴佩孚在洛阳举行50大寿，全国各界名流齐集洛阳，康有为送了这样一副寿联："牧野鹰扬，百岁功名才半世；洛阳虎踞，八方风雨会中州。"这副对联对吴佩孚的功业和权威极尽赞美，所以深受吴佩孚喜爱，吴佩孚随即赠康有为大洋1000元。此后不久，举世闻名的美国《时代周刊》杂志，把吴佩孚作为封面人物刊登出来，这是中国人第一次登上该杂志，吴佩孚被西方世界认为是中国最强者。

## 盛极而衰

吴佩孚如日中天的声望，引起了各方大佬的嫉妒，甚至引起了曹锟的猜忌。此时，曹锟的直系集团，隐然分裂为保定、天津和洛阳三派，保派和津派都由曹锟的亲属和亲信所掌握，他们不断唆使曹锟对吴佩孚采取削权措施。曹锟并未设法削弱吴佩孚，因为这么做等于自断臂膀。但是他对吴佩孚的势力膨胀也颇为不平，他时常说这么一句话：洛阳随便打个喷嚏，北京和保定就要刮风下雨！

吴佩孚强大起来后，如何对待老长官曹锟，成了急需解决的当务之急。如果吴佩孚硬要蛮干，那么率军解决曹锟不成问题，因为以曹锟的力量和才略是打不过他的。但是事情决不能这么干，因为直系之内保派和津派的势力，如果倒向了直系之外的奉系和南方军阀，那么吴佩孚就不可避免地会被打败。而且更为重要的是，吴佩孚一直是靠忠义来统军的，假如他敢于背叛曹锟，那么他的部众说不定会分崩离析。

吴佩孚经过深思熟虑，决定向曹锟输诚，仍旧奉他为直系首领，自己甘为其后。曹锟对于吴佩孚的表现甚为满意，因为有了吴佩孚的鼎力支持和效忠，那么他就可以问鼎总统大位了。吴佩孚不赞同曹锟贿选总统，他认为在直系统一中国之前，曹锟贸然登上国家元首的高位是弊大于利的。但是，在1923年曹锟坚决要当大总统之时，吴佩孚并未全力反对，因为他尚不敢与这位老上司决裂。

曹锟要想当上大总统，必须把黎元洪赶下台，并收买国会议员。曹锟作为直系首领，他不可能亲自出面赶跑黎元洪，替他干这件事的是冯玉祥。冯玉祥带兵冲击总统府，以索取军饷为名，强逼黎元洪下台。

曹锟通过贿选当上大总统后，全国各方面都提出了强烈反对，尤其是奉系首领张作霖，他曾企图通过用出钱反贿选的方式来收买国会议员，但没有成功。

第一次直奉战争，张作霖被吴佩孚击败了，但是奉系的实力和地盘犹存，经过两年的厉兵秣马，他的军威复振，便再次萌生了逐鹿中原之心。为了形成反直联盟，张作霖拉拢了段祺瑞和冯玉祥，而这些大佬也愿意跟他合作。

1924年，第二次直奉战争即将爆发之时，声威顶天的吴佩孚，再次被曹锟任命为直系讨逆军总司令。吴佩孚从洛阳赶赴北京的时候，自曹锟以下的直系将领都去车站迎接，曹锟亲自将其迎入总统府，并且当众宣布把直系的军权授予他。这是吴佩孚平生最显赫的时刻，他以北京四照堂为讨逆军总司令部，分派了抵抗奉军的作战任务。

第二次直奉战争打响后，吴佩孚在北京遥控指挥前线军事行动，一开始并未亲赴前线。因为吴佩孚对于冯玉祥不放心，他早就对冯玉祥这个倒戈将军有所担心。可是大战已经爆发，为了免于打草惊蛇，吴佩孚非但没有收拾冯玉祥，还给了他一批军火和军费，试图以此来稳住他。随着战局的推进，直军在前线作战不利，吴佩孚不得不亲自前去指挥，这就给了冯玉祥临阵倒戈之机。

吴佩孚亲赴前线后，很快就扭转了战局，假如给他足够的时间，相信他是可以打败奉系的。可是，正当吴佩孚在前线激战的时刻，冯玉祥一直反对曹锟的贿选总统，联合孙岳和胡景翼，回师北京发动政变，囚禁了直系首领曹锟，并派鹿钟麟把清廷逊帝溥仪赶出了紫禁城。冯玉祥的突然发难，对于吴佩孚来讲不啻于当头一棒。

吴佩孚闻讯后，授命张福来在前线接替自己，然后率领8000军队回师北京，准备联合其他进京"勤王"的直系军队，一起反攻冯玉祥。可是吴佩孚已经无力回天了，因为张福来根本抵挡不住奉军的进攻，直军在奉军和冯玉祥部的联合夹击下遭遇了惨败。在冯玉祥准备一举聚歼吴佩孚的关键时刻，老对头段祺瑞派人给吴佩孚送去了亲笔信，劝其率部突围逃得性命。段祺瑞是为了保持多极政治格局，才派人给吴佩孚送信的，此举客观上拯救了吴佩孚的性命。

第二次直奉战争的惨败，决定了吴佩孚盛极而衰的命运，他先是逃到了湖南，托庇于湖南军阀赵恒惕，然后不断收罗旧部，重新控制了中原和两湖地区。1925年，直系后起之秀孙传芳发动反奉战争，为了壮大自己的声威，便拥立吴佩孚为直军大盟主。吴佩孚借机自称14省联军总司令，但是他实际能够控制的地盘主要是华中地区。

## 烈士暮年

吴佩孚逃走之后，冯玉祥部和张作霖的势力共同控制了北京政府，他们为了保持政治平衡，便推举段祺瑞为中华民国临时执政。但是，两大军政集团共同控制北京政府的局面只维持了两年，这已经形成了规律。比如，1920年直皖战争后，直奉两系共同控制北京政府，这种局面维持了两年之后，1922年第一次直奉战争便爆发了。这次1924年第二次直奉战争结束后，奉张和冯军共同控制了北京政府，两年之后的1926年，这两支军队就开始火并了。

1926年初，在奉张和冯军开战之后，华北和渤海一带的经济和社会秩序遭到了破坏，从而引起了列强各国的干预。北京的青年学生反对军阀内战，上街请愿，并冲击了段祺瑞执政府，与执政府的卫队发生了冲突，致使47人死亡，155人受伤，史称三一八惨案。

三一八惨案发生后，在各方反对下，段祺瑞被迫逃亡并通电下野，随后奉张势力与冯玉祥的军队在北京展开了激战。为了对抗强大的奉系，鹿钟麟在冯玉祥的授意下，释放了被囚禁的直系首领曹锟，并打算联合吴佩孚共同反奉。吴佩孚复仇的机会来了，他是不会原谅冯玉祥的，所以他必然会帮助张作霖打击冯玉祥。

在张作霖和吴佩孚的联合进攻下，冯玉祥的军队被迫撤出北京退往西北地区，张作霖掌握了北京的政权。吴佩孚向张作霖发出了呼吁，要求北京政府恢复法统，也就是恢复旧国会和旧约法，但是没能得到张作霖的回应。吴佩孚是想建立一个能为各方所接受的统一的中央政府，可是独掌北京政府是张作霖多年的梦想，所以他根本就不接受吴佩孚的主张，随后在北京自称陆海军大元帅，并抢占了华北和华东地区的一些地盘。

吴佩孚不能影响北京政府，也无力与张作霖争雄了。因为 1926 年 7 月，南方国民政府，整合了两广地区的军政资源，做好了武力北伐统一中国的准备。在蒋介石的统一指挥下，北伐军进攻吴佩孚盘踞的华中地区。

北伐战争首先在湖南战场拉开序幕，北伐军迅速击溃了吴佩孚部署在平江和岳阳一带的军队，并且顺势进军湖北并逼近长江流域。至此吴佩孚已经深知北伐军的厉害，吴佩孚集兵武汉地区，准备与北伐军殊死一战，并致电孙传芳请他派军来援。孙传芳并未前来救援，因为他正想借北伐军之手削弱吴佩孚的势力，从而为自己赢得战略空间。张作霖主动表示愿意率军来救，却遭到了吴佩孚的拒绝，因为吴佩孚怕张作霖以救援为名抢占了自己的地盘。

1926 年 9 月底，北伐军进攻武汉，与吴佩孚的军队在汀泗桥与贺胜桥一带展开激战。在此次激战中，吴佩孚亲临前线督战，号令后退者杀无赦；但是仍然未能阻挡北伐军的攻势，最后在北伐军张发奎和叶挺部的攻击下，吴佩孚兵败北逃。次月，北伐军相继攻克了武汉三镇，吴佩孚被迫逃往河南信阳地区，他的部队大部分被北伐军消灭或改编了。

吴佩孚率领残部逃往中原地区后，受到了张作霖势力的排挤，无法在此地立足，被迫宣布下野，只得带领几名随从逃往四川，托庇于四川军阀杨森。从此，这位在北洋后期烜赫一时的军政强人，丧失了争夺天下的武力基础，也就彻底退出了民国的政坛。不过好在吴佩孚在位期间，结交了一些地方军政实力派，所以他上次兵败可以投奔赵恒惕，这次下野可以投靠杨森。

吴佩孚兵败下野后，北伐军击溃了孙传芳。1927 年 4 月 12 日，蒋介石在上海发动"四一二政变"，屠杀共产党人，国共合作破裂。7 月 15 日，汪精卫在武汉叛变革命，9 月宁汉合流，北伐军继续北上。张作霖在返回东北途中，被日本人炸死，张学良收拢残部经营东北。随后，国民党内部展开了新军阀混战，先是蒋介石击败了李宗仁，接着又击败了冯玉祥，然后阎锡山、冯玉祥和李宗仁联手对抗蒋介石。在这种形势下，张学良经过审时度势，决定支持蒋介石并入关参战。1928年底，张学良帮助蒋介石在形式上统一了中国。

1931年，日本在沈阳发动了九一八事变，相继攻占了东北三省。在入关参战时，张学良把东北军的主力调出了东北地区，造成了东北防务空虚。所以，当日本人发难时，张学良不敢单独对抗，而是把东北军全部撤退到华北地区。

1932年，日本人扶植溥仪在东北地区建立伪满洲国后，吴佩孚公开抨击"满洲国"是日本的殖民地，造成了很强的舆论影响。1937年日军全面侵华后，在华北地区建立了傀儡政府。为了扩大统治基础，日本人收买了已经下野的部分直系北洋大佬，比如齐燮元和高凌蔚等人，并让他们把曹锟和吴佩孚拉下水。吴佩孚接受了伪官僚齐燮元每月提供的车马费4000元，但就是不肯为日本人说一句话、办一件事，保持了民族气节。

为了诱使吴佩孚为其效力，日本特务机关长土肥原贤二亲自出马，多次前去拜会他，均遭到了严词拒绝。吴佩孚以关羽、岳飞和戚继光自许，他是坚决不肯跟日本侵略者合作的，吴佩孚的坚决和顽强激怒了日本人，日本人为了杀一儆百，决定除掉这位业已下野但不肯低头的北洋政要。1939年底，吴佩孚的牙病发作，日本特务派遣一名军医主动前来为其诊治。结果，吴佩孚就不明不白地死了。

一代枭雄、曾经声名显赫的北洋军政大佬就这么与世长辞了。吴佩孚死后，国民政府为了褒奖他的爱国精神，追授他陆军一级上将衔，并赠送了大批治丧经费。

# 恪守礼教

吴佩孚相继有过四个妻室，第一个是王氏，第二个是李氏，第三个是张佩兰，第四个是无名丫鬟。吴佩孚曾经发誓不纳妾，可是为了传宗接代，不得不娶了第四个女人。非常可惜的是，这四个女人都没给吴佩孚留下一儿半女，吴佩孚只得把胞弟吴文孚的儿子吴道时收为嗣子。

在吴佩孚的四个妻室中，王氏死得早，李氏是比较任性的富家女，唯有张佩兰陪伴了吴佩孚大半生，总是以吴夫人的身份对外，还帮他料理了许多事务。至于那个无名丫鬟似乎就不值一提了。在吴佩孚五十多岁时，有名德国美女记者向其示爱，吴佩孚回应了一句"老妻尚在"，这名"老妻"应该就是张佩兰。

## 乱世枭雄

吴佩孚一生东征西伐，一直被人们认为是一个对抗革命的乱世枭雄，一个血腥镇压工人运动的罪魁祸首。他镇压过京汉工人大罢工，双手沾满了工人的鲜血；他排斥异己，到处调兵遣将，挑起军阀混战；他敌视南方革命政权，企图以武力统一中国。这是他作为旧军人的时代局限性。

但是，作为中国军人的吴佩孚有正直侠义的一面，更有爱国的一面。他崇拜关羽和岳飞，终生遵循的信条就是忠义和爱国。他在失败时，不出洋，不居租界自失；他为官数十年，统治过几个省的地盘，带领过几十万大军，却没有私蓄，也没置田产，一生为官清廉。更为可贵的是，抗战爆发后，吴佩孚坚持民族大义，严词拒绝与日本人合作，誓死不做汉奸，最终被日本人毒害，用生命诠释了民族气节。

# 第七章

## 奉系军阀张作霖

◎

张作霖是土匪出身的军阀，这是他有别于其他北洋系军政大佬的一个标志。张作霖之所以当土匪，是因为他出身贫寒且极不安分，不然也就不用去吃江湖饭。张作霖是土匪中的佼佼者，他很快就混出了名堂。但他并不满足于做个土匪，而是很快就把自己由黑漂白了，主动加入了政府的阵营并帮助当局剿匪，最终一步步成长为奉系军阀的首领。

张作霖的奉系军阀严格来说不属于北洋系，而是北洋附属系。因为张作霖及其团队未曾在袁世凯的麾下练过兵，他们前期一直活跃在东北三省的军政舞台上。袁世凯不会料到，张作霖这个北洋附属系的头子，会成为最后一届北洋政权的霸主；而张作霖的败亡，标志着北洋时期的终结。

与徐世昌、段祺瑞、冯国璋等人相比，张作霖的辈分是很低的，他的崛起远比这些北洋系军政大佬要晚。但是，张作霖手里的武力始终都是不含糊的，他虽然资历不如人，但是在实力上是不输于人的。北洋后期的霸主实际上有两个人，一个是吴佩孚，另一个就是张作霖。张作霖联合冯玉祥战胜了吴佩孚，又赶跑了冯玉祥，最终完全掌握了北京政府，成了北洋系最后一个霸主。

张作霖在势力最强大时，拥兵三十多万，牢牢地控制着东北三省以及华北等地，成为中国北方头号人物。如果任由其势力膨胀，那么他也是有机会统一中国的；只是南方国民政府和冯玉祥的国民军联合扭转了力量对比，逐一打败了吴佩孚、孙传芳和张作霖，最终把张作霖给推下了政坛。

张作霖从北京退往关外，在沈阳附近的皇姑屯被日本人炸死了。张作霖早年曾主动向日方示好，也曾向日方出卖过东北地区的部分利益，而日本也曾帮助他解决过郭松龄叛乱，但他绝不肯答应让日本势力进一步侵占中国，所以张作霖最终死于日本人之手。在国家大义上，张作霖始终有着自己的行为底线。

张作霖死了，但他的东北军并未与之俱亡，被他儿子张学良接管，这是他与其他北洋大佬的又一大差别。

# 贫寒子弟

1875 年（光绪元年），张作霖出生在奉天（今辽宁）海城的一个贫苦农村家庭。其父名叫张有财，不过这个"有财"恐怕仅是个梦想，因为他一生都在贫困中挣扎。张有财先是开了个小杂货铺，可是经不住他老是赌博输钱和抽鸦片烧钱，于是杂货铺倒闭了，他因还不上外债被人给害死了，那年张作霖只有十三岁。

后来成长为北洋系军政大佬的人，其家庭出身都是有些共性的，大致需要有这么几个条件：一是幼贫，除了袁世凯之外，他们基本上都是出自贫寒之家，徐世昌、段祺瑞、冯国璋、张勋、曹锟、吴佩孚和张作霖等人概莫能外；二是早孤，包括袁世凯在内，北洋大佬大多是幼年丧父的，他们都是很早就挑起了家庭的重担；三是识文，他们中间文化程度不等，以徐世昌的文化程度为最高，其他人最起码也是粗通文墨的，张作霖也短暂上过私塾。

在北洋系大佬中，张作霖与吴佩孚是最接近的，首先他们的年龄相当，张作霖只比吴佩孚小一岁；其次他们都具备幼贫、早孤和识文三个条件，只是张作霖的文化水平赶不上吴佩孚；除此之外还有一个细节是很一致的，那就是他们家里都开过杂货铺；最后一个相近之处是，他们都是北洋后期的枭雄，彼此之间争夺过最高权力，而后又结为异性兄弟。

张有财死后，张家陷入了困顿，时年十三岁的张作霖面临着何去何从的问题。张作霖并未从小就学坏，他还是很有理想和追求的，打算去上私塾读书。可是，私塾不是谁想上就能上的，你至少要交得起学费。而张作霖此时连吃饭都成问题，自然是交不起学费了，他只好猫在私塾的门外偷听。

就在少年张作霖愁苦不已之时，有人向他伸出了援助之手，此人就是私塾先生杨景镇。大凡做过教师的都知道，如果有孩子真心求学，却因家庭条件差而无法入学，这是很令人惋惜的。杨先生为了满足张作霖的求知欲，就把他领进了私塾的课堂，让他免费听讲，还赠送给他书本和纸笔。

杨景镇的帮助，对于张作霖的一生是有着重大影响的。从此，张作霖不再是那个文盲顽童了，他识文断字了，有了最初级的文化基础，这对于他日后的事业发展无疑是很重要的。不识字的大老粗，往往无法准确表达自己的思想。张作霖这个粗通文墨的少年，既能识文断字学有所用，又不至于为四书五经所累，对他日后的出人头地起了相当大的作用。

张作霖的家境太过贫苦了，虽然杨景镇帮他解决了就学问题，但是他吃饭本身就是个问题。其父张有财死后，其母王氏一个人根本养不活张作霖和他的两个兄长及一个妹妹。换言之，张作霖必须解决自己的生存问题。在这种情况下，张作霖自然是无法继续上学了。

张作霖对私塾是怀有深深的依恋之情的，因此他在发迹后，把办教育当成了一项重大工作去抓，在辖区创办了一所当时全国最有实力的东北大学。同样，张作霖对杨景镇这位私塾先生也是怀有深深的感激之情的，张作霖在发迹后把杨先生请到了自己的府邸给予很高的礼遇，请他继续教育自己的长子张学良。

张作霖走上社会后，所干的第一份工作是卖包子和烧饼，以此来谋生。如果张作霖安心做事，那么他的温饱应该不成问题；可是他偏是个不务正业的主儿，继承了其父张有财好赌的品性，经常把身上的钱输得精光。在张作霖投身赌场的过程中，他已经表现出了过人的狠劲，动不动就拿刀子剜自己大腿上的肉，镇住了一批赌场的流氓。

离开包子铺之后，张作霖去学了木匠，但是因为不感兴趣，所以学艺不精，也半途而废了。走投无路的张作霖，被迫流落街头，成了一名乞丐。张作霖毕竟是张作霖，他在最艰难的逆境中，仍然保持着清醒的头脑和过人的天分，竟然无师自通地成了一名兽医。张作霖开始用中草药给牲畜治病，后来开了一家兽医店，专门以此谋生。

1894 年中日甲午战争爆发后，张作霖投靠了宋庆的毅军，并参加了这场战争。其他北洋大佬投军，一般都是有人推荐或有人接待的；唯有张作霖投军，是只身前往的，没有依靠任何社会关系。这并非张作霖不注重关系，而是因为当时他跟军界人物实在拉不上关系；假如不是因为爆发战争，估计他是没机会进入军营的。

张作霖在军中的表现算是优秀的，他粗通文墨、为人老成、机灵勇敢、能力突出且擅长马术，所以很快就受到了上司的青睐，先是被提拔为宋庆的亲兵，后来又被提升为一名哨长（相当于连长）。在大局崩坏的情况下，张作霖随着部队逃亡，没能在毅军中获得更大的发展，却也捡回来一条小命。

1895 年，时年二十岁的张作霖回到了家乡，在媒人的撮合之下，与地主赵占元的次女赵春桂结婚。

## 投身绿林

张作霖最初并未打算做土匪，是形势把他推到绿林阵营中去的，并且他始终也没成为真正的土匪。成家之后的张作霖，靠着岳父赵占元的周济，生活上并无太多忧虑。但是，中日甲午战争之后，辽西地区陷入了混乱，清朝官府、日俄势力、散兵游勇、土匪豪强和乞丐难民在这片土地上一片混乱，当地居民的生产和生活受到了极大的冲击，他们就是想过安生日子也难以如愿。

1896 年，在把兄弟冯德麟的介绍下，时年 21 岁的张作霖加入了广宁董大虎的土匪组织。张作霖有从军的胆识、狠辣、眼光、手腕和资历，所以在绿林中表现突出，在辽西一代混出了一点儿名堂。在这段时间里，张作霖完全了解了东北胡匪的活动规律，练就了更出色的交际能力，为他日后剿匪打下了良好的基础。

1900 年，八国联军进攻天津、北京，俄国趁机侵入了东北地区，清朝盛京将军增祺战败逃跑了。在当地政府无力维持秩序的情况下，辽西地区的士绅便自发成立了一些保卫家乡的武装组织。在这种背景下，为匪数年的张作霖，为了保护全家的人身和财产安全，也为了维护家乡的社会秩序，便在岳父赵占元的资助下，在赵家庙领衔成立了一支由二十余人组成的乡村保险队（实际上是民团保安队），负责维护附近几个村落的治安保卫工作。

张作霖之所以一出道就担任了保险队的头目，是因为他经历过军旅生涯和实战锻炼，更是因为他岳父为他提供了财力支持。赵占元之所以看中了张作霖这个女婿，主要是想在乱世之中寻找一个强有力的依靠，以后的事实证明他的目的达到了，张作霖的确是个能够统领部众保卫家园的人才。

如果张作霖成立保险队的目的就是维护自己那一亩三分地的安全，那么他是不会有太大出息的。张作霖是个有理想有抱负的人，他要通过对附近几个村落的示范作用，来扩大自己的势力和影响。为此，张作霖制定了自己的规矩，并且要求部众严格遵守这套规矩。

张作霖这个民团头目有别于其他民团头目的地方在于，其他人既是民团头目又是土匪，而张作霖是做过土匪的民团头目。换言之，张作霖不再是土匪了，他编练民团的目的就是剿灭土匪，所以他在后来能够顺利被政府收编并在剿匪工作中立下了大功。

张作霖率领民团打击了骚扰辖区村庄的土匪，维护了当地老百姓的人身财产安全和生产生活秩序，所以深受士绅百姓的好评。久而久之，张作霖的名声就传开了，附近二十几个村庄都知道了有这么一个保护者，便纷纷要求纳入他的保护范围。于是张作霖的势力不断壮大，队伍迅速扩充到上百人，所收到的保护费也成倍增加。

在张作霖扩张势力的过程中，他与另一个民团头目发生了冲突，此人就是盘踞在中安堡的金寿山。金寿山手下也有一百多号人，也是负责保护几十个村庄，他与张作霖的势力范围相距不远，彼此又势均力敌，所以他们相互之间便都有了吞并对方之心。

张作霖和金寿山其实是一路人，他们都是趁乱发展，以保护乡村为名收取保护费，不断壮大自身武装，并不断吞并其他民团和土匪势力，从而不断扩大势力范围。毋庸讳言，是张作霖先对金寿山发起攻击的，张作霖采用突然袭击的方式，很快就击溃了金寿山的人马，并趁机占领了中安堡，迅速扩张势力。

金寿山失败之后逃跑了，他是不会甘心于被张作霖击败的，于是他重新收拢队伍，再联合部分沙俄势力，趁夜对张作霖发动了突袭。张作霖猝不及防，抵挡不住金寿山的进攻，只得连夜逃到了八角台。金寿山用张作霖的战术打败了张作霖，令张作霖重复了金寿山兵败潜逃的命运，这不能不说是一个讽刺。

张作霖以败兵之将的身份逃到了八角台，却受到了八角台商会的热情接待，会长张紫云决定留下他来保护此地。张紫云为什么要留下张作霖呢？是因为张作霖之前留下的保境安民的好名声，更是由于张紫云认为张作霖在重整旗鼓之后是能担负起保卫八角台的重任的。

当时张作霖面临着两个选择，一个是去投奔辽南的团练头目、把兄弟冯德麟，另一个就是留在八角台。假如张作霖去投奔了冯德麟，那么他从此就会成为冯德麟的小弟了，所以他是不愿前往的。张作霖选择留在了八角台，还有一个重要原因，那就是这里的团练头目张景惠让贤了，他力推张作霖做了团练长，而自己甘居其后。

张景惠之所以要推举张作霖取代自己，是因为他非常明智：首先张作霖的雄才和霸气是自己所没有的，张作霖收罗旧部之后的实力是强于自己的，与其跟强者决裂不如早日交个朋友。此次张紫云代表商会慰留了张作霖，也就有了让张作霖负责维持本地团练的意思，假如自己不识时务那么后果是不会太妙的。

张景惠让贤之后，张作霖就在兵败之后获得了一个良好的发展机会，他在八角台商会的资助下，收拢了旧部武装，并借机招兵买马，很快就恢复了一百多人的规模。对于张景惠的让贤，张作霖是感激不尽的，后来张作霖成了东北王，张景惠便水涨船高地做了高级将领。甚至在第一次直奉战争中，张景惠兵败投敌了，后来张作霖仍然原谅了他。

# 加入官军

张作霖能够以土匪和民团的形式发展，主要是因为当时处于乱世，一旦客观形势有所改变，混乱的局面相对安定下来，社会秩序有所恢复之时，黑道就不好混了，土匪和民团的日子就陷入了困顿。要想生存下来并有所发展，这些民间武装必须调整战略，以一种全新的角色投入到社会中去，不然等待自己的就是被淘汰。张作霖顺应了形势变化，及时转换自己的角色，所以他就赢得了新的机会。

当时的民团面临着三种选择，其一是解甲归田或者进城经商，其二是投身胡匪劫掠为生，其三是加入官军进入体制。第一种选择等于自废武功，但是毕竟可以安稳地生活；第二种选择等于投身险境，但是可以自由地发展；第三种选择等于有了正规的晋身之途，但是以后要受官府规矩的约束。几经思考之下，张作霖做了第三种选择，因为他志在升官发财。

张作霖打算投身官军，八角台商会长张紫云也是赞同的，因为如此一来就有了白道上的保护力量，而不必担心这些民团变成土匪危害当地秩序和商会利益。张作霖是如何加入官军的？有一种非常流行的传闻是，张作霖设法绑架并营救了盛京将军增祺的夫人，从而获得了增祺的赏识。其实这种说法是经不住考证的，因为以当时张作霖的实力，他是没资格跟增祺直接对话的。

1902年，在张紫云的推荐下，张作霖拜见了新民知府增韫，从而加入了官军的阵营。增韫之所以会接纳张作霖，首先是由于张紫云代表商会出面推荐，这个面子是不能不给的；其次是因为张作霖个人的优秀素质，让增韫认为他加入官军后，能够率领部众维护好本地治安，毕竟当时新民府境地并未十分太平，而张作霖有着处理黑白两道纠葛的本事和资历。

新民知府增韫是无权决定收编民团的，他向盛京将军增祺提出了"化私团为公团"的建议。增祺为了稳定满洲地区的治安，增强官军的力量，便批准了增韫的这一建议。于是，增韫准许张作霖自行招募一支250人的队伍成立新民府巡警前路游击马队。增韫给张作霖的第一个官职是营务帮办，相当于副营长，这是张作霖加入官军之后的起点。

张作霖要想拉起一支250人的队伍，并不是一件简单的事，因为他的旧部不过一百来人。为了迅速凑够编制人数，他紧急招募了两拨土匪武装，他们分别是张作相和薄振声的人马，其中张作相后来成了张作霖的手下大将。土匪的单兵作战能力一般是超过正规军的，就是他们的纪律一般比较差，至于能否改造他们，这就要看张作霖的治军之能了。

事实证明，张作霖出色地完成了任务。他首先严明了军纪，对横行不法的部众进行了整肃，然后率领他们肃清了新民府辖地的匪患，维护了社会治安，保障了管理秩序，所以深受增韫知府的信赖和倚重。为了取得增韫的更大好感，张作霖还对这位知府大人毕恭毕敬，不但服从调遣，而且主动献殷勤和表忠心。张作霖的作为，为他赢得了良好的口碑，也为他进一步升官发财提供了资本。

1903年，张作霖升任为管带（营长），奉命把队伍扩编为五百人，帮办张景惠和哨官张作相、汤玉麟等人都是他的手下铁杆，张作霖的势力开始上升了。为了全面掌握新民府的警政大权，张作霖还设法挤走了巡警局长王奉廷，这样一来他在新民府就成了仅次于增韫的大佬了。

张作霖在增韫面前，是个标准的金牌马仔；在部众兄弟面前，却又是个响当当的大哥。张作霖在新民府白道混出了名堂，这只能算是他事业的起点，因为他的理想远大，是不肯长期埋没于一个小地方的。而辽东地区的风云变幻，也为张作霖的纵横开阖提供了土壤，一代枭雄逐渐在这片土地上崛起了。

## 趁机扩张

1904 年日俄战争在中国东北地区爆发了，清廷不敢得罪其中任何一方，便被迫宣布局外中立。这场战争的主战场是辽河以东，但是随着战争的推进，战场逐渐蔓延到张作霖所在的辽西地区。形势的发展把张作霖拖入了这场冲突，张作霖的原则是谁给钱给枪他就跟谁合作，俄军首先拉拢了他，他便为俄军提供情报和后勤支持。

张作霖站在了俄军一方，这就激怒了日本人，日军逮捕了张作霖，并打算处死他。在生死存亡之际，张作霖积极向日军投诚，表示愿意改换阵营。于是，日本人非但没有杀掉张作霖，而且支持他招兵买马，张作霖的势力借助日俄战争得以成倍扩张。

张作霖转投日本人，当然是为了活命，更重要的原因恐怕是日俄战争的局势朝着有利于日军的方向发展。在那个混乱的时代，失败者将输掉一切，胜利者将赢得对当地秩序的操控权。张作霖投靠了日方，日本人的胜利也就成了他的胜利，日本人需要有人作为他们在中国东北地区的利益代理人，张作霖积极主动地要求充当这个角色。

1905 年日俄战争结束之后，张作霖手下的武装已经扩编为三个营。次年，在新任盛京将军赵尔巽和新民知府沈金鉴的批准下，张作霖把手下武装扩编为五个营，成了统帅两三千兵马的统带。张作霖的这支武装属于巡防营，也就是属于旧军的范畴，他们与新军是对立的。在全国各省，新军的战力是普遍强于旧军的，但在东北地区例外，恐怕这与张作霖是旧军统帅不无关系。

张作霖先后经历过增韫、增祺、赵尔巽和沈金鉴等地方大佬，1907 年东三省改制时，徐世昌出任首任东三省总督，张作霖更是倾心效忠于他。

不管谁代表清廷在东三省主政，张作霖都全力支持，这与张作霖的忠义观念有关，但更重要的原因是张作霖清醒地认识到，此时维护清政府在东北的权力体系对自己是有利的。张作霖是一个相对独立的武装组织的首领，他不仅要代表个人和家庭，还要代表这支军队的利益。

徐世昌上任之后，为了整顿东三省的秩序，便把剿匪工作提上了日程。张作霖有着当土匪的经历，还有着多年的剿匪经验，此时又立功心切，所以成为徐世昌的剿匪干将。辽西一代的匪患，大多被张作霖给清剿干净了，他们有的被击溃了，有的被收编。张作霖剿匪，一方面是为清政府肃清地方黑恶势力，另一方面是为了扩张自己的实力。

此时奉天境内最大一股土匪的头目是杜立三，他长期盘踞在辽中一带，已经形成了地方割据势力。杜立三的枪法和马上功夫极好，被称做马上皇帝，他的手下也比较骁勇善战，而且他们所占据的城池十分坚固。张作霖早就想剿灭这股土匪了，因为不剿灭杜立三就难以保证自身的发展空间；但是这股土匪太过强大，如果没有徐世昌的决心和支持，张作霖不会贸然出手的。

徐世昌派手下知县殷鸿寿去协助张作霖。这是向新任地方最高长官邀功的一个好机会，张作霖决定完成这一任务，但是该如何下手呢？张作霖和殷鸿寿经过商讨，决定采用擒贼先擒王的手段，先诱杀杜立三，再歼灭或收编其武装。

张作霖为了诱杀杜立三，便派人给他送去一封信，声称徐世昌总督要招抚他，并将授予他高官厚禄。杜立三虽然也想由黑漂白，但他不肯相信以剿匪为业的张作霖，所以不敢离开老巢前往新民府受抚，于是张作霖的这个计谋便落空了。张作霖非常清楚，杜立三不敢来，是因为他不相信自己。假如自己能找到一个合适的担保人，事情就有办成的机会。

为了成功拿下杜立三，张作霖采取迂回的方略，先取得杜立三的族叔杜泮林的信任，再通过杜泮林诱杜立三入局。杜泮林受到了张作霖的蒙骗，他以为官府真要招降杜立三，便给这个族侄写了一封亲笔信，劝他认清形势弃暗投明。而杜立三对杜泮林一向信任和尊重，他坚信这位族叔不会害自己，便亲自前来赴约，结果被张作霖按计划给捕杀了。张作霖杀掉了杜立三之后，便迅速吞并了他的部众，从而壮大了自身实力。

徐世昌对于张作霖的功劳，是给予充分肯定的，他任命张作霖为奉天巡防营前路统领，让张作霖负责整个奉天省的主要防务，进一步提升了张作霖的政治地位和影响力。

张作霖为了进一步立功受赏，便根据徐世昌的指示，寻机剿灭时常滋扰东三省的蒙古土匪，准备再立新功。1908 年，张作霖奉命驻扎在洮南一带，准备剿灭陶克陶胡率领的蒙古土匪。这支土匪利用马上优势，时常采用游击战术，不断侵扰奉天西北部一带。张作霖利用人员和装备的优势，深入敌境长途奔袭，终于将这股土匪击溃。

为了整合剿匪力量，1909 年，徐世昌把驻守洮南的孙烈臣部划归张作霖指挥，这样张作霖直接掌控的精锐部队达到了 7 个营的规模，有 3500 人。张作霖率领这支相对强大的地方武装，相继歼灭和击溃了牙什和白音大赉等人率领的蒙古土匪，军威雄壮声震满蒙。

## 智进省城

张作霖率领七个营的兵力，驻扎在奉天省的洮南一带，维护着地方上的秩序。虽说张作霖多年来都是在走上坡路，但是如果不发生重大事变，他也就是一个州府的看护者而已。1911 年底机会来了，辛亥革命爆发了，改朝换代、时局动荡历来是枭雄崛起的"天赐良机"。

武昌起义之后不久，辛亥革命的烈火烧遍了大江南北，东北的奉天一带也暗潮汹涌。以张榕为首的革命党、以吴景濂为首的咨议局和以蓝天蔚为首的新军串联在一起，他们密谋在省城沈阳起事，响应武昌起义。这就吓坏了时任东三省总督赵尔巽，他怕被革命军给干掉，就打算放弃沈阳跑回北京。

就在赵尔巽打算逃跑的时候，咨议局副议长袁金铠劝阻了他，袁金铠告诉赵尔巽：革命党要起事，新军是靠不住了，旧军巡防营与他们没联系，应该是效忠清政府，该把他们招来。当时，奉天地界上比较大的巡防营，主要是张作霖和吴俊升等人统领的队伍，而吴俊升驻防的通辽比张作霖驻防的洮南离沈阳近，所以赵尔巽首先通知的是吴俊升。假如吴俊升率先进入省城，不管他能不能控制局势，那么都没张作霖的机会了。

张作霖早就做好了充足的准备，他很早就在沈阳设立了办事处，任命机警的张惠临为办事处负责人，让他随时把省城的消息电告自己。除此之外，张作霖还让在奉天讲武堂培训的老部下张景惠、张作相和汤玉麟等人密切关注省城的军政动向，随时向自己报告有关情况。张作霖的安排在关键时刻派上了用场，所以他在第一时间就了解到最新政情。

在张作霖了解到省城危急的情况后，没有表现出一丝犹豫，因为他等这天已经太久了。张作霖没有请示任何人，就在洮南点齐全部兵马，浩浩荡荡向省城开去。队伍走到通辽的时候，吴俊升出来迎接，张作霖与他虚与委蛇，不肯以实情相告。吴俊升也是军政强人，他未必不知张作霖开往省城的目的，但他佯作不知，因为他的实力和雄心是弱于张作霖的。

张作霖擅自率部进省城，这是需要承担多重风险的，首先革命党和新军会对他采取敌对态度，其次总督赵尔巽也会对他产生狐疑的。张作霖是不怕革命党和新军发难的，他相信凭借自己的数千军马是能制住对方的；张作霖也不怕赵尔巽怀疑他，他认为只要自己向总督大人输诚就是了，省城肯定需要自己所部武装来保卫。

张作霖的算盘打对了，一切都正如他的预料一样，革命势力没敢轻举妄动，赵尔巽也热情地接见了他。张作霖未经请示率部进城，要在平时是犯忌的，但在这种紧要关头，张作霖的来访却让赵尔巽看到了希望。张作霖见到赵尔巽之后，表现出了诚惶诚恐的神情，并信誓旦旦地保证一定保护好省城的安全，从而赢得了赵尔巽的信任。

此次会见之后，张作霖便和赵尔巽达成了一致意见，那就是东三省换汤不换药,绝不让政权流落到革命党和新军之手。为了集中使用巡防营的武力,在接下来的赌局中占据优势,赵尔巽把省城的巡防营也拨给了张作霖。这样一来,张作霖手里就有了十五个营的武装,共计七八千人,成了省城第一军政实力人物。在动荡的时局中,能把这么多兵马给笼络好绝非易事,但是张作霖轻松就做到了。

1911 年 11 月 12 日,咨议局议长吴景濂召集士绅各界,在省城召开保安大会,并要求赵尔巽参加,讨论东三省的走向问题。按照吴景濂事先的安排,在此次保安大会上,由革命党出面逼迫赵尔巽宣布独立,然后把他赶出奉天,由蓝天蔚出任关外都督,由自己出任民政长,共同掌握东三省的军政大权。

赵尔巽如约前来,吴景濂的计划却落空了,因为赵尔巽是带着张作霖前来的,而张作霖派兵包围了会场。赵尔巽在会上提出了保境安民的主张,遭到了革命党的驳斥,会场局势陡然紧张。正在这时,张作霖率军进场,拔枪逼迫革命党让步。在这种情况之下,主张革命的议员纷纷退出,会议便朝着有利于保皇派的方面发展。

继保安大会之后,东三省又成立了保安公会,会长就是原总督赵尔巽,副会长有伍祥祯和吴景濂,成员还有袁金铠、蒋方震和张榕等人,而张作霖担任的职务是军政部副部长。在那个动荡的年代,谁手里掌握了强大的武装,谁就有着更大的发言权,官职再大也是没用的。所以,张作霖虽然官职不大,却掌握了奉天最强大的一支军队,所以他的分量也就最重。

在赵尔巽眼里,张作霖的旧军是最可靠的,而蓝天蔚的新军是靠不住的,所以在张作霖和蓝天蔚发生冲突之时,赵尔巽坚决站在了张作霖一边,下令把蓝天蔚调到了关内。蓝天蔚本来打算率部反击的,但是他的手下聂汝清已经奉命接替了他的职务,所以他只好离开奉天避往关内。挤走了蓝天蔚,张作霖便在沈阳站稳了脚跟,省城之内已经没有对手了。

1912 年初,张榕等革命党打算在沈阳起事,推翻赵尔巽和张作霖。张作霖凭借其优势的兵力,很快就剿杀了张榕,并把吴景濂和蒋方震等人逼往关内。袁世凯掌握了北京政府的大权后,任命赵尔巽为奉天都督,任命张作霖为关外练兵大臣兼第二十七师中将师长，让他们共同负责维护奉天省的秩序。

张作霖掌握了奉天境内最强大的武装之后，便开始逼迫赵尔巽交权了。赵尔巽这才明白张作霖之前对自己效忠，不过是在利用自己。在张作霖的逼迫下，赵尔巽很快就辞掉了奉天都督的职务，袁世凯任命张锡銮为奉天都督，但是奉天省的军政大权已经落入了张作霖的手中。从此，张作霖这个土匪出身的强人，成了掌握奉天的军政大佬。

## 经营奉天

袁世凯任命张锡銮为奉天都督，却不肯把这个要职授予张作霖，这说明在袁世凯心目中，张作霖是不够资格的。张锡銮是张作霖的老上司，年轻时擅长骑快马使双枪，所以人称"快马张"。而且张锡銮是袁世凯的把兄弟，曾任直隶都督，所以他的政治地位是很高的。但是，张作霖偏不买账，因为他已经不是当初那个刚被招安的小头目了。

在奉天的地界上，除了张作霖的势力之外，还有两股势力，其中一股是以冯德麟为首的第二十八师，还有以吴俊升为首的第二骑兵旅。按照袁世凯和张锡銮的筹划，让这几股势力相互牵制，使他们不敢挑战上司的权威。可是，这些乱世枭雄们是不会服从空有其名的中央和地方政府的，他们以拜把子的形式结成了同盟，其中以张作霖的势力最大。

张作霖的算盘是，在自己无力独掌奉天军政的情况下，就与其他实力派结成联盟，共同挑战张锡銮的权威，然后由自己出任奉天军政一把手，从而不断侵夺其他大佬的势力，并进一步把自己的势力扩张到整个东三省。张作霖就是按照这个战略行事的，但他掌控东北的步伐走得异常艰难，耗时近十年才达成这一战略目标。

张作霖联合冯德麟和吴俊升挑战张锡銮，过程并不顺利，因为张锡銮不但政治地位高，而且曾在奉天任高级军职，他还是张作霖的干爹。更为重要的是，冯德麟怕张作霖的势力过度膨胀会损害到自己的利益，便借尊奉张锡銮的方式来暗中抵抗张作霖。在这种情况下，张作霖加强了与吴俊升的联盟，在与冯德麟的较量中占据了优势，并逼得张锡銮在奉天难以立足。

张锡銮身处被排挤的苦境，无意在奉天尸位素餐地混下去了，便向袁世凯提出了辞职。袁世凯将其调到吉林任职，改派干儿子段芝贵为奉军将军兼巡按使，让他领衔主掌奉天省的军政事务。张作霖之前排挤张锡銮，现在必然会排挤段芝贵，谁占着奉天军政一把手的位置，张作霖必然会排挤他，因为张作霖要抢占这个位置。

袁世凯也非常清楚，奉天省的军政大权，主要掌握在张作霖手里，段芝贵只是个挂名将军。因此1915年袁世凯打算登基称帝时，便召张作霖进京，向其询问能否称帝一事。张作霖深知袁世凯称帝之心已决，便积极拥护袁世凯早登大位，以此来换取袁世凯对自己的信任。

张作霖赢得了袁世凯的信任，便被袁世凯放回奉天。随后，袁世凯称帝，张作霖被任命为盛武将军，并受封二等子爵。张作霖空忙了一场，就换来这点封赏，颇为不满。但是，在袁世凯称帝前景不明的情况下，张作霖还是接受了这些封赏。因为他要静观其变，根据形势的发展来决定自己的对策。

1916年，蔡锷在云南起兵北伐，袁世凯派曹锟率军前去镇压，护国军和讨逆军在四川境内展开了激战，冯国璋趁机联合北洋系大佬，发出了五将军通电，主张袁世凯取消帝制。在这种情况下，袁世凯的失败不可避免，张作霖的机会来了，他摇身一变从帝制拥护者成了帝制反对者。张作霖一生善变，他在重大历史关头都能看准方向及时调头，所以他才一步步走向了顶峰。

张作霖认识到袁世凯必将失败，便联合冯德麟和吴俊升等人，用武力将段芝贵驱逐出奉天。在段芝贵出局之后，张作霖终于以盛武将军督理奉天军务并兼任巡按使。袁世凯自身不保，无力顾及地方事务，只得认可这个结果。袁世凯死后,黎元洪继任为大总统,段祺瑞重任内阁总理,他们为了拉拢张作霖,便任命他为奉天督军兼省长。

张作霖成了奉天军政一把手,就在成功的道路上迈出了一大步,但是他这一步迈得无比艰难:因为冯德麟不买账,他想与张作霖一较高下。张作霖的势力是略强于冯德麟的,但是如果二十七军和二十八军火并,结果肯定是两败俱伤,这是张作霖所不愿意看到的。所以,面对冯德麟的咄咄逼人,张作霖一忍再忍。

张作霖为了能在与冯德麟的竞争中取得优势,便设法获取日本人的支持,为此不惜多次上门拜访日方驻奉天总领事。日俄战争后,日本势力已经渗入东三省,他们的立场将在很大程度上决定东北的军政格局。张作霖当上了奉天军政一把手,引起了日本政府的注意,日本有些政要想把他扶植为日本在华代理人,但是有人却要置他于死地。

辛亥革命后日本政府一直在策划实施满蒙独立运动,打算把东北三省和东部蒙古从中国独立出去,使之成为日本的保护国和势力范围。推动满蒙独立是日本政界的共识,但是在具体操作上,形成了针锋相对的两派。以日本浪人川岛浪速为首的一派,主张干掉张作霖,扶植以前清肃亲王善耆为首的宗社党;以日本参谋次长田中义一为首的另一派,则主张通过扶植张作霖来推动满蒙独立。

川岛浪速一派首先占了上风,他们不顾田中义一派的反对,试图采取暗杀的办法来解决张作霖。1916 年 5 月底,在川岛浪速的策划下,一场针对张作霖的炸弹袭击上演了。张作霖在拜会了途经奉天的日本天皇之弟载仁亲王之后,返回府邸路过小西关时,一颗炸弹从沿街的一个窗口中掷出。张作霖的部将汤玉麟受了轻伤,张作霖却凭借其机警和矫健躲过了这一劫。

张作霖当然明白是日本人对他下了手,但他却不敢就此与日方反目,他还需要取得日本的支持。刺杀张作霖失败后,田中义一的主张就占了上风,他们主动扶植了张作霖在奉天的势力。在日本人的军火援助下,张作霖的第二十七师的装备有了很好的改良,而吴俊升又全力支持了张作霖,这就把冯德麟的第二十八师的势头给压了下去。为了在与张作霖的竞争中取得优势，1917年张勋在北京复辟前清帝制时，冯德麟积极响应了张勋，打算取得开国元勋的地位，从而夺取奉天的军政大权。

冯德麟打错了算盘，他远不如张作霖聪明，就算复辟成功了，东北的军政格局也是不受北京控制的，更何况复辟本来就是开历史倒车，不可能成功。张作霖很明智，他第一时间就在奉天宣布关外保持自治，拒不承认张勋复辟，趁机完全掌控了奉天的政局。在张勋复辟失败后，冯德麟被曹锟抓捕了，张作霖却出面向段祺瑞求情释放了他。这样一来，冯德麟再也无力与张作霖竞争了，他手下军官也都服膺张大帅的仁德，张作霖就趁势兼任了第二十八师的师长。

## 东北称王

张作霖掌控了奉天一省，只是独霸东北的开始，下一步他就要成为东北王了。奉天自古以来就是东三省的主体，当年努尔哈赤就是在此地崛起的，张作霖也要从这里腾飞，先行统一东三省，再挥师入关抢占华北，建立起奉系的霸权。

张作霖已经拿下了奉天，他要想掌控全东北，需要先进占吉林再夺取黑龙江。当时的吉林督军是孟恩远，黑龙江的督军是鲍贵卿，他们的武力加起来也抵抗不了张作霖。但是，当时全国的秩序已经基本稳定，打内战需要师出有名，所以单纯武力进攻对于张作霖来讲不是上策。

在张勋复辟期间，孟恩远是积极参与者，这就让张作霖抓住了小辫子。所以，张作霖先是派吴俊升和孙烈臣等人率领奉军挺近吉林，然后指示吉林士绅向北京政府告孟恩远的状。此时北京政府的大总统是冯国璋，但是实权还是主要掌握在段祺瑞的手里。段祺瑞为了顺利实施武力统一政策，需要得到张作霖的支持，因此他下令把孟恩远调往关内。

张作霖轻易就进占了吉林，下一个目标就是黑龙江了，黑龙江督军鲍贵卿自知不敌，便向张作霖示好。张作霖趁机与鲍贵卿结为儿女亲家，并电请北京政府把鲍贵卿调任吉林督军，把自己的部将孙烈臣升任黑龙江督军。如此一来，张作霖兵不血刃就拿下了黑龙江，完全主宰了东三省的军政大权。

1918 年直系为了与皖系争夺对北京政府的控制权，就向日本订购了大批军火。当这批军火运抵秦皇岛的时候，段祺瑞为了限制直系势力的发展，便电令张作霖截取这批军火。张作霖求之不得，他是不会放过这个千载难逢的好机会的，立刻下令奉军截留了这批军火，用来装备自己的奉军嫡系力量。

同年，为了支持段祺瑞的武力统一政策，张作霖率军入关，向冯国璋施加压力。为了进一步拉拢张作霖，段祺瑞代表北京政府任命张作霖为东三省巡阅使，这样张作霖就名正言顺地成了威震北方的东北王。张作霖出任了东三省巡阅使，但他仍然兼任奉天督军这一要职，牢牢地掌握着东三省的军政大权，为下一步入关称雄做准备。

1919 年五四运动爆发后，张作霖站在支持皖系的立场上，通电北京政府，要求镇压学生运动。张作霖的这一表现，与时任北洋直系第三师师长的吴佩孚对比鲜明，张作霖主张镇压学生运动，吴佩孚则要求释放被捕学生。

如果没有段祺瑞的支持，张作霖统一东北是困难的；段祺瑞支持了张作霖统一东北，张作霖也支持段祺瑞的武力统一全国政策。然而，皖奉之间的蜜月关系很快就开始破裂了，根本原因是奉系要帮助直系挑战皖系的地位，直接原因则是段祺瑞的心腹徐树铮惹恼了张作霖。

1918 年，徐树铮诱杀了直系将领陆建章，张作霖主张严惩徐树铮，可是段祺瑞拼死保护徐树铮免于追究。在这场争执中，段祺瑞不惜威胁张作霖，要率军出关攻击奉军，这就使双方撕破了脸皮。之后，徐树铮出任西北边防军总司令，编练出数万精锐部队，并率部收回了外蒙古，这样一来西北王的声威就超越了东北王。

## 入关争雄

1920 年，直皖战争爆发了，吴佩孚率领直军主力取得了西线的胜利，徐树铮率领皖系主力占据了东线的优势。在双方两败俱伤之时，张作霖派奉军入关参战，支持直系打败了皖系。从此，张作霖的奉系势力不但统治着东三省，而且占据了热河和直隶一带，张作霖这个东北王把手伸向了关内。

直皖战争之后，直系和奉系共同控制了北京政府，徐世昌继续担任大总统，皖系大佬靳云鹏担任了内阁总理。这种混合政体建立后，开始合作还算良好，基本调和了直系和奉系之间的利益需求。但是，随着合作的进行，张作霖发现靳云鹏倾向听命于直系的指示，而忽视了奉系的利益，便出面迫使靳云鹏辞职，推举梁士诒组阁。

梁士诒是旧交通系的首领，他在政治上一向亲日，这与张作霖的奉系利益是吻合的。所以，对于梁士诒出任内阁总理，张作霖非常满意，而直系吴佩孚十分恼火。1922 年初，吴佩孚联合直系六省军阀，多次通电指斥梁士诒内阁媚日卖国，逼迫其辞去总理职务。

在吴佩孚的一再逼迫之下，梁士诒被迫辞职，这任亲日内阁便倒台了。至此，直系和奉系之间的矛盾已经不可调和，第一次直奉战争很快就爆发了。为了能在这场战争中取得优势，张作霖提早联络了段祺瑞的皖系残余势力和南方诸省，建立起了反直三角同盟。张作霖以为有了这个同盟阵线的存在，对付直系不成问题，事实给了他一个严厉的教训。

1922 年 4 月底，张作霖自任奉军总司令，率领一支十二万人的队伍入关，分东西两路向直军发起了攻击。直系方面，曹锟任命吴佩孚为直军总司令，让他率领一支十万人的队伍迎敌。从兵力上来讲奉军占有优势，从政治联盟上来讲奉军仍然占有优势，所以时人一般认为奉军会获胜。

奉军的确比直军人数多出两万，但是奉军的军纪不如直军，张作霖以江湖义气统军，而吴佩孚靠着严密的军纪统军，所以奉军的真正实力是不如直军的。张作霖虽然拉拢了段祺瑞和南方势力，但是段祺瑞的皖系力量已经在直皖战争中被击溃了，而南方势力又鞭长莫及，所以这个联盟对于战争的胜负没太大影响。战争是在直隶地界展开的，直军就占据了主场优势，而奉军则处于客场劣势，这也是一个重要因素。

战争打响后，直奉两军在马厂、固安和长辛店一带展开激战，战局进入胶着状态。在这种情况下，吴佩孚率领直军主力，采用迂回包抄的战术，绕到奉军后面的卢沟桥，突然发起袭击，导致奉军腹背受敌。在这种危急时刻，张景惠部率领的奉军第十六师顶不住直军的压力，便在阵前倒戈了。张景惠的倒戈，决定了奉军的失败，但是张作霖事后宽恕了他，大概是要报答他当年的让贤之德吧。

张作霖输掉了这场战争，被迫率领残部撤回关外，谁知吴佩孚咬住不放死命追击。如果不是张学良等人及时率军来援，有力阻挡了吴佩孚的追击，那么这次张作霖真有可能在山海关内就被击毙或抓捕了。张作霖退回了关外老巢，重新厉兵秣马整军经武，准备等时机成熟时再次入关争雄。

第一次直奉战争结束后，直系单独掌控了北京政府，曹锟和吴佩孚迫使徐世昌下令免除了张作霖的东三省巡阅使的职务，并任命吴俊升为奉天督军，打算以此来分化奉系。但是，直奉战争并未蔓延到关外，张作霖的老巢并未受损，奉军的组织体系也并未受到破坏，所以张作霖仍然是奉系首领和东北王，吴俊升等人仍然对他忠心耿耿。

张作霖被免掉了东三省巡阅使一职，便宣布就任东三省保安总司令，并且宣布东三省自治。从此，张作霖对内主要做了两件事：一是在日本关东军的帮助下，开办工厂，积极招募和训练奉系武装，为下一次争夺北京政府积极备战；二是在东三省广设学堂，积极发展新式教育，并与奉天省长兼财政厅长王永江筹办东北大学——这是当时中国实力最为雄厚的大学之一。

与此同时，张作霖继续维系反直三角同盟，与段祺瑞和南方保持着密切联系。除此之外，张作霖也打算从直系内部着手，积极联络对吴佩孚不满的冯玉祥、胡景翼和孙岳等直系将领，打算收买他们共同反直。事实证明，张作霖的这些纵横开阖之计对于打败直系是具有决定意义的，是对付吴佩孚最厉害的杀招。

吴佩孚打赢了第一次直奉战争，便变得目空一切了，由此在无意之间树立了不少敌人。他在英美的支持下在洛阳专心练兵，同时遥控着北京政府，成了当时中国第一号军政强人。

1923 年，曹锟不顾吴佩孚的反对，采用收买国会议员的方式，通过贿选当上了大总统。张作霖实行反贿选的政策，即谁不接受曹锟的贿选条件，他就给以同等价格的报酬。但是，张作霖毕竟对北京事务鞭长莫及，所以没能阻止曹锟上位。但是，在这两年的时间里，张作霖领导奉军做好了充足的反直准备，于是第二次直奉战争很快就开打了。

1924 年 9 月，直系江苏督军齐燮元进攻皖系浙江督军卢永祥，江浙战争爆发了。这就给张作霖入关参战提供了理由，张作霖以援助卢永祥为名，率领十五万兵马，浩浩荡荡地杀入关内，准备与直系决一死战。在张作霖扩充军备的同时，吴佩孚更是全力投入了整军经武之中，此时迎战奉军的直军达到了二十万人。

第二次直奉战争打响后，吴佩孚打算从海上抢占葫芦岛，对奉军形成南北夹击之势。但是，英国害怕战争会危及其在华利益，便坚决反对吴佩孚绕道渤海的计划，这就让直军丧失了战场主动权。在这种情况下，直军和奉军进入了大规模混战状态，在长城一线进行攻防拉锯战。为了取得战争的胜利，张作霖给冯玉祥送去了大批军费，策动他在阵地倒戈。

冯玉祥开始没有轻举妄动，等吴佩孚亲临前线之后，他才联合胡景翼和孙岳等部，回师北京发动政变，囚禁了贿选大总统曹锟，并将前清逊帝溥仪逐出了紫禁城。这么一来，吴佩孚被迫让张福来在前线指挥作战，自己带来八千人的队伍回援北京。张福来根本就抵挡不住奉军的进攻，直军所部纷纷溃散，张作霖趁势杀进北京城。

在段祺瑞的关照下，吴佩孚从水路南逃，在两湖和中原地区重新收拢直系旧部，北京政府脱离了直系的控制。冯玉祥主张由孙中山进京主政，张作霖则推段祺瑞出山，因为奉军的势力比冯军强大，所以张作霖的意见占据了优势，段祺瑞组织了中华民国临时执政府。这个执政府受到了张作霖和冯玉祥的共同控制，但是段祺瑞倾向于支持张作霖，所以令冯玉祥颇为恼火。

两大军政集团是很难长期和平共处的，奉军和冯军很快就展开了较量。冯军无力与奉军相抗，冯玉祥便打算从奉军内部寻找盟友，以倒戈的方式瓦解张作霖的势力。1925年，冯玉祥派人联络了奉系大将郭松龄，郭松龄也反对奉军入关争雄，他在冯玉祥的帮助下，率领七万大军杀回关外，发动了反对奉系首领张作霖的叛乱。

郭松龄的突然叛乱给了张作霖致命一击，张作霖无力迅速组织起抵抗力量，只得一方面准备通电下野，一方面请求日本关东军出手相助。日本人不会做赔本生意，他们利用这个紧要关口，逼迫张作霖与之签订了在东三省增修铁路和商埠的条约。张作霖为了取得日方的支持，便违心地接受日方的条件，但是事后却违约了，这也是他后来被日本人炸死的原因之一。

在与张作霖签约之后，日本关东军迅速出动阻挡了郭松龄部的进军步伐。与此同时，张作霖调来吴俊升的骑兵部队，对郭松龄的叛军发起了冲击。随后，张作霖任命张学良为讨逆军总司令，采用军事进攻和宣传攻势相结合的办法，最终打败了郭松龄的队伍。郭松龄兵变失败后，张作霖悬赏八十万大洋捉拿他，最终将其枪决并曝尸三日。

郭松龄的倒戈叛乱，给奉系带来了巨大的冲击，也让张作霖和冯玉祥之间的矛盾无可调和了。1926年，冯军和奉军之间的大规模军事冲突开始了。在这两大军政集团相互火并的时候，吴佩孚的何去何从便有了重大意义，吴佩孚深恨冯玉祥当初的阵前倒戈，所以他帮助张作霖把冯玉祥的军队赶出了北京。冯玉祥退往了西北地区，吴佩孚也返回了华中地区，张作霖便独掌了北京政权。

## 盛极而衰

1926 年，张作霖的势力从东北扩展到华北和华东一带，奉军兵力达到三十万人。他成了北方最强大的军阀，也即将走到他人生的巅峰。如果北洋系能够统一全国，那么这个人非张作霖莫属，因为此时奉系的力量是北洋系中最强的。可惜历史不会给北洋系机会了，因为与此同时广东国民政府发动北伐，准备一举荡平华中吴佩孚、华东孙传芳和华北张作霖的势力，武力统一中国，而盘踞在西北的冯玉祥也加入了北伐阵营。

北伐军最先攻击的是吴佩孚，吴佩孚在无力抵挡对方攻势的情况下，把战线收缩到以武汉为中心的长江一线。此时，吴佩孚向直系后起之秀孙传芳乞援，却不肯向张作霖求救；当张作霖派军进入中原的时候，吴佩孚还对他表示了拒绝。原因非常简单，吴佩孚怕张作霖趁机侵入自己的势力范围；可是孙传芳不肯救援吴佩孚，吴佩孚的势力最终被北伐军击溃，吴佩孚本人被迫流落四川依附杨森。

吴佩孚兵败之后，北伐军迅即专攻孙传芳，孙传芳本想等北伐军拉开一字长蛇阵再集中力量对付它，没想到在几轮攻势之后孙传芳的军队便被北伐军击溃了。在这种情况之下，孙传芳北上天津，与奉军大佬一起，公推张作霖担任安国军总司令，请他领衔对付南方和西北的国民革命军。

1927 年，张作霖在北京就任陆海军大元帅，并组织了安国军政府，成了北洋系最后一届政府的最高负责人。这是张作霖人生的顶点，也是他处于最危险境地的时刻，决定着他盛极而衰的命运。在此期间，张作霖的首要任务是联合北方各省北洋系旧部，共同对付北伐军，做最后的挣扎。

1928 年，国民革命军向张作霖的奉系势力发起了进攻。张作霖自知不敌北伐军，便被迫离开了北京，乘火车返回奉天老巢。由于之前张作霖拒不答应日本进一步侵占满蒙的条件，所以张作霖的专列到达沈阳附近的皇姑屯时，被日本关东军预先埋下的炸药炸毁，吴俊升当场死亡，张作霖被送往奉天官邸后伤重而亡。

张作霖死后，张学良干掉了奉系元老杨宇霆和常荫槐，接掌了奉系大权，就任东三省保安司令，随后宣布"遵守三民主义，服从国民政府，改旗易帜"。从此，包括奉系在内的北洋系退出了民国的历史舞台，南京国民政府从形式上统一了中国。

## 七妻十四子

张作霖一生娶了七个老婆，生了八个儿子和六个女儿，组成了一个大家庭。

张作霖的原配是赵春桂，她先后为张作霖生了三个孩子，他们分别是

张作霖与子女在一起

长女张首芳（又名张冠英）、长子张学良和次子张学铭。

张作霖的继室是卢寿萱，她长相漂亮，又有一定文字功底，先后为张作霖生了次女张怀英和四女张怀卿。

张作霖的三房是戴氏，她虽然与张作霖感情甚笃，但是终生无所出，最后出家当了尼姑。

张作霖的四房是许澍旸，她是比较有见识的女人，先后为张作霖生了三女张怀瞳、三子张学曾、五女张怀曦和四子张学思。

张作霖的五房是寿懿，她是黑龙江将军寿山的女儿，最受张作霖的宠爱，张府中事由她掌管，她先后为张作霖生了五子张学森、六子张学浚、七子张学英和八子张学铨。

张作霖的六房王夫人，她没为张作霖生养一男半女，所以知名度较低。

张作霖的七房是马月清，她原为寿懿身边的侍女，为张作霖生了六女张怀敏。

## 草莽不轻文教

张作霖出身贫寒，却最终成为奉系军阀的首领，并独自掌握了北京政府，控制了东北、华北和华东的大部分地区，这绝非易事。张作霖能够从社会最底层走上时代大舞台的中央，这里面有着社会和时代因素，也因为个人的胆略、智慧和奋斗。

张作霖早年曾经当过土匪，后来却坚决地由黑漂白，并下大力气镇压了各种匪患，这也是需要很大魄力的。张作霖由黑漂白之后，一步步成长为清末民初的军政强人，而且在此过程中，张作霖始终用江湖道义来笼络部众。这是奉系军阀有别于其他派系的一个标志，也是张作霖个性的一个表现。

张作霖在向上攀登的过程中，曾经多次主动向日本示好，也曾接受过日方给予的军事援助，可他始终保持着对外交往的原则底线，绝不容忍日本势力无节制地侵入满蒙地区。

张作霖作为一个大军阀，他不懂太多现代政治的大道理，所以在许多重大历史关头都做出了保守的选择，比如在对待袁世凯称帝和五四运动的态度上都不够明智。但是，张作霖始终有着自己的行为准则，对外不做无原则妥协，对内不实行严厉的压迫政策，算是北洋政体中的一个成功人物。

张作霖在东北地区筹办教育事业，是值得肯定的。不论他的动机在于推动中国社会的文明进步，还是为了发展军事工业增强自身实力，都把新学推向了一个全新的高度。仅以东北大学为例，这是当时中国最有实力的大学之一，像章士钊和黄侃这样的知名学者均曾任教于此，而他们的薪资待遇和科研经费也是全国最高的。

# 第八章

## 东南军阀孙传芳

孙传芳是北洋直系军阀中的后起之秀，曾任东南五省联军总司令，是北洋政权后期三巨头之一。孙传芳在历史上的名气，是略低于吴佩孚和张作霖的，但他的统兵打仗之能和纵横捭阖之谋却并不逊色，他能在后期脱颖而出主要是由他的实力和机遇决定的。

孙传芳完全符合北洋大佬的三个出身条件——幼贫、早孤、识文，而且他的命运最为凄苦：在孙传芳的父亲病死后，他与其母忍受不了婶母的欺辱，只得寄居在其姐的婆家。如果不是因为孙传芳的三姐嫁给了北洋高级军官王英楷，孙传芳连受教育的机会都没有，他是根本不可能成为北洋直系大佬的。

孙传芳天赋极好，加之勤奋刻苦，所以在求学和行伍期间，一直表现十分优秀。孙传芳的出色表现，为他赢得了充足的发展机会，使他得以远赴东瀛学习新式陆军知识。孙传芳回国的时候，他姐夫王英楷已经去世了，但他凭借自己的才能和资历，在北洋系混出了名堂，最终跻身几个顶级大佬的行列。

孙传芳成为北洋直系将领，是从他跟随王占元进驻湖北开始的。孙传芳以其优良的军政素质，获得了王占元的信任，在湘鄂战争中崭露头角，升任第二师师长兼长江上游总司令。后来，湘鄂战争又起，吴佩孚秉承着"援鄂不援王"的宗旨，率军击溃湘军，并把王占元赶下台，同时拉拢了孙传芳这个骁将。

孙传芳真正脱颖而出，成为北洋系方面大员，是从他奉曹锟之命由鄂援闽开始的。孙传芳采用政治和军事手段双管齐下的方式，借助吴佩孚获得了大批军政资源，然后一步步占据了福建、江西、浙江、上海、江苏和安徽五省一市地盘，成为威震天下的东南五省联军总司令。假如历史再给北洋系机会，那么孙传芳是有望与张作霖争夺北京政府的，可北洋的时代已进入尾声。

孙传芳兵败下野之后，隐居在天津一带，整日吃斋念佛，坚决不当汉奸，保持了民族气节。孙传芳最终死于仇杀，皆因他当权时杀伐过重所致，这也反映出军阀混战的荒谬和残酷。

## 命运转机

1885 年，孙传芳出生在山东泰安的一个小乡村，父母都是贫苦的农民，上面还有三个姐姐。如果仅仅是贫困，孙传芳的日子还能勉强过下去，问题在于老天偏偏不想放过他，厄运总是接踵而至。

孙传芳三岁那年，他父亲突然病死了，他母亲抚养着四个年幼的孩子，生活陷入了孤苦无依的境地。对于这么可怜的家庭，别人本应帮衬才对，可是孙传芳的婶母非但不念及亲情伸出援手，反而时常欺辱他们一家。童年的家贫和早孤，本来就给孙传芳幼小的心灵带来了极大的伤害，现在又加上婶母的虐待，他的心里便埋下了一颗仇恨的种子。

如果仅仅是年少家贫、孤苦无依、时常受气，日子还是勉强可以过下去的，幼年孙传芳靠给人放牛还是能够混碗饭吃的。最悲催的事情很快就到来了，一次暴风雨过后，孙传芳家里的房屋倒塌了，他们一家虽然躲过了被砸死的厄运，却从此丧失了容身之所。

在孙传芳一家陷入最悲惨境地的时候，同村的冯灿亭一家对他们伸出了援助之手，把自己多余的一间房屋借给他们暂住。孙传芳一家对于冯灿亭一家是充满了感恩之情的，可是冯灿亭对孙传芳一家的帮助也就到此为止。孙传芳一家暂时有了落脚之地，五口人要吃饭还是个大难题。为了解决生存问题，1895 年其母带领全家赶赴济南谋生，孙传芳的人生境遇开始改变。

孙传芳一家走到济南的时候，孙传芳只有十岁，他的三个姐姐也都只有十几岁，他的母亲又没有什么才艺。所以到了济南之后，他们一家仍然吃了上顿没下顿。为了能让全家吃上饱饭，孙传芳的母亲只好提早把孙传芳的姐姐嫁人了，大姐嫁给了济南北郊商河县的程家，二姐嫁给了济南南郊历城县的逯家。这两家相比之下，程家的家境更好一些，所以孙传芳便跟着母亲和三姐就食于程家。

住进程家之后，孙传芳每天都能吃上饱饭，生活境遇有所改善。孙传芳非常珍惜这来之不易的生活，所以在程家表现得十分乖巧，深受人家的喜爱和好评。于是在程家亲戚的资助下，孙传芳得以走进私塾，开始接受传统文化教育。如果不是生活处境的改变，孙传芳就算有机会日后参军入伍，也是个扛步枪的大老粗，根本就成不了高级将领。

孙传芳真正的命运转机发生在他十五岁那年，他的三姐嫁给了北洋系高级军官王英楷，这一联姻改变了孙传芳的命运。当时王英楷是山东巡抚袁世凯的执法营务处总办，王英楷因发妻患有癫痫症而急需续弦，而孙传芳的三姐年轻貌美，于是经人撮合俩人成婚了。从此，孙传芳跟随母亲就食于王家，并在王家的资助下继续求学，为他将来向上发展奠定了坚实的基础。

1901年，袁世凯升任直隶总督兼北洋大臣，先是驻扎在保定一带，王英楷也随迁保定，而孙传芳母子也随同前往。次年，袁世凯命冯国璋在保定东关外设立陆军练官营，时年十六岁的孙传芳经姐夫王英楷推荐，作为学兵进入了该营步兵科第三班。这是孙传芳初次走进军营，从此他有了一个全新的发展天地，逐渐走上了清末民初的军政舞台。

孙传芳深知这次机会的来之不易，他勤奋学习刻苦操练，加之对军事知识具有良好的悟性，所以在各项考评中名列前茅，深得冯国璋的赏识和器重。于是几个月后，孙传芳经冯国璋的推荐，得以面试进入保定陆军速成武备学堂深造。孙传芳后来成为直系将领，跟他在此期间与冯国璋的交往是分不开的，尽管二人之间级别相差很远，但是孙传芳已经初步成为冯国璋派系中的人。

孙传芳在保定陆军速成武备学堂里面继续坚持勤奋学习和刻苦训练，一步一个脚印成长为一名陆军步兵科优秀人才。1904年，孙传芳从保定武备学堂毕业，经过清廷练兵处的考核和筛选，和同学周荫人和卢香亭等人一起被派往日本留学深造，走上了一条向上攀登的金光大道。

# 扶摇直上

孙传芳到达日本后，先行进入振武学校，一边学习日语一边深造军事，经过两年的时间就顺利通过了毕业考核。日本振武学校是日本著名的陆军士官学校的预科学校，从这里毕业的留学生中就有后来大名鼎鼎的蒋介石。

孙传芳比蒋介石大两岁，当孙传芳在保定受训时蒋介石尚未出道，当孙传芳在进入振武学校后蒋介石才进入保定军校，当孙传芳后来进入陆军士官学校时蒋介石才进入振武学校。后来，这一对军政强人成了战场上的对手，几经较量之后孙传芳输给了蒋介石。但是，我们不能据此推断蒋介石的军事素质比孙传芳高，因为他们代表的是新、旧不同的社会力量。

1906年孙传芳从振武学校毕业后，被分配到日本陆军第十师步兵联队充当候补生，进行了为期一年的正规军事训练。在此期间，孙传芳把自己当成普通士兵，严格接受新式陆军军营实践，进一步提高了自身的军事素质。孙传芳出身贫苦又勤奋上进，而且聪颖多智悟性极高，所以他在做实习士兵期间的表现十分突出。

1907年，孙传芳以优异的成绩考入了日本陆军士官学校，成为该校第六期学员。在校期间，孙传芳结识了中日两国的一些军事人才，其中就有后来成为侵华日军总司令的冈村宁次；孙传芳还与冈村宁次分到了同一区队，冈村宁次被任命为该区队队长。冈村宁次非常欣赏孙传芳的刻苦和聪慧，非常热诚地与他交往；多年之后冈村宁次曾以同学之谊为名，敦请业已下野的孙传芳为日本效力，遭到了孙传芳的严词拒绝。

1908年，孙传芳以优异的成绩从日本陆军士官学校毕业了，先回到原来的日军第十师步兵联队进行了三个月的军训，而后于1909年初回到了中国。经过近五年的留学生涯，孙传芳已经成为清朝急需的军事专才了。尽管当时王英楷已经病逝，而袁世凯已经下野，孙传芳回国后依然赶到天津督练公所报到，正式回归了北洋系的阵营。

在孙传芳去天津督练公所报到之前，先请假回了一趟济南，经人介绍迎娶了结发妻子张氏。孙传芳娶妻一年之后，他母亲就去世了，他总算在母亲生前成婚了。孙传芳的母亲是个要强的女人，她对儿子的期望值很高，不仅要儿子娶妻生子开枝散叶，而且一再嘱咐儿子要奋发上进光宗耀祖。

按照清廷的要求，孙传芳和同期从日本陆军士官学校毕业的阎锡山、唐继尧、张凤翙、刘存厚、尹昌衡、李烈钧、赵恒惕等人，都去陆军部接受了军事考试。这些人日后都成了民国初年的地方军政大佬，孙传芳是其中成名最晚的一个，但也是后来居上的一个。经过陆军部的考核，孙传芳被授予步兵科举人和步兵协军校的职称，而后被任命为北洋陆军第二镇第三协第五标教练官。

当时第二镇的统制是马龙标，第三协的协统是王占元，第五标的标统是王金镜，他们都是孙传芳的上司。后来孙传芳正是跟着王占元发迹的，最后孙传芳的权势远超他的这些老上司。孙传芳之所以会受到王占元赏识，不仅因为孙传芳的军事素质过硬，还因为他擅长联络结交其他各镇的军官，在北洋团队中形成了一定的影响力。

在1911年辛亥革命爆发期间，孙传芳作为一个基层军官对局势的影响力是非常有限的，他只有跟着上司东跑西颠的份儿。孙传芳见证了清王朝的垮台，也见证了中华民国的建立，在新旧交替之际他始终站在维护北洋系利益的立场上，紧密追随王占元东征西讨，一步步成长为一名中高级军官。

1912年中华民国建立后，北洋第二镇改称第二师，孙传芳被调任该师第三协辎重营长，仍受王占元统领。民国初年的局势比较混乱，这就给孙传芳建立军功和不断升迁创造了机会。

民国初年，为了剿灭声势浩大的白朗起义，袁世凯调集了北洋系精锐力量，其中就有王占元的队伍。孙传芳率领辎重营，跟随王占元在河南固始一带接战白朗军。在北洋系集体溃退战局不利的情况下，孙传芳所部顽强作战，立下了不小的战功，受到了王占元的肯定和重视。孙传芳的战功主要被记在了王占元的头上，王占元顺利升任第二师师长，他随即提拔孙传芳为该师第六团团长。

1913年，袁世凯命段祺瑞设计把黎元洪调往北京，并让段祺瑞暂兼都督。为了把北洋系的武力扩张到长江一线，袁世凯同时任命王占元为湖北军务帮办，让他把第二师开进湖北。王占元进驻湖北之后，需要压服、改编、遣散原来的起义新军，这并非一件易事。为了把工作顺利推行下去，王占元提升足智多谋的孙传芳暂代自己的参谋长，孙传芳在参谋长的位置上替王占元规划出一整套可行性方案。这套方案实施之后，王占元一步步掌握了湖北全省的军政大权，成了北洋直系地方军政大佬。

1916年，王占元正式升任湖北督军，他先将孙传芳调任第二师第三旅旅长，后又将孙传芳升任第二十一混成旅旅长。混成旅是多兵种混合而成的旅级军事单位，它的规模和战力要比普通的旅强得多，所以这次孙传芳当上混成旅长算是升职。孙传芳此时已经成长为一名中高级军官，但是这只是个开头，他接下来还要不断攀升。

1917年，王占元为了扩大他在湖北省内的军事基础，便在第二师之外重新招募编练了暂编湖北第一师，任命孙传芳为该师师长。从此孙传芳成了一个师的最高长官，跻身到北洋系高级军官的行列。但是孙传芳并不满意，因为这个暂编第一师远不如那个老牌第二师强大，而王占元把第二师交给了只会溜须拍马不会统兵打仗的王金镜。

孙传芳在统率第一师期间表现出了极高的军政素养，不但把部队管理得井井有条，而且协助王占元处理了许多军政事务。因此，王占元对孙传芳十分信任，把他视为自己的左右手，时常命他对外代表湖北接洽公务，或者对内代表督军检阅部队。王占元本身是个贪腐的军阀官僚，他当上了湖北督军也就满足了平生所求，整日以敛财和享受为能事，这就给孙传芳扩张权力提供了空间。

# 扬威湘鄂

由于数年来孙传芳一直追随王占元驻守在湖北境内，所以北京政局的动荡与他扯不上关系。当曹锟和吴佩孚在讨逆战争（讨伐张勋复辟）和南北战争（护国和护法战争）中东征西杀，迅速扩张实力的时候，当曹锟接替冯国璋成为直系首领的时候，孙传芳仍然是湖北督军王占元的手下。假如南北战争的战场不蔓延到湖北，那么王占元和孙传芳的命运很难发生改变。

1920年，受南北战争的影响，赵恒惕率领湘军侵入湖北地区，王占元派王金镜和孙传芳分别率领第二师和第一师奋起反击，湘鄂战争正式爆发。在这次战争中，第二师作为湖北方面的直系北洋军主力，在王金镜的率领下丝毫没有表现出王牌师的威风，被赵恒惕的湖南军队打得丢盔弃甲。王占元不得不临阵换将，把第二师交给孙传芳指挥。

孙传芳接掌第二师之后，充分运用平生所学军事指挥技能，采取分割合围的战术指挥战斗，并亲临前线督阵执法。在孙传芳的指挥下，第二师迅速击退了湘军的来犯，维护了湖北省境的安宁。孙传芳在此战中一举成名，不但受到了王占元的进一步重用，而且受到了直系大佬曹锟和吴佩孚的垂青。曹锟和吴佩孚分别是新直系的第一号和第二号人物，他们的重视是孙传芳向上攀升的有力保障，从此孙传芳的机会之门更加宽广了。

1920年7月直皖战争爆发后，直系在奉系的协助下推翻了皖系的统治，直奉两系共同掌握了北京政府。皖系战败后，王占元奉曹锟之命扣押了皖系大佬吴光新，让孙传芳兼任了吴光新的长江上游总司令的职务。孙传芳奉命就职，迅速改编了这支皖系军队，把它变成了自己手下的武装力量。长江上游总司令这一职务，其地位是与一省督军基本齐平的，从此孙传芳的地位和势力更加高涨。

1921 年，湘军经过休整和扩充，再次在赵恒惕、夏斗寅、鲁涤平等人的率领下进攻湖北，湘鄂战争再次爆发。当时在湖北直系北洋军中最能打仗的就是孙传芳，王占元只好再次请孙传芳领兵接战湘军。孙传芳与王占元就如同吴佩孚之与曹锟，都被视为心腹大将。

孙传芳受命之后，亲率第二师精锐武力，开赴鄂南迎战湘军。这次赵恒惕是有备而来的，其部下鲁涤平更是善战之将。所以这次假如不是孙传芳率领第二师应战，那么湘军是有可能一举攻占湖北的。孙传芳就是孙传芳，他再次发扬了上次湘鄂战争中敢打硬仗的拼劲，率领手下孟昭月和张允朋两旅，在前线有效地抗击了湘军的进攻。

如果王占元能给孙传芳提供足够的后勤支持，那么孙传芳是有望像上次一样击溃湘军的。但是由于王占元的庸碌和贪腐，以致战争爆发后湖北境内兵变四起，王占元无力给孙传芳的前线军队提供足够的枪支弹药和后勤保障。在后方支持不力的情况下，孙传芳在与湘军激战十昼夜之后，不得不率部据险退守，准备休整后再战。孙传芳虽然退却了，湘军却不敢轻举冒进，在之前的激战中，他们已经领教了孙传芳所率第二师的厉害。

在这次湘鄂战争陷入僵局的时候，吴佩孚亲任援鄂总司令，他先派萧耀南和靳云鹗率部从陆路开进湘鄂战场，而后亲率水师战舰开进洞庭湖。湘军在北洋直系水陆并进大举反攻之下不断败退，赵恒惕被迫主动找吴佩孚和谈。吴佩孚为了回师北方与奉系角力，便借坡下驴与赵恒惕签订了停战协定。

这次湘鄂战争是吴佩孚打赢的，他在率部来援之前，就与曹锟拟定了援鄂方略，那就是援鄂不援王。所以在战争结束之后，曹锟和吴佩孚委任萧耀南为湖北督军，王占元被迫通电下野。吴佩孚虽然把王占元赶下了台，但他对孙传芳这个后起之秀青睐有加，不但亲自约谈孙传芳，而且给了孙传芳大批军事物资。孙传芳对吴佩孚这个前辈礼敬有加，他很清楚要想进一步获取直系的军政资源，必须取得吴佩孚的信任和器重。

吴佩孚虽然约谈和支援了孙传芳，但是孙传芳毕竟不是吴佩孚的嫡系力量，所以吴佩孚没有让孙传芳接替王占元的位置，而是把湖北的地盘交给了萧耀南。孙传芳虽然在湖北也算是一个人物，但他未能成为封疆大吏，如果没有新的发展机会，他是很难在地方军政格局中脱颖而出的。

## 由鄂援闽

1922年，为了争夺对北京政府的控制权，第一次直奉战争爆发了，直系军队主力在吴佩孚的率领下，击溃了张作霖奉系军阀的进攻，把奉系的势力压缩到山海关外。从此直系单独掌控了北京政府，曹锟和吴佩孚着手部署扩张直系在东南的势力。在当时的东南地区，有两个省份不在直系的控制之下，它们是皖系残余势力盘踞的浙江和福建。

卢永祥在浙江和上海一带盘踞了多年，有着较深的统治根基。在1920年直皖战争结束皖系战败的情况下，卢永祥成了皖系残余势力的骨干人物。而福建督军李厚基本来是投靠了直系的，结果他手下的第二十四混成旅长王永泉在皖系大佬徐树铮的策动下发动兵变，李厚基被赶跑了，王永泉以军务帮办的名义控制了福建省政，把福建纳了皖系的势力范围，与卢永祥控制的浙江和上海连成一片。

为了击溃皖系在东南的残余势力，把直系的势力扩张到闽浙两省，1922年秋，曹锟召见了直系新秀孙传芳，命他从湖北出发率部占领福建，然后从福建出兵占领浙江。为什么这次受命由鄂援闽的是孙传芳呢？因为此时直系头号健将吴佩孚要坐镇中原厉兵秣马，准备与奉系进行战略决战，而其他直系大佬都各掌省政，唯有手握重兵且能打硬仗的孙传芳还窝在湖北宜昌。

孙传芳受命之后肯定是兴奋异常的，因为之前自己连湖北督军的交椅都没坐上，假如此次由鄂援闽进展顺利，那么自己就有望掌握福建乃至浙江的军政大权。不过，孙传芳毕竟是个老谋深算之人；他并未被这突如其来的喜讯冲昏脑袋。因为他很清楚，直系事实上的头号强人是吴佩孚，要想获得充足的军政资源，必须取得吴佩孚的全力支持。

在接受曹锟的命令之后，孙传芳先去洛阳拜会了吴佩孚。孙传芳对吴佩孚极尽礼敬，而吴佩孚对孙传芳也是一向器重，这次二人会面之后吴佩孚电令湖北督军萧耀南，让他负责提供孙传芳援闽所需的一切军用物资。孙传芳率领第二师驻扎在宜昌一带，这对坐镇武汉的萧耀南来说是一支辅助力量，但也是一种潜在威胁。所以当萧耀南接到吴佩孚的命令之后，毫不犹豫地为孙传芳提供了三十万元的军费，并拨给孙军大批枪支弹药。

1923 年初，孙传芳经过充分准备，率领第二师从湖北开赴福建。如果直接进攻福建，第二师有望一战而胜，但自身也会折损兵力，孙传芳并不想过早消耗掉自己手上有限的军事资源，他打算不战而屈人之兵。为此，孙传芳通过曹锟知会江西督军蔡成勋，让他派驻赣将领周荫人率领第十二师，与自己联兵开进福建，对王永泉形成大军压境之势。

事实证明，孙传芳的谋划是奏效的，王永泉发现自己已经处在直系军力的包围之中，便主动向孙传芳示好，听凭孙传芳主宰福建的军政事务。孙传芳与周荫人和王永泉都是老同学，他们三个人之间是有私交的。孙传芳以军务督理的身份总领福建的军政事务，王永泉仍任福建军务帮办，周荫人出任闽北护军使。

孙传芳首次当上了封疆大吏，掌握了福建省的军政大权，自然是喜不自胜的。但是与此同时王永泉丧失了已经到手的权力和利益，他是不会善罢甘休的。虽然孙传芳已经主宰了福建的省政，但是王永泉的弟弟王永彝和部将臧致平、杨化昭等皖系人物，并不甘心臣服于孙传芳，他们一心想拥戴王永泉夺回权力。因此，孙传芳和王永泉之间的和平共处只维持了半年之久，到 1923 年秋双方就正式开战了。

王永泉所部不买孙传芳的账，实际上孙传芳的直系军力要想一举击溃王永泉的嫡系力量是轻而易举的。孙传芳密令周荫人回师福州，向王永泉所部发起了进攻。王永泉在福州的驻军不多，根本无力抵挡周荫人的进攻，只得率领残部逃往泉州，依附其弟王永彝。周荫人在孙传芳的命令下对王永泉穷追不舍，非要将其擒之而后快；在这种情况下，王永泉被迫一路狼狈逃窜，从泉州逃往厦门，再由厦门逃往上海，最后通电宣布下野。

孙传芳赶跑了王永泉，却并未完全解决他在福建的势力，臧致平和杨化昭联合王永彝的残兵败将，率部在闽南一带起事，打算联合皖系卢永祥和奉系张作霖，共同对付直系孙传芳。如果他们的阴谋得逞了，那么孙传芳将丧失掉他在福建获得的一切。孙传芳精准地评估了当时的形势，制定了正确的作战方略，最终击溃了敌人，在福建省站稳了脚跟。

1924 年初，孙传芳趁臧杨还未来得及联合外省势力之时，委派周荫人和卢香亭等人集中福建的直系全部军力，并联合福建民军势力，浩浩荡荡开赴闽南一带，一举击溃了臧致平和杨化昭的势力，把他们赶出了福建的地盘。臧致平和杨化昭兵败之后，经由江西退往浙江，投奔了主掌浙江军政的卢永祥。福建民军之所以肯受孙传芳指挥，是因为他们认定孙传芳会获胜。孙传芳之所以要联合这些民军，目的是一方面减少自身的伤亡，另一方面扩大自己在福建的统治基础。

臧致平和杨化昭残部逃奔浙江后，卢永祥的军力得到了扩张。而与此同时直系江苏督军齐燮元打算进攻卢永祥盘踞的上海，这就给孙传芳趁机挺进浙江提供了机会。孙传芳已经掌握了福建的军政大权，但是他不满足于只做一省大佬，而此时周荫人有了接掌福建军政之意，孙传芳便在适当的时候把福建军政委托给他，自己抽调直军主力开进浙江。

## 主政闽浙

1924 年 9 月初江浙战争正式爆发，直系齐燮元和皖系卢永祥的军队在江浙之间的宜兴、沪宁线和嘉定等地展开激战。双方投入了几乎全部兵力，誓把对方给消灭掉，从而抢占对方的地盘。由于双方势均力敌，而战斗意志又十分坚决，所以战争陷入胶着状态，一时之间不分胜负。

从江浙战争爆发第一天起，孙传芳就密切关注着战局的走向，他早已集结了所有精锐兵力，准备在最恰当的时机介入这场战争。当齐燮元和卢永祥两军打得难解难分的时候，孙传芳先通过手下王金钰向吴佩孚请战，在得到许可之后立刻率领卢香亭、谢鸿勋、孟昭月所部三个旅，开进闽浙边境的仙霞岭。

在江浙战争爆发前，卢永祥为了防止孙传芳趁机进攻浙江，便命令浙军张国威率领炮兵部队驻守仙霞岭一带。事实证明，卢永祥此举是十分失败的，因为张国威是孙传芳的同学，俩人之间的私交甚深。更为严重的是，卢永祥之前为了安排私人，剥夺了张国威的兼职，这就把张国威推到了孙传芳的阵营。于是，孙传芳事前得到了张国威提供的布防图，轻易就率部攻进了浙江地区。

卢永祥闻讯大惊，他打算亲自迎战孙传芳，可是他的主力正在江浙前线参战，是无法抽调回来的，只得命令陈仪率部前去抵御孙传芳，同时命令夏超为杭州警备司令驻守省城。陈仪和夏超所部，都是浙江本地军队，他们早就受够了皖系卢永祥的统治，遂有了借机驱逐卢永祥之意。与此同时，浙江士绅，也大力提倡浙江自治，打算借以驱逐卢永祥。

在局势非常有利于自己的情况下，孙传芳联合张国威、陈仪和夏超等所部势力，迅速击溃了皖系臧致平和杨化昭的军队，然后沿着富春江一线向前挺进，顺利开进了杭州城，并分兵掌控了浙江大部分地区。孙传芳的参战迅速改变了江浙战争的局势，在孙传芳和齐燮元的联合夹击之下，卢永祥先是率部退守嘉兴，而后被迫通电下野。

孙传芳由闽入浙，与他之前由鄂援闽一样，都是以最小的代价，获得了最大的回报。孙传芳本是战场上的猛将，但他此时已经成长为一名真正的大军统帅和军政大佬，总能以政治和军事双管齐下的方式来扩张自己的实力。在击败卢永祥之后，孙传芳和齐燮元在上海把酒言欢，以此来庆祝直系的胜利。齐燮元得到了他梦寐以求的上海地区，而孙传芳收编了卢永祥残部五个师的武装，这就意味着孙传芳比齐燮元得到了更重要的资本。

江浙战争结束后，曹锟正式任命孙传芳为闽浙巡阅使兼浙江军务督理，孙传芳名正言顺地掌握了浙江和福建两省的地盘，并逐渐把江西也纳入了自己的势力圈。此时孙传芳初步成长为东南地区的军政强人，他获得了辉煌的战果，也面临着前所未有的挑战。江浙战争虽然结束了，但是奉系借机入关，第二次直奉战争爆发了；而且冯玉祥发动北京事变，把直系首领曹锟囚禁了起来，吴佩孚也在这种情况下遭遇了惨败。

第二次直奉战争结束后，张作霖的奉系势力与冯玉祥共同掌握了北京政府，他们为了形成政治制衡，便把段祺瑞推为中华民国临时执政。而后，张作霖以帮卢永祥出气为名，派张宗昌率军南下攻击齐燮元，意在夺回江苏地区。在直系战败大局崩坏的形势下，齐燮元以一己之力和江苏一省，肯定是抵挡不住奉系张宗昌进攻的。在这种情况下，齐燮元派人向孙传芳求援，希望孙传芳念在直系同盟的情分上助其一臂之力。

孙传芳是个最会洞察时局的人，他很清楚地认识到，目前奉系风头正盛，如果自己介入齐燮元和张宗昌之间的战争，那么结果一定对自己不利。因此孙传芳非但旁观了张宗昌击溃齐燮元，而且派手下王金钰向张作霖示好，以便取得张作霖的谅解。王金钰是张作霖手下谋臣杨宇霆的同学，由他出面讲和最为恰当。更重要的是，张作霖目前尚无实力荡平东南，所以他痛快地接受了孙传芳的请求。张作霖在齐燮元通电下野之后，命令张宗昌停止向南进攻；孙传芳亲自赶赴上海，与张宗昌义结金兰拜了把子。

在直系战败的形势下，孙传芳仍能运用政治手段保住自己的势力范围，这不能不说他有着非凡的洞察力和交际手腕。孙传芳不但交好了奉系张作霖和张宗昌的势力，而且主动向段祺瑞示好，派人向这位皖系首领致敬。段祺瑞为了维持多极政治格局，也多次向孙传芳示好，对这位后起之秀极尽拉拢之能事，并于1925年以执政府的名义，授予孙传芳恪威上将军的职衔。

孙传芳一面向皖系首领段祺瑞致以礼敬，另一方面却在浙江省内清剿皖系的残余势力，比如他派手下卢香亭和谢鸿勋等部，击溃并改编了皖系王宾和陈乐山的部队。孙传芳玩弄这种两面手法，肯定会激怒段祺瑞，但是段祺瑞对此是无可奈何的。孙传芳所做的这一切，都是为了保住自己的既有地盘，尽力扩大自己的武装力量，为下一步争夺势力范围做准备。

# 称霸东南

1925 年，奉系大军挺进长江一线，张作霖分别任命杨宇霆、姜登选和邢士廉为地方军政长官，占领了江苏、安徽和上海等地，并有了南下扩张兵临浙江之势。在这种情况下，孙传芳有两种选择：一是向奉系投诚，甘心成为张作霖的部属；二是联合一切势力共同反奉，攻占苏沪皖富庶繁华之地。孙传芳是个枭雄，他选择了后者。

孙传芳敢于密谋反奉，主要有三个原因：一是奉系杨宇霆、姜登选和邢士廉等分别驻扎在南京、蚌埠和上海，他们彼此之间矛盾重重，所以奉系实力虽强却难以实现有效协作；二是孙传芳对自身实力有着足够的信心，他相信自己可以整合闽浙赣三省军政资源，集中力量进攻奉张势力；三是奉系之外的势力并不满意奉系控制北京政府并扩张势力，他们无不期盼战胜奉系，维护和扩大自己的既得利益。

杨宇霆是张作霖手下头号军师，他号称当世小诸葛，有着极强的军事参谋能力。所以杨宇霆深得张作霖的器重，在他坚决要求出掌江苏时，张作霖不惜得罪张宗昌和卢永祥，逼迫段祺瑞以执政府的名义任命他为江苏督办。但是，杨宇霆此前并未成功担任过一省军政长官，而且江苏不是奉系的老巢，本地势力对他并不心服，四周又尽是敌对力量，所以他在江苏的统治是极不稳固的。

为了积聚自身军政实力，孙传芳联络了福建督办周荫人和江西督办方本仁以及赣北镇守使邓如琢，责令他们筹措军费集结军队参与反奉。周荫人、方本仁和邓如琢等地方大佬，他们或者是孙传芳的部下，或者慑服于孙传芳的兵威，或者念及直系共同利益，或者唯恐自己的地盘为奉系所得，因此他们都积极支持了孙传芳的反奉大业，把孙传芳推举为闽浙赣三省共主。孙传芳尚未举起反奉的大旗，就已然掌控了东南三省的军政资源，所以他从一开始就有了抗衡奉系的本钱。

孙传芳在整顿了内部之后，便开始向外部拉拢同盟军了，他示好和结交过吴佩孚、冯玉祥、岳维峻、陈调元、张謇、张继等军政实力派和地方大佬。吴佩孚虽然在第二次直奉战争中意外兵败，但他的威名尚在且已部分恢复了元气，对直系势力有着最大的影响力。孙传芳派人以部将觐见统帅的礼节，向吴佩孚敬赠了五万大洋的军费，并拥戴吴佩孚出任十四省讨贼联军总司令，请他领衔讨伐张作霖的奉系势力。孙传芳的这一举措并未奏效，因为吴佩孚最恨的人不是张作霖，而是背叛了直系的冯玉祥。

孙传芳结交冯玉祥是很成功的，因为此时冯玉祥正在和张作霖争夺对北京政府的控制权，冯玉祥巴不得联合一切力量来对付奉张势力。在这种情况下，孙传芳和冯玉祥义结金兰，建立起攻防军事同盟，对张作霖的奉系势力形成了最大威胁。有了冯玉祥的支持，孙传芳便得以联合河南督办岳维峻，因为岳维峻是冯玉祥和胡景翼的部将，岳维峻是服从冯玉祥的指示的。孙传芳联合岳维峻之后，就对奉张在苏皖的势力形成了夹击之势，从战略态势上赢得了主动。

为了分化和瓦解杨宇霆在江苏的势力，孙传芳派人密谋联络了江苏军务帮办陈调元，希望他可以作为反对杨宇霆的内应。陈调元本来是直系首领冯国璋的部将，对直系旧情难忘，只是迫于奉系的兵威才依附奉系的。现在见孙传芳来联络自己，他立刻表示要回归直系，愿意作为直系讨伐奉系的内应。陈调元的转向具有决定意义，他的态度在很大程度上决定了江苏的归属，也决定了孙传芳讨伐奉系的胜负。

除了联络陈调元外，孙传芳还派人联络了江苏士绅领袖张謇，请他领衔以江苏自治的主张来反对奉系对江苏的统治。奉系虽然实力庞大，但是首领张作霖等人是马匪出身的，所以奉系军队的军纪十分涣散，在攻占和统治江苏的时候肆意滋扰地方百姓，遭到了民众的普遍反对。张謇作为江苏士绅领袖，他手上虽无兵权，但是可以调动丰厚的财政资源和政治影响，他的态度对于孙传芳的胜负也是至关重要的。在孙传芳主动示好之后，张謇也向孙传芳的使者表达了联合之意，张謇打算借孙传芳来驱赶奉系在江苏的势力。

除了联络这些军政大佬和士绅领袖之外，孙传芳还派人赶赴上海会见并资助了国民党要人张继，希望可以通过张继联络国民党领袖孙中山，防止孙中山在孙传芳北征的时候从背后发难。孙传芳通过张继结好孙中山的工作也十分顺利，这样他就暂时免除了来自南方的后顾之忧。

军事不过是政治的延续，一旦取得了政治上的优势，那么就很容易赢得军事上的胜利了。目前张作霖的奉系势力看上去强大，但是他们已经处在孙传芳建立的反奉联盟的包围之中了，因此孙传芳的胜利和张作霖的失利就没什么疑问了。孙传芳这个军政强人，在战场上精于用兵，在战场之外也做足了文章。

1925 年 10 月，经过充足准备的孙传芳趁奉系未作出应对之时，下达了向北征讨的战令，由江浙边境分三路出击：以李宝璋师直扑上海，以卢香亭师渡太湖袭占丹阳，以谢鸿勋师经宜兴攻取南京。这三师是孙传芳手下的精锐武力，他们的装备和战力是足够强的，再加上孙传芳的统筹和三个师长的指挥，攻克奉系胜利在望。

杨宇霆本来有着充足自信，他没想到孙传芳敢于率先讨伐自己，更没想到陈调元已经投靠了孙传芳，所以在战争爆发前他没有做出相应的准备和部署。在孙传芳大军压境之下，陈调元趁机倒戈，杨宇霆立刻陷入了被动挨打的境地，他只得急令奉军撤退。假如杨宇霆能够镇定下来，一面组织抵抗一面向张作霖求援，那么战局还不至完全崩坏。可惜这个小诸葛被这场突如其来的事变给吓得肝胆俱裂，不但下令全军撤退，而且率先向北逃窜。杨宇霆逃得足够快，所以他没被抓获；但是他手下的军队由于缺少战车和轮渡，大部被孙传芳俘获收编了。

孙传芳进占了南京，杨宇霆所部或逃或降，这一下子就改变了直奉两系之间的力量对比。在这种形势之下，驻扎在上海的邢士廉和驻扎在蚌埠的姜登选也只得率部逃窜。孙传芳趁机攻占了苏皖沪两省一市，赢得了对奉作战的胜利，成了掌控五省一市的东南霸主，令有关各方侧目而视。孙传芳虽然成名较晚，但在北洋后期崛起迅猛，迅速成为北洋系新三巨头之一。

孙传芳占领了苏皖沪之后，张作霖派张宗昌率军南下，要与孙传芳决一雌雄。张宗昌上次攻占江苏后，张作霖把江苏的地盘先后赏给了卢永祥和杨宇霆，根本就没给他，所以他是十分不满的；这次张作霖让他南下征讨孙传芳，他并不是心甘情愿遵从张作霖的指令，而是怕孙传芳乘胜北上夺了他的山东地盘。

一年之前，孙传芳曾与张宗昌结为异性兄弟，现在这对把兄弟开始在战场角力了。张宗昌把军队开到蚌埠一带，命其手下先锋施从滨率部抗击孙传芳的军队。施从滨作战十分顽强，在给孙传芳所部以极大杀伤之后被对方擒获。按照当时的惯例，对待高级战俘一般是囚禁起来或者干脆放掉，孙传芳却坚决下令把施从滨斩首示众了。

孙传芳杀了施从滨，把张宗昌打回了山东地界，完全掌控了浙、闽、苏、皖、赣五省和沪市。为了壮大声势，孙传芳在徐州大摆庆功宴会，把治下各路军政要人请来参加，颇有扬威中原不可一世的气概。随后，孙传芳下令成立五省联军总司令部，自任联军总司令兼江苏总司令，又委派手下将领为各省总司令，正式建立起了他对东南地区的军政统治。

五省联军总司令部成立后，孙传芳在东南辖区自行任免官吏，完全不受外界任何干预。孙传芳不但任命了总司令部的各级官长，而且任命了各省省长，他任命的这五省省长分别是：江苏省长陈陶遗，浙江省长夏超，安徽省长王普，福建省长萨镇冰，江西省长李定魁。孙传芳任命这些人为省长，就是让他们来制约各省总司令，实行一定程度上的军政分治，以此来巩固自己的统治基础。

孙传芳为笼络地方士绅，还聘请江浙知名人士为顾问，其中有张謇、吴士鉴、俞志韶、章炳麟、李根源、刘之杰、张联棻、蒋方震、贾恩绂、王金钰、赵恒惕、王懋赏、丁文江、傅筱庵等人。另外，孙传芳还聘老同学冈村宁次为高等军事顾问，让他帮忙训练军队，借以提高军队战斗力，并借此与日方建立某种形式的联系。

东南地区数百年来都是中国富庶之地，财税钱粮取之不竭，孙传芳统治了这片土地之后，便悉心经营这个半独立王国，根据当地的承受力来收取赋税，然后拿来养兵练武发展军力，进一步收拢军政资源，为夺取天下做准备。

然而，时代的车轮在前进，北洋统治已进入尾声，因为南方国民政府顺应时代发展，得到民众支持，完全掌握了两广地区，已准备北伐。孙传芳也无力扭转形势，他最终将丧失东南霸主的地位。

## 由盛转衰

孙传芳迅速成为东南霸主，而又迅速丧失了这一霸主地位，他的霸业之路真可谓"其兴也勃焉，其亡也忽焉"。孙传芳的霸业，是建立在他突然击败北边的奉张基础之上的，他认为只要击败张作霖就能掌控北京政府。孙传芳不会明白，武人治政的军阀统治不可能长久，北洋政府的败亡之日就在近前了。

孙传芳的如意算盘是：联合吴佩孚和冯玉祥，实现直系的大团结，然后共同对付张作霖，以求能够夺取对北京政府的控制权。为了实现这一战略目标，孙传芳出面恳请吴佩孚担任十四省讨贼联军总司令。这也是冯玉祥的想法，他指示部将鹿钟麟释放了直系首领曹锟，打算以此来换取吴佩孚的谅解。吴佩孚对冯玉祥恨之入骨，他是不会原谅和联合冯玉祥的。

于是当吴佩孚担任十四省讨贼联军总司令时，他矛头所指的目标不是张作霖而是冯玉祥。不仅如此，吴佩孚与张作霖尽释前嫌还义结金兰，建立起了攻防军事同盟，共同对付冯玉祥。吴佩孚此举令孙传芳非常恼火，因为孙传芳势力范围的北边是张作霖而非冯玉祥，联张攻冯对于孙传芳来说毫无意义，不适合通过远交近攻来扩张势力。因此，在吴佩孚联合张作霖进攻冯玉祥的时候，孙传芳驻足东南作壁上观，不肯介入这一场混战。

1926 年 4 月，吴佩孚与张作霖的军队采取南北夹击的战略战术，一举击溃了冯玉祥在北京周围的军队，冯玉祥被迫撤退到西北地区。吴佩孚正想乘胜追击报当年的一箭之仇时，南方国民政府开始率军北伐，一举攻占了湖南地区，并迅速威胁到长江一线。在这种情况之下，吴佩孚怕武汉大本营有失，紧急撤军南下阻挡北伐军。吴佩孚收缩了阵线，集兵于武汉周围，试图一举击败前来北伐的国民革命军。

吴佩孚没料到北伐军是如此强大，正如孙传芳没有料到国民政府是最危险的敌人一样。北伐军张发奎部迅速攻克了重要据点贺胜桥和汀泗桥，随即攻陷了武汉三镇，吴佩孚只得后撤到河南地区。在北伐军大兵压境的时候，张作霖曾主动表示要援助吴佩孚；吴佩孚怕张作霖趁机抄自己后路，便拒绝了他的"好意"，转而求援于孙传芳。在吴佩孚看来，孙传芳毕竟是自己扶植起来的直系统帅，念在直系一体和唇亡齿寒的份儿上也会救援自己的。

当吴佩孚派人向孙传芳求援时，孙传芳还在打着自己的小算盘，他早就觊觎吴佩孚的直系首领地位了，他准备等吴佩孚和北伐军拼得两败俱伤之际再出兵，这样就能坐收渔翁之利了。这次孙传芳聪明反被聪明误了，因为战场局势推进得太快了，还没等自己做好准备，北伐军就击溃了吴佩孚并攻占了两湖，随即向自己的江西地盘杀来。

1926年9月，孙传芳设总司令部于九江，集中自己的嫡系力量，兵分三路迎战北伐军。北伐军士气高涨作战顽强，双方刚一接触，孙传芳手下的西路总指挥谢鸿勋即为流弹所伤，伤重而死。这么一来孙传芳的西路军由于缺乏统一指挥，而遭到了北伐军的迎头痛击，被打得四散而逃溃不成军。西路军的受挫只是一个开端，孙传芳命令陈调元反攻武汉，陈调元却按兵不动保持中立，这就让孙传芳陷入被动。

北伐军李宗仁和白崇禧部对孙传芳的军队发起进攻，孙传芳派卢香亭和郑俊彦部发起反攻。两军经过一个半月的激烈攻防战，最终以孙传芳军队的失败告终，孙传芳只得率领残部撤退到江苏地区，江西全省落入了北伐军之手。

在孙传芳激战江西的时候，他曾经派福建总司令周荫人进攻广东，打算用釜底抽薪之计来瓦解北伐军的斗志。按说孙传芳的思路是对的，北伐军大举北进，广东后方必然空虚，周荫人从福建就近开进广东，应该是能起到"抄底"的功效的。没想到的是，留守广东的何应钦非但没有请求北伐军回援，率领几千人的队伍就打垮了周荫人，还乘胜追击并占领了福建。

随着江西和福建落入北伐军之手，孙传芳的地盘只剩下了江苏、安徽和浙江三省和上海一市，这个东南霸主的实力急剧缩水。目前孙传芳已经领教了北伐军的厉害，再也不敢小觑国民政府了，他打算保住这三省一市的势力范围，等局势有利于自己时再大举反攻。可是，老天不会给他机会了，随着孙传芳的败退，浙江省长夏超就开始与他离心离德了。当年孙传芳开进浙江时，夏超为了驱逐卢永祥而投靠了他；现在眼看孙传芳日入颓势，夏超作出了明智的选择。

孙传芳迅速派人抓捕并处决了夏超，打算以此来震慑浙江军民的不臣之心。在处决了夏超之后，孙传芳发现要想稳定浙江的形势，还得重用浙江本土人士，于是他又任命陈仪为浙江省长。陈仪在接掌了浙江的政权之后，受到了同乡蒋介石的拉拢，他选择向北伐军投诚。随后，孙传芳在浙江的军队孟昭月部被北伐军击败，浙江也落入了北伐军之手。

随着浙江地盘的丢失，孙传芳只剩下苏皖沪的势力范围了，而且他早就对安徽督办陈调元的忠心有所怀疑。为了免于打草惊蛇，并借以收买陈调元，孙传芳派人给他送去了大批军费，希望他能够继续效忠自己。孙传芳没能收买陈调元，正如他没能震慑陈仪一样，陈调元最终选择向北伐军投诚，安徽也落入了北伐军之手。至此，孙传芳的地盘只剩下了江苏一省和上海一市，他的东南霸主地位宣告终结。孙传芳最初能够掌控东南地区，主要是依靠各省本土势力的投靠；现在他的失败，也主要是由于本土势力的离去。

## 痛失一切

1926 年 10 月，遭遇惨败的孙传芳派人联络了直系首领吴佩孚和皖系首领段祺瑞，打算建立反抗北伐军的三角联盟。随后，三方联席会议在南京召开，孙传芳主持了会议，吴佩孚派部下熊炳琦参加，段祺瑞派部下靳云鹏参加。在这次会议上，孙传芳本想取得三方合作，没想到靳云鹏在会上大肆吹捧段祺瑞，同时严厉斥骂吴佩孚，引起了熊炳琦的激烈反驳。结果，这次会议没能达到预期目的，这个三角同盟胎死腹中了。

其实，就算孙传芳能够成功与吴佩孚和段祺瑞结盟，也已经毫无意义了。因为吴佩孚和段祺瑞均已兵败下野，他们手上的武力已经消耗殆尽了。眼下要想抵御国民政府的北伐军，孙传芳唯有联合那个他一向视作对手的张作霖了。张作霖及其手下张宗昌和杨宇霆等人，他们心里肯定还是记恨孙传芳的，但是在北伐军和冯玉祥军的联合夹击之下，奉系所能联合的力量也唯有孙传芳了。

孙传芳经过深思熟虑，认定奉张一系能与自己结盟，便派人主动示好于张宗昌，请他在张作霖面前替自己美言。1926 年 11 月，孙传芳亲自秘密北上，赶赴天津拜会了张作霖。俩人见面后，孙传芳首先向张作霖致歉，张作霖随即表示既往不咎。经过一轮会谈，双方达成了一致意见：两派化敌为友，成立联合武装安国军，张作霖出任总司令，孙传芳和张宗昌担任副总司令，团结一致对抗北伐军。

孙传芳与张作霖结盟之后，1927 年初张作霖派张宗昌率军南下，"援助"孙传芳驻防江苏。张宗昌不但是来帮忙的，而且是来夺权的，他进占江苏和上海后，就逼迫孙传芳辞去江苏地方长官的职务，指示部将褚玉璞接掌了江苏军政事务，同时指示部将毕庶澄接掌了上海防务。至此，孙传芳丧失了自己的最后一块地盘，率领残余势力协助奉系迎战北伐军。

1927 年 3 月，北伐军从浙江和安徽两地同时出兵，向江苏和上海发起钳形攻势。孙传芳和张宗昌的直奉联军不敌北伐军，被迫自南向北撤退，一直撤退到徐州和蚌埠一带。与此同时，褚玉璞放弃了南京，毕庶澄放弃了上海，北伐军的势力控制了大半个中国。在这种情况下，蒋介石通过张群联络了孙传芳，请他放弃与奉张的联盟关系，加入北伐军的阵营。孙传芳拒绝了蒋介石的要求，誓与北伐军奋战到底。

1927 年 5 月，北伐军向北渡过长江，大举进攻孙传芳和张宗昌的直奉联军，迅速占领了蚌埠和徐州。而与此同时，冯玉祥也率军攻占了洛阳，与北伐军形成了合流，共同夹击直奉联军。在这种情况下，孙传芳只得率残部北撤，进行战略休整。

1927年6月，张作霖在北京召开军事会议，孙传芳率先提出成立安国军政府，请张作霖出任大元帅。为了利用孙传芳反攻北伐军，张作霖给孙传芳提供了大批军费和军火；孙传芳趁机招兵买马，迅速扩充了军备。而与此同时，北伐军由于内部发生了国共分裂，所以士气低落攻势放缓了。孙传芳抓住了这一战机，率领郑俊彦和李宝璋所部力量，迅速南下出击北伐军。

孙传芳这次率军南下，是准备与北伐军决一雌雄的，事实证明他确实选对了时机。孙传芳手下的李宝璋率领的是孙传芳的主力部队第二师，这是一支身经百战的精锐武装。李宝璋率领这支部队迅速开进徐州地界，向北伐军第十军王天培的部队发起了进攻。王天培没想到孙传芳竟敢反攻，在仓促之间疲于应对，被李宝璋所部打得大败。王天培也算是名将，他突然兵败后撤，令蒋介石十分震怒。蒋介石为了重振北伐士气，便下令抓捕并枪决了王天培，但是北伐军暂时仍然未能反攻徐州。

孙传芳在收复徐州之后，趁着国民政府内部矛盾重重之际，率领全军渡江南下，准备夺回曾经属于自己的东南地盘。但事与愿为，在孙传芳率师渡江的时候，遭到了北伐军的围追堵截。结果，孙传芳手下武装大部被击溃和收编，他只得率领残兵败将逃往北方，重新依附张作霖的奉系势力。

孙传芳兵败北逃后，张作霖再次为他提供了充足的军费和枪械，他重新招兵买马扩充实力。经过短暂休整和扩充，孙传芳又拥有了三个军。他奉张作霖之命，设总司令部于山东济宁，以鲁西前线总指挥的职务，率部抵抗北伐军的进攻。1928年初，蒋介石和冯玉祥联合夹攻山东一带。孙传芳顽强顶住了这轮攻势，给北伐军以极大杀伤。但是，随着张宗昌的兵败后撤，孙传芳再也无力挽回战场上的不利态势了，只得率部逃往直隶滦州一带。

1928年6月，张作霖自知不敌北伐军，便放弃北京率部逃回东北老巢。

他的专列开到沈阳郊外皇姑屯的时候，他被日本人预先埋下的炸药炸伤，而后伤重不治死在了督军署。张作霖东撤之后，孙传芳打算率部随行，可是他手下的将士大多不愿出走山海关外，孙传芳也无可奈何。在这种情况之下，新近加入国民政府的阎锡山率军开赴京津一带，孙传芳便把手下军队交由阎锡山改编了。

孙传芳交出了军队，也就丧失了争夺天下的资本，只身一人出关赶赴沈阳，寄居于奉系的卵翼之下。张作霖死后，其子张学良就任东北保安总司令，掌握了东北地区的军政大权。张学良准备归顺国民政府，孙传芳认定北伐军会发生分裂和内耗，便建议张学良先割据东北，再寻机入关夺取北京政府。本来孙传芳当初驱赶过杨宇霆，两人之间有过节，但在奉系的何去何从问题上，两人达成了一致意见。

杨宇霆是奉系元老，在张作霖死后，他以长辈的姿态对待张学良，激起了张学良的严重不满。于是，张学良采取突然袭击的方式，枪杀了杨宇

刺杀孙传芳的施剑翘

霆及其盟友常荫槐。在杨宇霆被杀后，孙传芳怕自己受到牵连，便逃到大连。孙传芳在大连期间，仍然多次建议张学良在东北实行自治，结果遭到了张学良的拒绝。1928年底，张学良在东北宣布：遵守三民主义，服从国民政府，改旗易帜。这样一来，孙传芳就丧失了唯一的希望，他的依奉再起之梦彻底破灭。

1931年九一八事变之后，孙传芳离开东北隐居天津，在北洋大佬靳云鹏的引荐下皈依佛门，整日以吃斋念佛为务，再也不肯过问政事。在此期间，日本特务头子土肥原贤二和军政要人冈村宁次多次拜会孙传芳，打算请他领衔成立华北伪政府。孙传芳虽然与冈村宁次是老同学，但他仍坚持民族大义，不愿做汉奸被日本人利用，所以他断然拒绝了日方的要求。

1935年冬的一天下午，孙传芳正在居士林佛堂里打坐之时，有个陌生女子前来拜会他。该女子进来后，掏出勃朗宁手枪冲孙传芳连开三枪，将他当场击毙。这名女子就是十年前被孙传芳处决的施从滨之女施剑翘，她为报父仇隐姓埋名历尽磨难，最终亲手将杀父仇人孙传芳杀死。施剑翘刺杀孙传芳成了民国期间一大轰动性新闻，她最终被国民政府主席林森赦免了刑责。孙传芳为他先前的杀戮埋了单，死时年仅五十周岁。

## 性情中人

关于孙传芳的婚姻家庭留下的记载不多。根据目前的史料来看，他一生娶了三位夫人，生了四个儿子和三个女儿。

孙传芳的第一位夫人是张氏，这是孙传芳从日本留学归来之后，在母亲的安排下，在济南迎娶的结发妻子。

孙传芳的第二位夫人是何洁仙，她原是当时湖北督军王占元府中的丫鬟，同时被王占元和孙传芳看上了，因王占元惧内才没纳为小妾。当时适逢湘鄂战争爆发，王占元指望能征善战的孙传芳代其挂帅出征，孙传芳趁机提出他要迎娶何洁仙，王占元只得答应了他的要求。

孙传芳的第三位夫人是周佩馨，当时孙传芳身为长江上游总司令驻防宜昌，而其妻何洁仙忽然病逝，孙传芳专程赶赴宜昌女子师范学校挑选美女，当时被孙传芳看中的周佩馨只有十六岁。孙传芳追求周佩馨，最能彰显孙传芳的个性，他一眼就看上了少女周佩馨，然后就对人家行了个标准军礼道：周小姐，请你嫁给我！周佩馨当场被吓得哇哇大哭逃回家去，孙传芳则紧随其后，亲自到周家提亲。周家慑于孙传芳的威势，只得答应了这门亲事，而后孙传芳便迎娶了这位幼妻。

孙传芳的四个儿子分别为孙家裕、孙家震、孙家均和孙家勤，其中名气最大的是四子孙家勤，因为他是一代书画名家张大千的关门弟子。孙家勤五岁时，孙传芳就遇刺身亡了，他是由母亲周佩馨带大的，1949年后先到台湾，后来去巴西投到张大千门下，专攻山水花鸟，2010年病逝于台湾。

# 功过参半

孙传芳的一生只有五十年，他在北洋团队中成名较晚，但他趁势而上因人成事，迅速崛起于东南五省一市富饶之地，成为北洋后期的三大巨头之一。孙传芳称霸东南的时间较短，很快就被国民革命军击溃，从而丧失了赖以争霸的地盘和军队，而后被迫通电下野，最终惨死于仇人女儿复仇的枪下。孙传芳的一生，是行军打仗的一生，同时是毁誉参半的一生。

孙传芳以最寒微的出身，凭借其勤奋和权谋，一步步成长为北洋系军政大佬，也曾攻无不克战无不胜，也曾纵横捭阖执天下之牛耳，这也是那个动荡年代的传奇大戏。孙传芳在主政东南期间，充分发扬地方自治精神，委任本土军政人物和地方士绅名流参与到政权中来，初步拓宽了他在辖区的统治根基。另外，孙传芳在辖区初步实行了军政分治，注意当地百姓对税收的容忍度，积极发展教育和实业，实行了一些有利于经济发展的政策和措施。

　　但是，孙传芳毕竟是个军阀，他经营华东地盘的目的，主要为个人的权势，想进一步争夺北方乃至全国的霸权，并试图以武力统一中国。因此，孙传芳在辖区大力发展军事工业，把大部分财力用于养兵经武，从而忽视了民生产业的发展。另外，孙传芳在战争期间一直是用铁血手腕进行强势推进的，为了震慑对手和反叛势力，他不惜大开杀戒，最终为此赔上了身家性命。

　　孙传芳的败亡，标志着北洋系的垮台和北洋时代的终结，历史掀开了新的一页。

## 第九章

## 直鲁军阀张宗昌

张宗昌是北洋后期奉系军阀的大佬之一，也是从奉系军阀里衍生出来的鲁系军阀的首领，他一生的经历是复杂曲折的，他在历史上的花哨事和混号也是最多的。笔者要告诉大家的是，张宗昌出现在民国军政舞台上，还演绎出那么多怪相来，这是那个时代风云变幻的产物，也与张宗昌早年的出身和经历有关。

张宗昌在当上"山东王"之后，对辖区实行了军政统治和野蛮搜刮，并且镇压过青岛日商纱厂工人罢工运动，所以在历史上的名声很坏。

关于张宗昌，历史上有着各种传说和笑料，这些东西未必完全真实，但是基本反映了张宗昌传奇的一生。笔者将本着尽力还原真相的原则立场，对相关史料进行分析和考证，希望能够写出张宗昌的本来面目，从而为我们了解北洋军阀提供一个参照。

## 流落江湖

1882 年初，张宗昌出生在山东掖县（今莱州市）祝家庄的一个普通农民家庭，其父名叫张锡福，其母名叫侯栓妮。张宗昌在幼年时期，家境虽然不是很好，但是勉强读得起私塾，所以他还算得上粗通文墨，不是大字不识一个的文盲。

张宗昌的生活很快就陷入了困顿，因为他父亲突然病死了，他被迫离开私塾，小小年纪就得混世谋生了。张宗昌别无所长，只好外出讨饭，不仅他个人是如此，全家人都要靠当乞丐才能活命。张宗昌九岁那年的一个冬天，其母侯栓妮冒着风雪外出觅食，在冻饿交加之中晕倒在路边了。当时正好有个贾姓男子路过，便救了侯栓妮的性命，而后侯栓妮嫁给了这位贾姓男子，于是张宗昌有了继父。

后来，张宗昌发迹了，不但对母亲极其孝敬，而且对这位贾姓继父的救母之恩铭刻在心，把他当做亲生父亲看待，甚至对这个贾老头的姜室祝巫婆都十分孝敬。张宗昌能如此仁义和豁达，是与他不受传统观念约束的豪爽性情直接相关的，这在现在看来已经没什么了，但在旧中国绝对是难能可贵的。

除了讨饭之外，少年张宗昌还给当地的富户放过牛，也在别人举办红白喜事时当过放铳手，还在饭馆里做过伙计，都是为了能混上一碗饭吃。张宗昌所做的都是小活儿，所以他经常饥寒交迫，连吃上一顿饱饭都是个难题。这种艰难困苦磨炼了张宗昌的个性，他变得勇敢坚强、灵活多变、皮厚心黑，因为不如此他就难以生存。

张宗昌十五岁那年，更大的灾难降临了，胶东一带发生了严重饥荒，在这种情况下，他连讨饭都没有门路了。当时的山东民众，为了能够混碗饭吃，便纷纷离开家乡，成群结队地闯关东去。闯关东又叫下关外，就是逃荒到山海关以东的东北地区谋生，因为当时的东北地区相对比较富庶，能够为这些饥民提供生存空间。

当年闯关东的逃荒队伍浩浩荡荡，大家只有步行乞讨前去，因此能够坚持到目的地的只有一部分幸运儿。在逃荒者前行的途中，有人因饥寒交迫或累病交加就死在路边了。张宗昌见识过人世间最悲惨的遭遇。

张宗昌在东北闯荡期间，跟他之前在老家谋生差不多，总是干些难以填饱肚子的工作，比如给人打零工或者放牛牧马。据溥仪在《我的前半生》中说张宗昌是做过土匪的，但是此说受到了张宗昌之女张端女士的反驳。张宗昌能在艰苦的环境下生存下来，本身就要敢想敢干和不择手段，而他后来的发展经历也证实了这一点。

1899 年，时年十七岁的张宗昌找到了一份比较稳定的工作，给沙俄修筑中东铁路。中东铁路又称东清铁路或东省铁路，是沙俄为侵占中国东北地区资源而修筑的一条丁字形铁路，这条铁路就是今天的长春铁路。如果上升到民族大义上来认识问题，张宗昌是不该参与修建这条铁路的，但是他作为一个彻底的三餐不继的混混，是没有条件和资格思考这种大是大非的问题的，他很主动地加入了筑路的队伍。

张宗昌非常珍惜这个工作机会，在修路工作中非常卖力而又勤于学习，很快就成为一名技术人才。张宗昌本来是个普通的铁路扳道工，没有任何背景和靠山，但他凭借为人豪爽重义轻利，很快就成为了修路工人中的领袖人物。

当时参与修筑中东铁路的中国工人，少说也有数千人，沙俄铁路当局要想顺利完成修筑任务，必须在一定程度上满足这些工人的某些利益诉求。可是，由于中俄语言不通，所以在施工管理过程中发生了许多误会和冲突。在这种情况下，张宗昌引起了俄国人的注意，因为这个青年在工人中的威望很高；而且更为难能可贵的是，他有着过人的语言天赋，很快就学会了用清晰、准确、流畅的俄语跟俄国人交流。

张宗昌不但引起了俄国人的注意，而且受到了他们的重用，他逐渐成为了一名正式的工头和翻译。这种转变对于张宗昌的人生来说，是一种质的飞跃，因为从此他就不再是那个靠出卖力气混饭吃的小瘪三了，而是成长为一名以才能、谋略和胆识纵横江湖的大哥级人物了。在当工头的过程中，张宗昌学会了组织队伍和选拔人才，许多工友后来成了他的部将；在当翻译的过程中，他学会了用政治和外交手腕解决问题，认识了一帮俄国朋友，为他后来去俄国发展准备了条件。

中东铁路工程结束后，在俄国人的帮助下，张宗昌带领一批工友，穿越中俄边境到达西伯利亚，开始了他的淘金生涯。当时的西伯利亚金矿开采业十分兴盛，中俄两国的民工纷纷加入了这一行列。张宗昌在当地大受欢迎，他很快就成了一个工矿企业的总工头。按说张宗昌混到了出人头地的程度，他已经无须再干体力活了，但他为了跟工友们打成一片，还是每天参加生产劳动，并且很快就成了一名淘金能手。

张宗昌在俄国活动期间，凭借其总工头的地位和过人的交际能力，认识了一大批沙俄军政界的人物，这一经历为他日后收编俄国旧军队组建白俄军团打下了基础。

张宗昌在俄国的淘金生活过得很得意，如果社会形势不发生剧变，估计他的人生就基本定格了。可是，当时的中俄两国都处在变革时期，革命运动和思潮已经铺天盖地了；张宗昌虽然不怎么读书，但他是个政治敏感度很强的人，时常从报纸上了解国际国内形势。张宗昌意识到，沙俄帝国的动荡很快就会到来。从此，张宗昌更加留意时事，准备在适当的时候回到中国远离是非之地。

## 投身革命

张宗昌成为北洋军政大佬是后来的事，他在清朝末年并未加入北洋系的阵营，在辛亥革命爆发后也是选择了加入革命军的队伍。张宗昌倾向于革命，与他的家庭出身是分不开的，是清王朝的腐败造成了他早年的苦难，现在改天换地的时候到了，他自然要加入到这一洪流中去了。然而更为重要的原因在于，张宗昌是个天生的野心家，他从这场变局中看到了出人头地的希望。

1911 年底，在革命党人张西曼等人的影响下，张宗昌号召部分在俄矿工跟他一起回国参加革命。这些华工在俄国的淘金生活虽然并不富足，但是基本解决了温饱问题，回国参加革命对他们来说充满了未知的前景，假如没有张宗昌的带动他们是不会太过积极的。现在有了张宗昌的号召，他们纷纷行动起来，愿意回国参加革命，他们认定跟着张宗昌是有前途的。

1912 年初，张宗昌率领这支矿工队伍回到了老家山东，投奔了当时的都督胡瑛，张宗昌便成了胡瑛的部将。但胡瑛是南京临时政府任命的，袁世凯掌权之后就更换了山东都督，胡瑛只得卸任离职率部南下，张宗昌便跟随胡瑛去了上海，投奔了上海都督陈其美。

陈其美是革命党领袖孙中山的左膀右臂，掌握着上海的军政大权。陈其美掌控的武装，主要是拱卫上海的光复军。当胡瑛率部到达上海的时候，陈其美收编了他的队伍，把张宗昌的人马编为一个团，划归光复军的一部分。

张宗昌成了陈其美的部属。他有着多年闯荡江湖的经验和阅历，与常年混迹帮会的陈其美是有共同语言的，所以张宗昌深受陈其美赏识和器重。张宗昌从一名流亡国外的总工头，没有参加起义，就成了民国正规军的团长。这个转变对张宗昌来说是意义重大的，这个起点也算是很高的，我们须知此时蒋介石也是陈其美手下的团长。

做团长对于张宗昌来说只是个起点，他不会满足于这个中层军职，为了向上攀登他又转投了江苏督军程德全。程德全作为一名清朝官僚出身的封疆大吏，他更需要一名与革命党渊源不深的人才来为他打理军队。为了加强对辖区的控制，1913 年他组建了江苏陆军第三师，并任命草莽出身的张宗昌为该师师长。师是当时的最高军事单位，张宗昌真可谓一步登天。

1913 年 7 月二次革命爆发，张宗昌作为江苏陆军第三师师长被派往徐州前线率部抵挡北洋军。这是张宗昌第一次介入战争，他本想在沙场建功的，可是形势的发展不容他有所作为了。当时的讨袁军根本无力抵御强大的北洋军，江苏都督程德全率先从南京逃到了上海。连上司都这么没信心，张宗昌更是无所适从了，他很清楚以自己手下这支军队，根本无力改变战争的结局，要想保存自身实力必须改换阵营。

# 直系要人

当冯国璋和张勋的北洋军大兵压境的时候，张宗昌经过短暂接战，便率部投降了冯国璋。当时的冯国璋也想速战速决，并趁机壮大自身实力，因此他很爽快地接纳了张宗昌，把张宗昌所部变成了直系的一部分。张宗昌的这次转向对他的一生具有奠基意义，从此他加入了北洋军阀的阵营，成为了一名非北洋系出身的北洋大佬。尽管后来张宗昌在直皖奉三系之间投机，但他始终没有脱离北洋军政集团。

冯国璋作为北洋直系集团的首领，他当时掌握着北洋系中最强大的一支军队，所以他先是北上出任直隶都督，而后南下出任江苏将军，始终掌握着当时中国最为强大富庶的省区。从1913年开始，张宗昌成了冯国璋的亲信部属，也成了直系的一员大将，他在直系内部的地位是与曹锟齐平的，连吴佩孚都不足以与他相提并论，连袁世凯都对他青睐有加。

1916年夏，为了对付孙中山的中华革命党，张宗昌奉袁世凯和冯国璋之命，指示部下程国瑞刺杀了陈其美。陈其美是孙中山的左右手，也是蒋介石的结拜大哥，当年蒋介石投靠孙中山都是他推荐的，他的死对于革命党来说是个重大损失。张宗昌刺杀了陈其美，就为北洋系立了大功，但是同时与蒋介石结下了深仇。后来北洋系垮台的时候，张宗昌没能被国民政府接纳，据说就是由于蒋介石对此仇不能释怀。

1916年10月，冯国璋被选举为副总统，他为了保住江苏地盘，就在南京就职并兼任江苏督军。冯国璋在南京设立了副总统府，而张宗昌作为亲信部属，被任命为侍卫武官长。从此张宗昌担负起保卫冯国璋的重任，同时代冯国璋处理一些军政事务，成了直系内的红人，并对全国的政局有了一定的影响力。

1917年8月，冯国璋被推举为代理大总统，张宗昌作为侍卫武官长跟随他前往北京就职。虽然冯国璋是直系军阀的首领，并身居国家元首的高位，但是在北京政府乃至全国政局中，他的权势还是不足以与段祺瑞相抗衡的。段祺瑞以皖系首领的身份，出任握有实权的内阁总理职位，并联合奉系张作霖的势力，所以对直系形成了空前的压力。

在段祺瑞和冯国璋斗法的时候，明眼人都看得出来冯国璋不是段祺瑞的对手。因此，当段祺瑞主张武力统一而冯国璋主张和平统一的时候，包括直系军政要人在内的一些投机分子，纷纷把筹码押到了段祺瑞一边，这其中包括直系大佬曹锟，也包括冯国璋的嫡系部属张宗昌。这是张宗昌第一次在北洋系内部改换阵营。

246

## 皖系败将

1918年，张宗昌奉命担任苏军第六混成旅旅长，与鲁军第一师师长施从滨一起，在北洋皖系大佬张怀芝的率领下，南下湖南迎击护法军，与湘军赵恒惕和刘建藩部激战于醴陵一带。张宗昌本来是一名师长和总统府侍卫武官长，现在改换阵营后却当了一名旅长，一般人会感觉不可思议。其实事情是很好理解的，张宗昌以前从未打过硬仗，他的作战能力是有待检验的；而且，混成旅的地位和规模是不逊于普通陆军师的，张宗昌实际上并未降级。

假如张宗昌能在湖南战场打出北洋军的威风来，那么他将在历史上扮演吴佩孚的角色，可惜他此时的实力是远不如吴佩孚的。除了张宗昌所部战斗力不强之外，还有一个重要因素在影响战局，那就是直系大佬李纯和王占元在冯国璋的指示下，从一开始就阻挠了张怀芝所部借道南下，给了皖系很大的制约和破坏。如果北洋系集中力量对付南方军队，那么段祺瑞的武力统一是能够实现的，张宗昌也会在沙场建功的，可惜北洋系此时已经难以形成合力了。

就在段祺瑞亲自南下劳军的时候，张怀芝暂时离开了前线阵地，湘军赵恒惕和刘建藩趁机发起了反击，在醴陵一带打败了施从滨和张宗昌的军队。此时施从滨的职位和张宗昌大致相当，施从滨成为张宗昌的下属那是后来的事。他们都没能抵御湘军的反攻，只得率部仓皇逃跑撤离湖南。

张宗昌兵败湖南之后，并未折损太多兵马，所以他被北京政府改任暂编第一师师长。早在民国初年他就高升师长了，现在经过了数年的奔波，又重新做回了一名普通师长，这对他而言肯定是非常失败的。

张宗昌这个暂编第一师是依附于皖系存在的，假如皖系势力走向了衰落，那么他将丧失立足之地。冯国璋病死后，曹锟和吴佩孚分别成为了直系的第一号和第二号人物，他们将与段祺瑞和徐树铮的皖系展开决战。张宗昌这个曾经的直系要人和如今的皖系败将，依然站在了皖系的阵营，可惜这次他押错了宝。

247

直皖战争打响之后，张宗昌趁机率领所部挺进江西，打算一举击败直系江西督军陈光远的势力，夺取江西的地盘爬上督军的位置。可是奉系此时站在了直系一边，皖系对北京政府的控制行将结束了，在这种大气候下张宗昌是难以实现目的的。而且张宗昌经历了湖南兵败，本身就缺少令人臣服的威势和名望，再加上暂编第一师在江西是客军，而陈光远却在江西经营了多年，所以张宗昌的失败是不可避免的。

张宗昌被陈光远打得狼狈逃窜。张宗昌被迫撤退到吉安地区，打算暂时做些休整以便卷土重来。可是，陈光远是不会给他这个机会的了，陈光远先是给张宗昌送去一个女人，以此来麻痹张宗昌的神经，然后率领大军包围了张宗昌部队。在这种情况之下，张宗昌只好交出了军权，听凭陈光远收编自己的队伍，最后只身离开江西赶赴北京。

张宗昌赶到北京的时候，直皖战争已经结束，皖系的势力在北方荡然无存了，直系控制了北京政府。张宗昌此时最渴望的就是重新回归直系的阵营，可是他手下已经没有了一兵一卒，要想东山再起只能投靠别人了。

此时掌控北京政府的直系首领曹锟是很爱财的，张宗昌虽然手上没有了军队，但是他领到了陆军部拖欠自己的军费二十万元，这样他就有了投效曹锟的敲门砖。

张宗昌花重金准备了一份厚礼，然后前去拜会了曹锟。曹锟看在礼金的面子上，也想把张宗昌收入自己麾下。然而，直系第二号人物吴佩孚对张宗昌并不买账，他认为张宗昌是土匪出身且屡有败绩，所以坚决不同意接纳张宗昌。吴佩孚是曹锟手下头号大将，也是直系的台柱子，曹锟自然不会为了张宗昌开罪吴佩孚，所以张宗昌便没能回归直系。

皖系衰败了，而直系不接纳自己，张宗昌丧失了兵马，又没找到容身之地，他该何去何从呢？放眼天下，如今能与直系一较高低的，唯有张作霖的奉系了。张宗昌早年曾经混迹东北，对那一带的风土人情比较熟悉，而且他跟东北边境一带的俄国人有着比较深厚的交情，所以他决定投靠奉张势力集团。

## 奉系大佬

张宗昌只身赶赴关外求见奉系首领张作霖时，他携带了一些礼物。这些礼物是什么不重要，值得一提的是他是用两个抬筐承载着礼物的。这是什么意思呢？张作霖肯定看懂了，这是张宗昌跟他打的一个哑谜：一般来说抬筐是用扁担来挑起的，而现在有抬筐而无扁担，意思是说没有权杖难以干成事业。

张作霖早就听说过张宗昌的大名，但是张作霖并未直接重用张宗昌，更没授予他军政大权，而是任命他做了一名宪兵营长。张作霖的意思也很明显，那就是你之前地位再高也没用，因为你已经输掉了一切；你要想跟着我混，那你就得从基层做起，不然你就从哪儿来回哪儿去。

张宗昌已经没有了退路，他只能屈尊委身担任了宪兵营长，他的磨砺之路开始了。张宗昌以前太顺了，以致他有些飘飘然了，等他遭到兵败之耻和被拒之辱之后，他才认识到要想干成一番事业，必须要靠沙场建功；而何以在战场上称雄呢？唯有打造一支强大的军队，且不断提升自己的作战水平。因此，张宗昌非常珍惜张作霖给他提供的这个发展机会，他决定从底层军官做起，一步一步提升自己。

机会很快就让张宗昌等到了。1922 年的第一次直奉战争结束之后，张作霖败于吴佩孚之手，率领残部逃回了奉天。在这种情况之下，盘踞在东北地区的原吉林督军孟恩远的外甥高士傧，趁机联合胡匪卢永贵，一起发起了针对奉系的叛乱。张作霖一时之间难以抽调大部队前去进剿，这就给了张宗昌一个大展身手的好机会。

张作霖命令宪兵营长张宗昌率部进击高士傧和卢永贵的叛军，张宗昌随即领命前往。宪兵营虽然是个加强营，但是人数毕竟太少；而高士傧的叛军有一个旅的武装，再加上卢永贵的部众就有了一万多人。在双方力量对比悬殊的情况下，张宗昌没有任何抱怨，他毫不犹豫地走上了前线。

张宗昌集中力量率先攻击了卢永贵的土匪武装，而且在此过程中高士傧并未出兵参战。张宗昌敢于率先攻击卢永贵，是因为他已经有了必胜的把握：卢永贵手下的叛匪大多是张宗昌的山东老乡，而且他们早年大多跟张宗昌在东北修过路或在沙俄淘过金；现在张宗昌率领正规军前来，以乡情和义气相感召，还许以官位和俸禄，这就把他们吸引到了自己的阵营。

卢永贵开始没把张宗昌这点儿人马放到眼里，可是随着部下纷纷在阵前倒戈，他被惊得目瞪口呆。张宗昌毫不费力就抓获了卢永贵，并收编了他部下的土匪武装，把这支武装改编为三个团，充实了自己的力量。假如这次来征讨卢永贵的不是张宗昌，那么战局不会这么顺利，张作霖命张宗昌来完成这一任务算是找对了人。

随着卢永贵的被擒和张宗昌的壮大，高士傧这支叛乱武装就独木难支了，他的手下也纷纷投向了张宗昌。张宗昌顺利解决了高士傧武装，赢得干脆利落。随后，张宗昌把战况和战果向张作霖做了汇报，张作霖闻讯后非常高兴，他命令张宗昌把高士傧和卢永贵就地正法，并任命张宗昌为吉林第三旅旅长兼绥宁镇守使。

张宗昌以宪兵营为基础，收编了卢永贵和高士傧的武装，又接纳了一批白俄骑兵，有了上万人的队伍。这些白俄人马，都是在苏联内战中败北外逃的，他们中间的某些人是张宗昌在沙俄淘金时结识的朋友，所以便加入了张宗昌的阵营。

张宗昌有了上万人的队伍，下一步就是如何养兵的问题了。奉系经过了第一次直奉战争的失败，军费是异常紧张的。张作霖拨给了张宗昌一些军费，但是这对于张宗昌来说是不够用的，因为张宗昌手下的白俄骑兵各方面的要求是远高于一般军队的。为了解决军费不足问题，张宗昌便在辖区种植了鸦片，以鸦片贸易来蓄养军力。

张宗昌种植鸦片的事，引起了奉系其他将领的不满，他们认为这是张宗昌在危害奉系的整体利益，便纷纷找张作霖告状。对于奉系而言，张宗昌就是个外来户，他在奉系内本来就是受歧视和排挤的，现在被大家抓住了把柄，大家弹劾他是正常的。张作霖是奉系的首领，他必须要照顾大多数奉军将领的诉求和情绪，所以他决定派手下大将郭松龄代他视察张宗昌的部队，并考虑裁撤这一旁系武装。

郭松龄是正规军出身，曾经留学日本学习军事，此时是奉系内炙手可热的人物，他是看不上也看不起张宗昌这个草莽之辈的。郭松龄此次视察张宗昌部队的目的，就是借机找茬遣散这支武装。张宗昌不但了解郭松龄此行的目的，而且想到了应对之策。

郭松龄驾临后，张宗昌集合队伍热烈欢迎了他，可是郭松龄并不买账，反而狠狠地骂了张宗昌一句。如果换成一个意气用事的人，立马就跟郭松龄翻脸了，说不定会开枪崩了他。可是，张宗昌就是张宗昌，他为了保住自己的军政资本，竟然当众向着怒骂自己的郭松龄下跪求情，还厚颜无耻地跟对方说：您操俺妈，那您就是俺爹！

张宗昌的厚黑，绝对是一般人做不出来的，而事实上他这招非常奏效，郭松龄被羞得无地自容，只得打消了找茬生事的想法。而且经此一接触，郭松龄对张宗昌刮目相看，不但认可了张宗昌这个人，而且对他所率部众进行了充分肯定。郭松龄回到奉天大本营之后，向张作霖和张学良父子夸赞了张宗昌及其军队，非但不再提裁撤之事，而且建议重用这支武装。于是，张作霖便把张宗昌的军队调到沈阳，作为奉系的主力部队使用。

## 逐鹿中原

1924年9月，张作霖经过充足的准备，以响应江浙战争为借口，率领奉军浩浩荡荡杀向关内，与吴佩孚的直军展开了激战，第二次直奉战争正式爆发了。在这场战争中，张作霖任命李景林为奉系第一军军长，张宗昌为该军副军长。这场战争成就了李景林和张宗昌，为以后的直鲁联军奠定了根基，只是这二人将来的地位要发生逆转，李景林成为了张宗昌的副手。

奉系之所以能打赢第二次直奉战争，关键因素是冯玉祥发动了北京政变，端了直系的老巢。然而还有一个原因，是一直为人所忽略的，那就是张宗昌的白俄军团在山海关大显神威。当吴佩孚亲临前线指挥战斗之时，张作霖命令张宗昌所部作为先锋军与直军对阵，其目的说得好听点是让张宗昌建立大功，说得难听点是让张宗昌当炮灰。结果张宗昌所部战斗力得到了充分发挥，尤其是其手下的白俄骑兵，虽然人数不多，但是个个骁勇善战，把直军打得四散奔逃。

第二次直奉战争结束后，曹锟被囚禁起来，吴佩孚兵败逃走，张作霖和冯玉祥共同控制了北京政府。由于张作霖和冯玉祥二人之间互不相让，所以他们便共同拥立皖系首领段祺瑞担任临时执政，但是段祺瑞的皖系势力已经衰败不堪，他是要受制于这两个大佬的。在张作霖和冯玉祥之间，张作霖的奉系势力更为强大，所以直隶督办这一要职便由他来支配。

张作霖把直隶督办的职务赏给了李景林，把他的奉系第一军军长的职务赏给了张宗昌，以此来酬谢他们在第二次直奉战争中立下的汗马功劳。张宗昌得到了一支强大的军队，却未得到一省地盘，这意味着他还没能成为一方诸侯，因此他是颇为不满的。张宗昌想得到山东一省，张作霖也想满足他这个要求，可是这一地盘现在皖系旧将郑士琦的手中，而张作霖目前还需要与段祺瑞合作，所以张宗昌要想成为封疆大吏，还得为奉系接着卖命。

在这种情况之下，张作霖和段祺瑞以为卢永祥报仇为借口，命令张宗昌偕同卢永祥率军南下，进攻直系江苏督军齐燮元。卢永祥是皖系干将，还曾任浙江督军，但是经过江浙战争，他的军队已经被齐燮元和孙传芳给吞掉了。此次奉皖联军南下，其实是张宗昌独自率军攻战，卢永祥只是个陪衬而已。但是，第二次直奉战争的借口就是江浙战争，所以为卢永祥报仇就成了一个最佳借口，显得师出有名了。

齐燮元当初在联合孙传芳夹击卢永祥的时候，是表现得相当好的，但在张宗昌率领奉军南下之时，他一下子就慌了手脚。因为齐燮元非常清楚，经过第二次直奉战争，直系已经衰落，而奉系风头正盛，况且张宗昌比自己更加骁勇善战，因此要想抵御张宗昌的进攻是非常困难的。在这种情况之下，齐燮元只好求救于直系同僚孙传芳，希望他能在最关键时刻相助自己一臂之力。

252

孙传芳是个最懂得审时度势的老油条，他是不会在局势不利的情况下把自己捆上别人的战车的，他之前肯与齐燮元携手攻击卢永祥不过是因为他想趁机夺取浙江地盘。齐燮元非常清楚，如果孙传芳不肯与自己联手，那么江苏和上海的地盘一定会断送掉的，以自己的实力根本就打不赢这场战争。然而，齐燮元还是做好了充足的应战准备，打算与张宗昌一较高下，因为他实在不舍得放弃这片富庶的根基之地。

张宗昌即将攻入江苏，而齐燮元是无力抵御的，这一点人所共知，时任直军徐州镇守使陈调元当然也是明白的。陈调元曾经是张宗昌的部下，现在是齐燮元的部属。陈调元是个聪明人，他没放一枪就给张宗昌让开了大路。

张宗昌率领以白俄骑兵为先锋的数万大军，浩浩荡荡开进江苏，一路没遇到多少抵抗，就顺利进逼南京城下。在危急时刻，齐燮元认识到目前保命才是上策，留得青山在不愁没柴烧，于是他仓皇逃离南京而后通电下野。

张宗昌迅速攻占了江苏这个在当时最为富庶的省区，他以为自己得到了一块能够养兵理政的地盘，一时之间表现得志得意满。欲望是无止境的，张宗昌得陇望蜀，又趁机把军队开到上海，尽享这十里洋场的繁华。尽管孙传芳已经和张作霖达成了互不侵犯协议，但是他仍然惧怕张宗昌会乘胜南下，抢占自己的地盘。于是孙传芳便携带厚礼亲赴上海，拜会了张宗昌，对他极尽吹捧之能事，最后二人还拜了把子。

张宗昌在这次南下攻战中，为奉系立下了大功，他满以为自己一定可以得到一省地盘。可他没想到的是，段祺瑞竟然以执政府的名义，任命卢永祥为江苏督办，把这块自己打下来的富庶之地给了别人。张作霖要想在与冯玉祥的较量中占据上风，就得暂时对段祺瑞做出某种妥协，所以他对这一任命也表现得无可奈何。张宗昌非常失望也无比愤怒，他未经请示便率军回撤，一直撤退到徐州地区。

张作霖为了安抚张宗昌，便打算把山东的地盘赏给他，为此他还向段祺瑞施加压力。段祺瑞很清楚，目前自己没有多少讨价还价的余地，作为张作霖同意卢永祥主政江苏的交换条件，他任命张宗昌担任山东督办。张宗昌当上了山东督办，但是原来主政山东的郑士琦和龚博衡是不肯离职的，他只好率军进逼济南，再派人进城谈判，用软硬兼施的办法得到了山东。

## 主政山东

山东是张宗昌的老家，他打拼了那么多年，这次总算是衣锦还乡了。当年这个连饭都吃不上的苦命孩子，经过逃荒关外流亡异国的磨难和沙场败北的苦楚，总算作为胜利者主政家乡。

张宗昌以数万大军挺进山东，逼走原来的督办和省长，自己掌握了全省的军政大权。从 1925 年到 1928 年的三年间，张宗昌大力扩充他在山东的军政实力，迅速将手下军队扩编为十几万人，不但一跃而成为山东王，而且打造了鲁系军政集团，还把势力扩展到苏沪皖等省区，成为了奉系内仅次于张作霖的军政大佬。如果换个人主政山东，未必能够膨胀得如此之快，当然也就不会制造出那么大的动静和是非。

张宗昌主政山东之后，在保境安民的基础上，大力发展农工商业经济。张宗昌这么卖力搞实业，是因为他需要以雄厚的经济实力为依托来养活和训练出一支强大的军队来，为保住山东并向外扩张做准备。

张宗昌被人称为"三不知"将军，是指他不知自己的兵有多少，也不知自己的钱有多少，甚至不知自己的姨太太有多少。虽然这种说法是有所夸张的，颇有戏谑调侃的意味，但也基本反映出了张宗昌在山东的作为。

张宗昌在发展经济培养军队实力的同时，也不忘发展教育事业。他早年只短暂读过私塾，文化程度实在不高，但他对旧学和儒教是比较推崇的。他除了大力发展传统教育之外，还时常附庸风雅地发表一些诗作。这里面有张宗昌的个人爱好在发挥作用，更重要是的他需要借助孔孟儒教的忠义观念来维系统治。

张宗昌要想保住他对山东的统治并不是一件容易的事，因为对内他要镇压工人罢工和地方叛乱，对外要迎战其他势力的挑战。冯玉祥的国民军始终对张作霖的奉系军队虎视眈眈，他的国民一军向主政直隶的李景林发起了进攻，随后他手下大将河南督办岳维峻率领国民二军向山东开拔。岳维峻杀过来的时候，张宗昌手下的徐州镇守使孙钵传弃城逃走，岳维峻趁机率军直进，一直打到济南城下。

为此，张宗昌集中了山东全省的鲁系兵马，与岳维峻的国民二军在济南一带激战。国民军的战斗力是比较强的，但在张宗昌的全力反击之下，两军都遭受了极大的伤亡，岳维峻被迫率领残部撤出了山东，张宗昌成功保卫了山东的根据地。张宗昌打败了国民二军，李景林却输给了国民一军，因此李景林率领残部投奔了张宗昌，组成了直鲁联军，张宗昌任总司令，李景林任副总司令，这一对老搭档之间的地位对调了一下。

张宗昌刚刚赢得了山东保卫战的胜利，就又面临一场内部动乱，青岛日商纱厂大罢工爆发了。有一两万纱厂工人参加了这场罢工运动，起因是日资纱厂的管理制度不合理，肆意压榨广大中国员工。张宗昌是不会任由工人闹事的，他命令驻防青岛的温树德率领两千名军警镇压了这场大罢工，杀害了罢工领袖李慰农和胡信之等人，制造了震惊中外的青岛惨案。

张宗昌平定了内忧外患，正想稍事休整的时候，外部战事又提上日程了。原来，奉系的势力在挺进长江流域之后，张作霖逼迫段祺瑞任命奉系大佬杨宇霆为江苏督办，另一大佬姜登选为安徽督办；直系后起之秀孙传芳惧怕奉系的势力威胁到自己的地位，便趁杨宇霆和姜登选立足未稳之机，联合冯玉祥所部向他们发起了进攻。

孙传芳大军北进，迅速击溃了杨宇霆和姜登选的军队，并降服了直系叛将陈调元，占领了苏沪皖两省一市。至此，孙传芳的势力扩大到东南五省区外加上海一市，建立了五省联军总司令部。孙传芳率军北进徐州，对张宗昌的山东地盘形成了威胁，一场战争势不可免了。张作霖决不允许孙传芳继续向北扩张，同样，张宗昌要想继续主政山东，就必须遏制住把兄弟孙传芳的发展势头。

1925年10月，张作霖在北京召集奉系军事会议，加任山东督办张宗昌为江苏督办，提升山东军务帮办施从滨为安徽督办，命令他们率军南下，夺回孙传芳所部占领的苏沪皖地区。张宗昌和施从滨从北京奉系大本营领到了充足的军费和给养，沿津浦路兵分两路杀向苏皖。在此战中，张

255

张宗昌的白俄军队

第九章 直鲁军阀张宗昌

宗昌任命施从滨为前敌总指挥，自己率领白俄兵团掩护他向南出击，试图一举击败孙传芳。

孙传芳此时风头正盛，他挟军事胜利之余威，迅速击败了施从滨所部的进攻，并在蚌埠一带擒获了施从滨本人。孙传芳为了在沙场树威，吓阻张宗昌所部的继续进攻，便下令将施从滨斩首示众。后来孙传芳就是死在了施从滨之女施剑翘之手，但在当时却起到了震慑敌胆的功效，张宗昌所部也没能抵御住孙传芳的反攻，连白俄兵团也遭到了惨败。

张宗昌败给孙传芳之后，只好率领余部逃回了山东，继续经营这一省地盘，为将来再次南下做准备。孙传芳击溃了张宗昌所部，自身也遭受了极大的伤亡，暂时不再北上。

## 南下称雄

张宗昌自从败于孙传芳之手以后，就患上了恐孙症，假如不是客观形势发生逆转，估计他是不敢再跟孙传芳争雄了。孙传芳打败了张宗昌，也就奠定了他在东南地区的霸主地位，但是随着1926年夏天国民革命军挥师北伐，他的霸主地位骤然间就丧失了。孙传芳兵败后归附了奉系，这对于张宗昌来说是个良机，因为他可以趁机南下称雄了。

国民革命军北上之时，北洋系还有三股较为强大的势力，他们分别是坐镇华中的吴佩孚、雄踞东南的孙传芳和主宰华北的张作霖，张宗昌作为山东王只是奉张集团的一部分。

国民政府北伐的方略是"打倒吴佩孚、联络孙传芳、不理张作霖"，采用由近及远各个击破的方针，步骤明确地向前推进。当北伐军进攻吴佩孚的时候，吴首先想到的是同属直系阵营的孙传芳，可是孙传芳正想借北伐军之手削弱吴佩孚，从而坐收渔人之利。张作霖主动表示要援助吴佩孚，却被吴佩孚给拒绝了，因为他怕张作霖趁机抢占自己后方的地盘。吴佩孚的担忧不是没有道理，张作霖确实以出兵相助为由，趁机抢占了河南地区。这三个北洋系首领的离心离德，决定了他们将迅速走向败亡，张宗昌作为奉系一员其命运也就不难想象了。

当北伐军迅速推进到两湖地区，聚歼吴佩孚的有生力量并把他赶出武汉大本营的时候，孙传芳意识到了北伐军的厉害。可是，孙传芳的醒悟来得太晚了，当他准备一面援助吴佩孚一面夹击北伐军后路的时候，就接连遭受了毁灭性打击。在北伐军各路将士的凶猛进攻下，吴佩孚的势力被彻底击溃，孙传芳的东南地盘也相继失陷，北洋系将被国民政府取代的趋势已经明朗化了。

孙传芳在北伐军的打击下损兵折将丢城失地，而其部下陈调元、周凤岐、夏超和陈仪等人都归附了国民政府，其占据的福建、江西、浙江、安徽四省地盘丧失殆尽，他只得退守江苏地区。孙传芳很清楚，他的失败是不可避免了，要想率领残部生存下去，目前唯有两条路可行：一是投降国民政府，二是归附奉张集团。孙传芳作为北洋人马，他是坚决不肯投降国民政府的，因此归附张作霖成了他唯一的选择。

孙传芳要想归附张作霖，是有很大障碍的，因为之前两人结仇不可谓不深。孙传芳不但抢占了奉系占据的苏沪皖地盘，而且消灭和收编了许多奉军将士；更为严重的问题是，他曾经击败了把兄弟张宗昌，而且还下令斩杀了张宗昌的部将施从滨。如果从恩怨的角度来看待问题，孙传芳是与张作霖和张宗昌等人站不到一起的，然而政治就是政治，此时他们都非常清楚，如果两家不能实现通力合作，那么必将迅速遭受彻底失败。

1926 年 11 月，孙传芳为了取得奉系的谅解，先派人去会见了张宗昌，又通过他向张作霖求情，然后亲赴天津与张作霖相见。就这样，为了对抗北伐军，北洋系实现了最后一次联合：在孙传芳和张宗昌的提议下，安国军总司令部成立了，张作霖担任了总司令，孙传芳和张宗昌担任了副总司令。张宗昌没能在战场上打败孙传芳，此时却把已经兵败的孙传芳给比了下去，因为孙传芳只能仰赖奉系的鼻息了。

1927 年初，张作霖命令张宗昌以援助孙传芳为名，亲率十万直鲁联军南下，迅速推进到长江一线，接掌了南京和上海等地的防务，而孙传芳只能给张宗昌充当助手和陪衬。这是张宗昌一生中最辉煌的时刻，也是北洋系势力的一次回光返照，高潮过后是尾声，张宗昌及其奉系乃至北洋系已经来日无多了。张宗昌占据了江淮地区，但他并未担任此地的军政长官，而是推荐部将褚玉璞担任了江苏督办，另一部将毕庶澄担任了上海镇守使。张宗昌并非不贪恋这片富庶繁华之地，而是因为他不舍得放弃自己经营了许久的山东地盘，更为重要的是北伐军兵临城下，大战在即。

张宗昌在统治江淮期间，还是竭尽全力为奉系抢地盘的，他不但下令镇压了上海工人武装起义，而且率军进攻北伐军占据的合肥地区，拼尽全力与对方一较高下。张宗昌亲率大军，围困合肥城达三个月之久，愣是没能拿下这座城池。而与此同时，北伐军采取分兵合击的战术，迅速挺进江淮腹地，接连占领了南京和上海等地。至此，张宗昌称雄东南的梦想破灭了，只得率领残部渡江北撤。北伐军则步步紧逼，接连攻克了蚌埠和徐州等地，张宗昌万般无奈地退回了山东。

张宗昌重新回到了济南城，依旧做起了他的山东王，可是他的顶头上司是不肯善罢甘休的，张作霖非要追究直鲁联军兵败的责任。张宗昌率领十万军队，仍然没能守住苏沪皖地区，这个责任不可谓不重。但是连张作霖都知道，在北伐军大军压境之下，换个人也是守不住这些地区的。张作霖明知部下已经尽力，他还非要追究责任人，这并不是因为他心胸狭窄，而是因为如果不追究败兵之将的责任，将难以保住剩余的地盘。

张宗昌非常了解张作霖的意图，他明白必须找个人当替罪羊，自己出面顶罪是划不来的，找个小卒又是解决不了问题的。在这种情况下，张宗昌接到一个情报，说是蒋介石曾经拉拢了他手下的上海镇守使毕庶澄。毕庶澄以第八军军长兼海军司令的军职，负责镇守上海地区期间，蒋介石确实派人联络过他，而他也并未严词拒绝。然而，毕庶澄只是在与北伐军打太极，他并不真心投诚北伐军。不管怎样，张宗昌算是抓到了对方的把柄，便以召集军事会议为幌子，把毕庶澄诱骗到济南来，而后让褚玉璞枪杀了他，以此向张作霖做了交代。

# 从兵败到遇刺

1927 年夏，北伐军蒋介石和李宗仁所部继续向北推进，而冯玉祥也趁机开进华北和中原地区，北洋系只剩下奉系张作霖的残余势力了。在这种极端不利的形势之下，张作霖还想与北伐军做最后的抗争。张宗昌作为奉系大将、山东王、直鲁联军总司令，他联合孙传芳和阎锡山等人，提请张作霖在北京建立安国军大元帅府。

同年 6 月 18 日，在部将的拥戴下，张作霖就任安国军政府大元帅，张宗昌被任命为安国军副总司令兼第二军团长。此时国民政府已经发生了宁汉分裂，南京和武汉国民政府各自为政互相攻讦。张作霖准备借此机会发起反攻，就命令张宗昌率部开赴陇海铁路一带，与冯玉祥的国民军进行决战。

张宗昌率军开到徐州前线，与冯玉祥的国民军展开激战。国民军的战力是远超一般北洋军的。因此，任凭张宗昌率领手下的王牌军——白俄骑兵猛冲，在付出了巨大的伤亡之后，仍然没能击败冯军。张作霖对这种战况非常不满，他发电斥责了张宗昌。张宗昌接电后羞愤难当，誓与冯军决一雌雄。

1927 年 10 月，张宗昌率军开赴河南兰考一带，再次向冯玉祥所部国民军发起了进攻。张宗昌通过发起迅猛冲击，暂时占据了战场上的优势地位。在这种情况下，张宗昌通过手下师长潘鸿钧，诱降了冯军旅长姜明玉，促使其在阵前倒戈，而后一举擒获了冯军军长郑金声。张宗昌打算通过诱降郑金声来瓦解冯军，可是郑金声坚决不降还大骂不止。这就激怒了张宗昌，他下令枪杀了郑金声。张宗昌在处决了郑金声之后，担心日后遭到报复，随即下令通缉郑氏一门，郑金声的儿子郑继成被迫流亡日本。

张宗昌杀了郑金声，但并不能挽救他失败的命运。北伐军继续向北进军，张宗昌被迫退守山东老巢。在这种情况下，连一直与奉系合作的阎锡山也加入了国民政府，奉张军政集团面临着灭顶之灾。兵法云：先剪羽翼，后捣腹心。因此，北伐军要开进京津击溃张作霖，必先占领山东消灭张宗昌。

1928年春，在北伐军大军压境之时，山东地方实力派曾经联合施压，要求张宗昌归顺国民政府。张宗昌对此根本不予考虑，因为他与国民政府之间的怨仇太深了，从远了说他曾经暗杀过蒋介石的结拜大哥陈其美，从近了说他刚刚处决了冯玉祥的大将郑金声。我们退一步说，就算国民政府能放过张宗昌，也不可能重用他了，此时已经传出了将由陈调元出任山东省主席的风声。对于张宗昌这个曾经的一省首脑来说，失去地盘和军权是不可想象的，所以他是不会投降国民政府的。

张宗昌为了免于遭受败亡的命运，在急切之下向日本求援，希望他们能够开进山东对抗北伐军。日军以张宗昌的请求为由头，以保护日本侨民为借口，从青岛登陆，并迅速开到了济南。而后日军虽然与北伐军交了火，还制造了济南惨案，但是他们并未能够改变张宗昌失败的命运。张宗昌为了保存手下有生力量，便遣散了一部分队伍，带着余部五万人离开了山东老巢，经由德州撤至直隶东部一带。

1928年6月初，张作霖自知大势已去，便主动撤离北京返回奉天老巢，谁知在沈阳附近的皇姑屯遭到了日军预埋炸药的袭击，最后伤重而死。张作霖是奉系军阀的首领，也是张宗昌追随了多年的"主公"，他的死加速了奉系的衰亡，张宗昌闻讯之后哀伤不已。张宗昌打算率部出关，逃往奉天积蓄力量，等条件成熟时再卷土重来，可是张作霖的儿子、奉系的少帅张学良却不予许可。

张作霖有着足够的经验、威望和权术来驾驭奉系内部各个派系，张学良却显然缺乏这种自信，他怕张宗昌撤往关外之后与杨宇霆等元老派结成联盟，共同挑战自己的奉系掌门人地位。为了阻止张宗昌东撤，张学良指示奉军于学忠部，监视张宗昌所部的举动。在这种情况下，张宗昌处在了走投无路的尴尬境地。在北伐军白崇禧部大举进攻之下，张宗昌只得化装出逃，找到了一条小渔船，从海路行至大连，而后逃往日本避难。

从此，这个曾经显赫一时的山东王被迫离开了他叱咤风云的军政舞台，成为了一名流亡海外的下野政客。当惯了老大的张宗昌野心不死，他在日本是待不住的，无时不在谋划着再次出山。1929年，张宗昌在日本人的支持下，收拢之前被遣散的原班人马，在烟台地区登陆，准备夺取山东的政权，但是遭到了彻底的失败。

再次兵败的张宗昌，被迫再度流亡日本，这次他在日本住了两年之久，与日本军政界保持着广泛的联系。1931年九一八事变爆发后，张学良率领东北军撤到关内，主要驻扎在华北地区。而与此同时，日本也在密谋进一步渗透到华北一带，张学良为了防止张宗昌为日方所利用，便电召其回国休养。

张宗昌回国后，一直居住在北平铁狮子胡同，张学良每月赠送给他丰厚的生活费用。但他并不满足于这种寓公生活，还想做回他的山东王，正是这一梦想使他丢掉了性命。

此时主政山东的是韩复榘，他一直担心张宗昌发动旧部夺取山东的政权。为了防患于未然，韩复榘一面与张宗昌称兄道弟，一面设法把他引诱到山东来除掉他。对于韩复榘的密谋，张学良、吴佩孚和孙传芳等人作为旁观者是看得很清楚的，可是张宗昌这个当局者却是利令智昏了。1932年，张宗昌不顾大家的反对，应韩复榘及其手下石友三之邀，从北京赶到济南，一脚就踏进了鬼门关。

张宗昌到达济南后，韩复榘和石友三热情地接待了他。但是与此同时，韩复榘找到了郑金声的儿子郑继成，赠送给他一支手枪，并提供了张宗昌出行的消息。1932年9月初，张宗昌借口要回北平看望病危的继母祝巫婆，向韩复榘提出辞行。韩复榘便设酒宴为张宗昌送行，并在席间让石友三把他的手枪骗了去。

当张宗昌到达济南火车站的时候，郑继成早在那里等候他了，郑继成冲张宗昌连开数枪，张宗昌中枪后沿着铁路线奔逃，最终被韩复榘安排的士兵用步枪击毙。一代枭雄张宗昌，就这样结束了他的一生，享年51周岁。张宗昌遇刺案发生后，郑继成投案自首，但是很快就被特赦了。

## 妻妾成群

张宗昌并非真不知道他的姨太太有多少，这只是众口相传的"段子"。张宗昌一生共娶了 23 房姨太太，这个数字应该是比较准确的，笔者限于篇幅不便详解，只能从中抽选几个重要的来介绍。

张宗昌的原配是贾氏，她没有留下名字，出身于张宗昌家乡的一户贫困人家。贾氏连名字都没能留下，所以她在张宗昌的家庭生活中并不占据重要地位，但她有一件事是值得一提的，那就是她死在了革命党针对张宗昌的刺杀行动中。1916 年，由于张宗昌指示手下暗杀了陈其美，所以当年在南京遭到了革命党的报复。当时张宗昌本人安然无恙，其妻贾氏却遇刺身亡，为张宗昌送了命。

张宗昌的大姨太是袁书娥，她出生于沈阳地区，身材高挑长相姣好，是张宗昌在闯关东期间娶到的。袁书娥在张宗昌的婚姻家庭中占有最重要的地位，在很长时间内她都是以张宗昌正妻的身份对外的，张家的内部事务也主要由她来打理。袁书娥与张宗昌的夫妻感情极好，她妹妹袁中娥与张宗昌也产生了感情，张宗昌就把袁中娥也娶了过来，姐妹俩相互之间还时常争风吃醋。

在张宗昌的其他姨太太中，有人是妓女出身，有人是侍女出身，还有人是戏子出身。张宗昌与这些姨太太感情不深，仅仅把她们作为自己的玩物。她们中有人搞起了婚外恋，张宗昌也没过分追究。从此我们就不难看出，张宗昌根本没有把她们放在心上。

据张宗昌的女儿张端（张春绶）回忆，张宗昌一共有 5 个儿子和 7 个女儿，其中亲生儿子 4 个，亲生女儿也是 4 个。这 4 个儿子依次是张济乐、张宁乐、张盛乐、张昭乐，4 个女儿依次是张春娇、张春兰、张春亭、

262

张春缓。张宗昌与传统国人不同，他比较重女轻男，最喜欢是三女儿张春亭。张宗昌的儿子和女儿，大多没在历史上留名，唯有他的四女张春缓因口述其父生平而广为人知。

# 一世污名

张宗昌这个人，在历史上留下的混号最多，比如"狗肉将军"、"混世魔王"、"长腿将军"、"三不知将军"、"五毒大将军"、"张三多"等。这些绰号很大程度上只是标签而已，有些还是仇家硬安到他头上的，其来源并无太多的事实依据。

张宗昌当然算不上好人，他在主政山东期间，除了通过发展实业的方式增强财政经济之外，也通过放纵属下以横征暴敛的方式来养活大军。但是，张宗昌并未采取杀鸡取卵的方式统治山东，客观上也采取了一些积极措施，他是跟北洋统治一道退出历史舞台的，他的失败并不完全取决于他统治山东的政策。另外，张宗昌还比较注意发展教育事业，大力提倡传统道德观念。

张宗昌早年曾经投靠革命党，而后在北洋系直皖奉三派之间投机，最后跟着奉系杀进关内，成为一方霸主，并成了奉系的附属系——鲁系的首领。张宗昌的一生，算是投机的一生，但他直到败亡也没背叛北洋系。虽然张宗昌跟日本人有过合作，但他并未沦为日本侵略中国的代理人。

张宗昌出生于一个非常贫寒的家庭，最终却能成为威震一方的军政强人，是那个动荡岁月的历史传奇。张宗昌在向上攀登的过程中，没有外力可以依靠，他唯有凭借自身的努力来改善命运。张宗昌是嗜权如命的一个人，他在兵败下野之后也未放弃东山再起的努力，并为此搭上了性命。张宗昌并没有什么值得称道的政治主张，他的一生都在为攫取权势而东征西杀。

张宗昌的一生，是民国初年北洋系军政人物的一个缩影，集中展现了这个群体的某些特征：出身贫寒，投身行伍，文化不高，无远大政治理想，只知为自己一己之私利拼杀……这些特点也决定了北洋的统治不可能长久，只是新旧交替时代的一场历史悲喜剧。张宗昌作为这一时期的一个代表人物，他在历史上的形象曾经被丑化得一塌糊涂，今天的我们已经可以冷静客观地看待那段历史、那些人物了。

军阀当国

# 第十章

## 山东军阀韩复榘

韩复榘是北洋系出身的新军阀，也是继张宗昌之后的另一个山东王。韩复榘在历史上的真实形象，与我们的习惯性认识不尽相同。比如，韩复榘不是大老粗，他早年接受过相当正规的传统教育，有着比较深厚的文化根基；他曾经背叛了冯玉祥，但是确实事出有因，并非一味地卖主求荣；他放弃了山东大部分地区，但他是边抵抗日军边被迫撤退的，并非像蒋介石定调的那样不战而逃。

　　张宗昌被搞臭，主要是因为北洋系的垮台；而韩复榘被抹黑，主要是因为国民政府需要为抗战造势。韩复榘死于蒋介石之手，绝不是简单地因为他不敌日军丢城失地，而主要是因为他一向坚持自立而又图谋反蒋。在日军全面侵华的大背景下，国民政府各战区兵败后撤的将领不在少数，韩复榘只是其中之一，况且曾积极抵抗，韩部也损失惨重。不过，蒋介石以抗战不力为名，命令特务处决了韩复榘，又开动宣传机器抹黑他，在客观上的确提振了全国的抗战士气。

　　韩复榘早年与张宗昌一样，曾经因生活所迫流落关外，历尽了千辛万苦，饱尝了人间冷暖，甚至挣扎在死亡的边缘。韩复榘之所以能成为后来叱咤风云的人物，是因为他战胜了困境，走上了一条沙场征战之路。他最终凭借智谋和战功在山东地区建成了一个半独立王国，并且统治该地区长达八年之久。

# 绝非粗人

1890 年（清光绪十六年）初，韩复榘出生在直隶霸州城东的一个小村庄，家境不是十分富裕，但也算是小康之家。

韩复榘祖籍湖北蒲圻，韩氏家族原为当地的名门望族，家业庞大声名远播。明朝永乐年间，明成祖朱棣下令迁都北京后，为了充实京畿要地的财政经济，便颁布了江南大户随同北迁的政令。于是，韩家随着这股浪潮，迁到了北京南面两百里的霸州一带。此后五百年间，历经明清两代，韩家在此地繁衍生息，世代书香耕读传家。

韩复榘是蒲圻韩氏北迁后的第十八代子孙，其父韩世泽是清末秀才出身，终生以教授私塾为业。在父亲的影响下，韩复榘从小就对四书五经之类的旧学产生了浓厚的兴趣，很早就打下了国学知识功底，加上天资聪颖勤奋好学，因此经过七八年学习之后，他写得一手好诗文也练得一手好书法。

韩复榘没能走上科举求官的道路，因为在他十五岁那年，清政府就下旨废除了科举制。韩复榘也没能去新式学堂求学，因为他家中兄弟姐妹众多，光衣食住行就是个难题，而其父教书的薪酬是微薄的，家中的三十亩薄田也没有多少收益，因此韩复榘年纪轻轻就要自谋生路了。好在韩复榘擅长诗文和书法，所以他经人推荐找到了一份不错的工作，去县衙当了一名帖写（文书）。

韩复榘在县城生活了一段时间之后，就被这个繁华喧闹的环境改变了，染上了嗜赌如命的恶习。韩复榘输掉了全部的薪俸，还欠下了一笔数额不小的赌债，这就把他逼上了亡命天涯的绝路。因为如果韩复榘拿不出这笔钱，那他就要面临被债主追杀的危险，而韩家实在无力帮他偿还这个债务。

韩复榘在老家实在呆不下去了，便只好走上了闯关东的流浪之路，随着逃荒的人流逃到了奉天地界。韩复榘的这次背井离乡，使他彻底改变了原来的生活轨迹，一个全新的未知的将来摆在了他面前。韩复榘之所以会选择到关外来讨生活，是因为他大哥就在这一带挖煤，可是他不知道该煤矿的具体地址，所以他连做矿工的机会都没找到。

一无所有的韩复榘流浪在奉天辽阳一带，在饥寒交迫之下病倒了。在这危急时刻，有一对来自山东的小店老板夫妇收留了韩复榘，把他抬到家里的热炕上，给他喂食粥饭救了他一命。韩复榘非常感激这对夫妇的救命之恩，但他当时没有能力做任何报答，只得在千恩万谢之后怅然离去。

大难不死的韩复榘仍然要面临生存危机，可他没能找到一份能够养活自己的工作。此时韩复榘应该会懊悔他之前的荒唐，假如不沾染上赌博的恶习，那他何至于沦落至此呢？就在韩复榘茫然无措的时候，他听到了一个消息——北洋陆军附属系的第二十镇要在新民府一带招收新兵。

新民府位于奉天省的西北部，是个练兵经武的好地方，连后来奉系军阀的首领张作霖都是从此地崛起的。第二十镇招兵的消息，给韩复榘带来了一个大好机会，从此他就走上了一条不断攀升的人生路。当时的韩复榘肯定没想那么远，他当兵入伍首先是为了解决生存问题，其他的事情都暂时不在他的考虑范围之内。

1910年，韩复榘兴冲冲地专程从辽阳赶到新民，走进第二十镇招兵办事处，然后报上了自己的姓名。可是，负责招兵的办事人员文化程度不高，写不出韩复榘姓名中的最后一个字。为了给自己正名，韩复榘亲自操起毛笔，写下了自己的姓名。韩复榘这一笔下去，写出了三个精美的楷体字，也打开了将来的升迁之门，因为他当场就被一个军官给看上了。

对韩复榘的书法和谈吐青睐有加的这个军官，就是后来大名鼎鼎的冯玉祥，他当时只是第二十镇的一名管带（营长）。当时军营中的士兵，大多是文盲和粗人，像韩复榘这样识文断字书法精湛之辈属于凤毛麟角，所以他深受冯玉祥的喜欢和器重。冯玉祥没让韩复榘从最基层做起，而是把他调到身边做了一名司书（文案参谋），为他在军中发展提供了一个较高的起点。

韩复榘在冯玉祥身边处理日常文书往来之余，参与了军队组织和军营管理，凭借原有的学识和过人的智谋，迅速提升了管理水平，也结交了一些军中豪杰之士，为他将来出人头地准备了条件。冯玉祥虽然只是个小小的管带，但他时刻不在图谋崛起，而当时的政治形势也给他提供了机会。韩复榘紧密追随冯玉祥，跟他一起冒险和沉浮，最终成了威震一方的诸侯。

## 滦州起义

当韩复榘开始进入冯玉祥的军营中时，冯玉祥只是一名营级管带。冯玉祥不满清政府的腐败统治，一心向往革命。从 1907 年开始，冯玉祥就联合基层军官王金铭和施从云等人，在第二十镇军中组织了武学研究会，作为响应反清革命的机关。韩复榘作为冯玉祥的忠实部属，自然就义无反顾地加入了这个武学研究会，而且他凭借出色的组织才能成了其中一名骨干成员。

1911 年 10 月 10 日武昌起义爆发后，"士官三杰"吴禄贞、张绍曾和蓝天蔚，以北洋新军第六镇和第二十镇为基础，在直隶滦州一带发动兵谏，要求清政府立即宣布立宪。冯玉祥和韩复榘等人作为基层将士，积极响应这一事变，打算借机开进北京夺取政权。滦州兵谏取得了显著成效，清廷很快就颁布了《宪法重大信条十九条》，但是此时清廷已经重新启用北洋系首领袁世凯，而袁世凯是不会听任滦州兵谏的声势发展壮大的。

在袁世凯的策划指挥之下，第六镇统制吴禄贞先被削去兵权，而后被手下军官刺杀。吴禄贞死后，第二十镇统制张绍曾认为兵谏已经基本达到目的，而且继续发展下去难免会走向失败，便辞职下野避居天津。随着吴禄贞的被杀和张绍曾的去职，第二混成协协统蓝天蔚觉得自己独木难支，也被迫辞去军职避走大连。在士官三杰或死或走之后，兵谏活动群龙无首，清廷又趁机任命保守派将领潘榘楹为第二十镇统制，再把该镇化整为零，滦州兵谏就此宣告结束了。

就在袁世凯认为滦州兵谏带来的革命危机被化解了之后，冯玉祥和王金铭、施从云等人不甘心接受失败的命运，便在革命党北方领导人白雅雨等人的策划下，积极行动起来，准备联合各路人马发动滦州起义。1911年底，滦州起义成立了领导机关，王金铭、施从云和冯玉祥分别被推举为革命军政府大都督、总司令和总参谋长，韩复榘则被任命为左路军司令。

滦州起义的消息传到北京，袁世凯急命北洋系将领王怀庆前去招抚这支队伍。王怀庆本打算利用他与王金铭之兄王金钮和施从云之兄施从滨之间的关系，说服王金铭和施从云取消起义行动，从而和平解决这一事变。王金铭和施从云非但没有买王怀庆的账，而且强拉他入伙。王怀庆拒不参加，王金铭就下令扣押了他。

以王金铭为首的起义军虽然扣押了王怀庆，暂时度过了被镇压的危机，但是他们无法策动更多的军队加入到起义的行列中来，而此时袁世凯已经调集重兵前来镇压了，所以滦州起义依旧没能如期举行。王怀庆佯装答应与起义军合作，却趁机骑上一匹快马逃窜了。革命军追之不及，只能眼看着他逃奔了北洋系的大本营。

王怀庆逃回老巢通永镇之后，迅速与袁世凯派来的援军会合，他们在开平和雷庄一带设下严密封锁，并拆毁了附近的铁路线，如此一来起义军向西进攻北京就难上加难了。王金铭在滦州发表了起义文告，但是未能得到其他各地军队的响应，而且起义军副都督张建功投降了王怀庆，并配合他镇压了起义。在这种情况下，王怀庆邀请起义军领导人前来谈判，王金铭、施从云、冯玉祥和韩复榘等人明知这次谈判充满凶险，也只得前来应邀了。

1912年初，王怀庆在雷庄一带捕杀了前来谈判的王金铭和施从云，而后又处决了王雅雨。但是他放过了冯玉祥及其部下韩复榘，把他们押往了保定，最后仅以开除军职作为处分。王怀庆之所以放过冯玉祥，历史上有三种说法：第一种说法是王怀庆看冯玉祥年轻英武，且冯与其侄子是至交好友，所以他就因私废公卖了个人情；第二种说法是王怀庆因为冯玉祥不

270

是起义军的首要头目，所以想借赦免对方来收买人心；第三种说法是当时冯玉祥并未前去谈判，因为他和韩复榘提早就被袁世凯的另一路人马给拘押了。

不管怎么样，冯玉祥和韩复榘保住了性命，但是都被迫离开了军队。韩复榘在离开部队之后回到了家乡。好在韩复榘的老家霸州距离北京较近，因此他方便与身在北京的冯玉祥取得联系。冯玉祥是个不甘寂寞的人，虽然他参与领导滦州起义失败了，但他只要活着就不会放弃东山再起的机会；而只要冯玉祥能复出，作为冯玉祥亲信的韩复榘就有了用武之地。

就在冯玉祥陷入窘境之中时，陆建章向他伸出了援助之手，陆建章是冯玉祥的老上司，而且冯玉祥的老婆刘德贞是陆建章的内侄女。陆建章此时是袁世凯身边的红人，在他的大力周旋和保荐之下，袁世凯不但赦免了冯玉祥的罪过，而且准许冯玉祥重新加入北洋系的阵营。袁世凯之所以会饶恕冯玉祥，除了陆建章的因素之外，还在于此时民国已经取代了清朝，袁世凯需要借以收拢北洋系的人心。

中华民国建立后，在袁世凯的提议下，全国军队编制中的镇、协、标分别改称师、旅、团。冯玉祥在陆建章的安排下，被编入了北洋系第七师，并且很快就升任为一名旅长。冯玉祥复出之后，为了建立起自己的军政班底，便积极联络旧部。在冯玉祥的号召下，韩复榘很快就重归他的麾下。

## 水涨船高

从1910年到1929年的近二十年间，韩复榘追随着冯玉祥，从一个司书做起，一步步成长为一名优秀的带兵将领，而冯玉祥集团也逐渐成为一股庞大的军政势力。这里面有着冯玉祥和韩复榘等人的心血与苦难、机会与危险、奋斗与挣扎，其中冯玉祥起了决定性作用，韩复榘的地位也随着冯玉祥集团的壮大而得以水涨船高。

軍閥當國

1914 年，袁世凯为了剿灭白朗起义，就任命段祺瑞为政府军统帅，并调集了北洋系精锐，包括陆建章的第七师，其中就有冯玉祥的第十四旅，而韩复榘也随军前往参战。在此次战争中，段祺瑞是领衔主角，陆建章是方面大员，冯玉祥所部只是政府军的一小部分，而韩复榘是个不为人知的小人物。战争结束后，冯玉祥因军功升任第十六混成旅旅长，韩复榘也因功得以晋升。

1915 年底，蔡锷在云南发起的护国战争打响后，袁世凯委派曹锟为统帅，调集北洋系十万大军前去镇压，其中就有冯玉祥的第十六混成旅。冯玉祥坚决反对袁世凯称帝，因此冯玉祥率领手下军队在战场上与蔡锷的护国军达成了默契，并不真正与对方硬拼。

1917 年袁世凯败亡后，黎元洪继任大总统，段祺瑞以内阁总理的身份掌握了北京政府的实权，他拒绝恢复旧国会和临时约法，孙中山便在南方发起了护法战争。段祺瑞为了解决南方革命势力，进而武力统一中国，便调集北洋系精锐迎战。冯玉祥的第十六混成旅，属于北洋直系的阵营，他并不乐意接受段祺瑞的调派，因此被撤掉了旅长职务。此时冯玉祥已经把该旅变成了自己的冯家军，包括韩复榘在内的各级将士无不唯冯玉祥马首是瞻，所以段祺瑞的撤职命令毫无意义。

1917 年夏，围绕着是否对德宣战问题，府院之争闹得不可开交，黎元洪以大总统的身份，免去了段祺瑞的内阁总理职务；段祺瑞避居天津，然后唆使各地督军宣告独立；张勋则以调解府院之争为名，趁机率领数千辫子军开进北京，拥立前清逊帝溥仪复辟帝制。在这种情况下段祺瑞为了组建打倒张勋复辟的讨逆军，就拉拢了京畿周围的几支队伍，其中就包括冯玉祥的第十六混成旅。

段祺瑞下令恢复了冯玉祥的混成旅旅长职务，还给他提供了一笔丰厚的军费，然后请他和曹锟、吴佩孚、李长泰等人一起，加入皖系组织的讨逆军。冯玉祥受命之后，便在段祺瑞的部署之下，率部开进北京城，参加了剿灭辫子军的战斗。讨逆军开进北京城之后，辫子军很快就被击溃了，冯玉祥在此战中立下了战功。张勋复辟失败后，冯国璋代理大总统，段祺瑞重任内阁总理，而冯玉祥等人受到了段祺瑞政府的嘉奖。

1918 年初，段祺瑞让冯玉祥率部南下抵御护法军，冯玉祥勉为其难地接受了命令。冯玉祥奉命南下只是因为段祺瑞能给他提供军费，并不是因为他真正效忠段祺瑞。当冯玉祥率部行军到湖北武穴的时候，在陆建章的策动下，他突然通电主和，令段祺瑞十分被动。段祺瑞闻讯大怒，再次免去了冯玉祥的军职，可是冯玉祥依旧掌握着这支军队。

随着吴佩孚率部占领岳州和长沙，护法战争的形势明朗化了，北洋系占了明显的优势。在这种情况之下，冯玉祥很明智地转换了态度，他率部开进湖南占领了常德。段祺瑞随后再次恢复了冯玉祥的职务，为了表彰他的战功，还加授他为湘西镇守使。至此，冯玉祥不但有了自己的军队，而且有了自己的地盘，所以他的势力日渐高涨。

1920 年，经过直奉战争，皖系的统治被打败，直系和奉系共同控制了北京政府。次年，为了解决依附皖系的陕西督军陈树藩，直系首领曹锟将冯玉祥升任第十一师师长，命他与第二十师师长阎相文一起率军入陕。吴佩孚和阎相文很快就联合陕西本土势力，击败并赶走了陈树藩，先由阎相文担任陕西督军，而后由冯玉祥继任该职务。

1922 年，第一次直奉战争爆发后，河南督军赵倜站到了奉军一边；为了解决直系后方的隐忧，曹锟命令冯玉祥由陕西开赴河南。冯玉祥凭借所部强大的战斗力，迅速击溃了赵倜在河南的势力，他顺理成章地当上了河南督军。可是，第二次直奉战争结束后，吴佩孚在洛阳一带练兵，他与冯玉祥之间不能相容，曹锟便改任冯玉祥为陆军巡阅使。从而，冯玉祥丧失了他在河南的地盘，率部开赴北京南苑地区。

在冯玉祥集团不断壮大的过程中，韩复榘作为其中重要的一个成员，是立有不少功劳的。但是，直到第二次直奉战争爆发，韩复榘尽管一再升迁，他的职务不过是个团长。因此，在民国初年的军政舞台上，连冯玉祥都是个不太引人注目的角色，更是没有韩复榘的位置。这十余年来，韩复榘经历了数不清的战斗，也从冯玉祥身上学到了不少统军理政之能，为他后来的崛起埋下了伏笔。

1923 年 9 月，曹锟政府的陆军部为了培训直系优秀军官，聘请著名军事专家蒋方震和一些外籍军事顾问，主办了一个相当于陆军大学的高级战术指导团。冯玉祥一直想培养韩复榘，而自己的部队又驻扎在北京郊区，他觉得这是一个好机会，便保送韩复榘进入了该指导团，让他接受了为期一年的军事专业培训。这次培训机会对于韩复榘很重要，他学到了实实在在的现代军事指挥技能。次年他以优异的成绩毕业，更加受到了冯玉祥的器重和好评。

1924年第二次直奉战争爆发后，正当吴佩孚亲临前线与奉军打得难解难分之时，张作霖给冯玉祥提供了大笔军费援助，请他在直系后方发难，共同对付曹锟和吴佩孚。冯玉祥一直与吴佩孚有矛盾，更是反对曹锟的贿选总统，于是他联合胡景翼和孙岳部，回师北京发动政变，把贿选总统曹锟囚禁起来，并将前清逊帝溥仪赶出了紫禁城。在北京政变中，冯玉祥委派韩复榘率领骑兵团先行回师北京，配合鹿钟麟起兵；韩复榘迅速率部占领了电报局、电话局和火车站等通讯和交通中心，为政变的顺利进行提供了关键保障。

北京政变改变了第二次直奉战争的结局，吴佩孚兵败南逃，张作霖率部入关，冯玉祥和张作霖共同掌握了北京政府，他们公推皖系首领段祺瑞担任临时执政。此后，冯玉祥将所率军队改称国民军，其中他的嫡系部队称为国民一军，胡景翼和孙岳的部队分别称为国民二军和国民三军。韩复榘在此次政变中立有大功，因此他被冯玉祥任命为国民军第一军第一师第一旅旅长，从此他步入高级指挥官的行列。

冯玉祥所部和奉张势力共同控制北京的局面很快就维持不下去了，因为这两大军政集团的根本利益是对立的，双方都想扩大自身势力范围。1925年底，冯玉祥和张作霖正式反目，冯军和奉军在京畿周围展开了激战，冯玉祥命令韩复榘率部进攻天津。韩复榘受命之后，迅速集结军事力量，组织敢死队率先攻入天津城。冯玉祥为了表彰韩复榘的战功，便把他提升为第一军第一师师长兼天津警备司令，至此韩复榘才算成为冯军的方面大员之一。

## 纵横捭阖

冯玉祥在京畿地区占据优势只能是暂时的，因为当时他的势力是不足以抵御张作霖的，况且吴佩孚始终不肯原谅他的倒戈之举，也加入了讨伐国民军的行列。一直盘踞在山西的阎锡山也见风使舵，参加了对冯军的作战，如此一来冯玉祥的失败就不可避免了。在张作霖和吴佩孚、阎锡山的联合进攻下，冯玉祥被迫撤出了北京一带，率部向西北地区转移，所率国民军改称西北边防军。

1926 年，在冯玉祥率领主力向西北撤退的时候，韩复榘和石友三所部奉命进攻山西大同。他们在后勤不继的情况下，投靠了阎锡山手下的大将商震，韩复榘被阎锡山任命为晋军第十三师师长。这是韩复榘第一次背叛冯玉祥，是在形势所迫之下做出的选择。假如韩复榘不暂时归附阎锡山，那么他的下场就是兵败下野甚至被杀身亡。

冯玉祥撤到西北地区之后，苏联给他提供了大批的军火和资金援助，让他迅速扩充了军队规模和实力。为了进一步与苏联方面合作，1926 年 5 月，冯玉祥让鹿钟麟代管西北军，自己通电下野后亲赴苏联参观访问。而与此同时，南方国民政府已经统一了两广，并且组建了实力强大的国民革命军，准备通过北伐统一中国。这就给冯玉祥提供了一个卷土重来的机会，他将与北伐军南北夹击，共同对付北洋系各派势力。

1926 年 9 月，冯玉祥从苏联回国，在内蒙古五原地区誓师，宣布响应南方国民政府的北伐，将西北军改称国民联军，配合国民革命军的军事行动。在这种情况之下，韩复榘又脱离了阎锡山的晋系，重新加入到冯玉祥的阵营。韩复榘重归冯玉祥，首先是因为冯玉祥是自己的老长官，其次是因为所率将士对冯玉祥有很强的归属感；然而更为重要的原因是，韩复榘看清了各方力量对比，认定冯玉祥能够雄霸北方，重归冯玉祥会对自己更加有利。

冯玉祥对韩复榘的回归非常高兴，非但没有追究他投敌的罪责，而且任命他为援陕军第六路司令。在冯玉祥的统一部署和大力支援下，韩复榘率部一路攻城略地，迅速向东推进到中原地区。当冯玉祥和韩复榘在北方过关斩将的时候，蒋介石和李宗仁等率领的国民革命军也进展神速，他们先后击溃了吴佩孚和孙传芳的直系势力，接着向北推进，与冯玉祥所部会攻张作霖的奉系势力。

1927年5月，为了与国民政府协同作战，冯玉祥下令将所部国民联军改称国民革命军第二集团军，将韩复榘的第六路改称第六军。韩复榘受命率部从洛阳出发，向北渡过黄河开赴直隶战场，重创了奉张势力。

1927年10月，奉系大将、直鲁联军总司令张宗昌率部进攻河南东部，韩复榘从直隶回师河南，与张宗昌大战于兰考一带。韩复榘迅速击溃了张宗昌所率军队，将对方逼得一退再退，最终在徐州地区将直鲁联军的主力消灭。

1928年初，冯玉祥先后任命韩复榘为暂编第一师师长、第二十师师长、北路军前敌总指挥，命他率部挺进北京攻打张作霖。韩复榘挟得胜之余威，迅速击溃了直隶境内的奉系残敌，于当年6月抵达北京南苑，张作霖只得率部离开北京逃往关外。韩复榘由此一战扬名，成了国人皆知的"飞将军"和风云人物，受到了国民政府的嘉奖，也受到了蒋介石的关注。

直隶是韩复榘的老家所在省份，他很想衣锦还乡光宗耀祖，于是他积极谋求直隶省主席的位置。而冯玉祥提请南京国民政府任命韩复榘为河南省主席。韩复榘没能得偿所愿，只得退而求其次，勉为其难地担任了河南省主席。从此，韩复榘与冯玉祥之间开始离心离德了。

冯玉祥接下来做的事情彻底激怒了韩复榘，他把韩复榘手下的精锐部队第二十师交给了另一大将石敬亭，从而在很大程度上剥夺了韩复榘的兵权。韩复榘也只得接受这个结果，但他此时已经有了反冯之心，只等时机成熟他就会竖起反帜。

1929 年初蒋桂战争爆发，蒋介石迅速打败了桂系势力，进驻了武汉。此时韩复榘面临着尴尬的境地，正当他打算回撤中原的时候，蒋介石给他发来了邀请函。韩复榘不知蒋介石邀请自己去武汉会面是何用意，但他还是应邀去了，因为他觉得这是一个改换阵营脱离冯军的大好机会。韩复榘所料不差，蒋介石偕夫人宋美龄，在武汉热烈欢迎和殷勤接待了他。蒋介石给了韩复榘高规格的礼遇，对他在北伐中的战功极尽赞美，还赠给他数十万的军费援助。而韩复榘也对蒋介石感恩戴德，当即表示了倾心归附和绝对效忠的诚意。

蒋介石赢得了蒋桂战争，又收买了韩复榘，下一个目标就是冯玉祥了，蒋冯战争很快就要爆发。在蒋介石的矛头指过来之后，冯玉祥不得不召集部将开会，研究如何应对这场战争。在此次陕西华阴军事会议上，冯玉祥主张联合阎锡山对抗蒋介石，同时撤出中原地区收缩防御阵线。韩复榘已经暗中投效了蒋介石，他是不会站在冯玉祥的立场上思考问题了，所以他就当众提出了反对意见。

冯玉祥对韩复榘的质疑非常不满，当即命令韩复榘退出会议跪在门外。韩复榘堂堂一个省主席，也不敢当面违逆冯玉祥的意志，只得乖乖走出去跪下来。这还不算，冯玉祥在散会之后，还当众打了韩复榘两个耳光，这就彻底激怒了韩复榘。

1929 年 5 月下旬蒋冯战争爆发后，韩复榘拉拢把兄弟石友三一起通电全国，表示"维持和平，拥护中央"。蒋介石很快就大兵压境，击败了冯玉祥。

1930 年，蒋介石在打赢了蒋桂战争和蒋冯战争之后，兵锋直指阎锡山。阎锡山便联合李宗仁和冯玉祥的残余势力，共同对抗蒋介石，中原大战正式爆发了。在这种局面之下，韩复榘该何去何从呢？如果韩复榘率部进攻冯玉祥，那么所率将士是否愿意向西北军老弟兄开火呢？韩复榘实在没有把握，便向蒋介石提出，他不愿与冯玉祥正面作战，想去攻打阎锡山侵入山东的势力。蒋介石也怕韩复榘所部再次倒向冯玉祥，便同意了他的请求，任命他为第三路军总指挥，让他开进山东。

韩复榘受命之后，立即率部开赴山东地区，但他并未直接向阎锡山所部发起进攻。阎锡山也曾做过韩复榘的长官，但韩复榘并非因为念及旧情才按兵不动的，而是因为此时山东还有一股胶东王刘珍年的势力。韩复榘怕自己腹背受敌，才不敢跟各方开战，因为如果他打光了部队就输掉了抢夺地盘的资本。在国民政府军事体系中，蒋介石的黄埔系属于中央军，而韩复榘的军队属于杂牌军，中央军战斗减员后可以就地补充，杂牌军则很可能会被取消番号。

为了让韩复榘放开手脚替自己卖命，蒋介石正式任命他为山东省主席，请他为中原大战出一份大力。韩复榘坐上了省主席的宝座，从此开始了他为期八年的山东王生涯。为了把阎锡山的势力赶出自己的地盘，他率部向对方发起了猛烈攻击。在韩复榘进攻阎锡山的时候，蒋介石也拉拢了张学良，并稳住了刘珍年。这样中原大战及其山东战场，便向着有利于蒋介石和韩复榘的方向发展了。

## 也做山东王

中原大战结束后，蒋介石击败了阎锡山、李宗仁和冯玉祥的联军，主宰了中华民国的政局。当初蒋介石把韩复榘调任为山东省主席，目的是借以对付阎锡山；现在阎锡山已经兵败臣服，蒋介石就想回过头来收拾韩复榘了。韩复榘不是蒋介石的嫡系，而是从乱世中崛起的一个枭雄，他是绝对不肯放弃业已到手的山东地盘的，他从率部开进山东第一天起就想把这个省打造成独立王国了，因此老蒋要想收回这个富庶的省份就得动用军队。

而摆在蒋介石的南京国民政府面前的对手主要包括：中共领导的江西一带的工农红军，蠢蠢欲动的日本侵略势力，还有雄踞北方的张学良的东北军。在这种情况下，蒋介石自然不便贸然对韩复榘动兵了。因为假如他敢这么干，那就是把韩复榘逼到了对立面，到时如果韩复榘投靠了其他势力那又该怎么办？

蒋介石不便消灭韩复榘，也不甘心让他成为山东王，就采取了两套手法：一是继续利用盘踞胶东的刘珍年牵制他，二是派出以张苇村为书记长的国民党省党部进驻济南。此时韩复榘在山东立足未稳，还不敢跟蒋介石正面决裂，因此他开始只能容忍老蒋的牵制之术。除此之外，还有几股势力对山东虎视眈眈，他们分别是：本地各路土匪势力，还有以张宗昌为首的北洋系旧势力。韩复榘要想实现他对山东的稳定统治，必须摆平这几股势力，不然他随时会丧失山东。

韩复榘为了掌控山东局势，采取先易后难的方略，先着手开展剿匪和清乡运动，再设计诱杀张宗昌，最后清除刘珍年和张苇村的势力。韩复榘制订了一整套计划，然后步步向前推进，最终如愿以偿地达到了自己的预定目标。韩复榘的聪明在于，他充分利用各路对手之间的矛盾，采取利用与消灭相结合的方式，以最小的投入换来了最大的收益。

自清末民初以来，山东地界上一直不够太平，各地土匪起事不断，历任官长都没能禁绝匪患。韩复榘上任之后，决心去除这块痼疾，为此他以省主席之尊兼任山东保安司令和鲁豫清乡督办，采取军事和政治双管齐下的方略，一步步清除了各地的匪患。韩复榘的剿匪之举，当然是为了维系他在山东地区的统治秩序，但是客观上保障了山东人民的生命财产安全和社会良性运转，因此受到了以蒋介石为首的南京国民政府的嘉奖。

张宗昌曾经是声名显赫的山东王，他的直鲁联军被韩复榘击溃以后他就被迫流亡日本，回国后一直隐居在北京地区。然而，张宗昌无时无刻不想东山再起，他部下的将士散落在山东的还有五万人左右，一旦他振臂一呼收拾旧部，肯定会危及韩复榘在山东的统治。为了防患于未然，韩复榘亲临京津一带，与张宗昌化敌为友，还结为异性兄弟。但是，韩复榘的目的，无非是先取得张宗昌的信任，再把他骗到山东来。1932 年，张宗昌应韩复榘之邀前往山东，韩复榘便设计杀掉了他，并让郑金声之子郑继成来顶罪。在韩复榘擒贼擒王之后，张宗昌的势力就烟消云散了，来自北洋系旧势力的威胁被解除了。

韩复榘在山东最强大的敌人是刘珍年，他在解决了其他对手之后，就开始把枪口对准这位胶东王了。刘珍年所部有两万多人，而且他在胶东一带经营多年，连张宗昌都受到过他的驱赶，因此韩复榘要想解决他绝非易事。1932年9月，韩复榘不宣而战向刘珍年发起了进攻，准备速战速决统一山东。可是，韩复榘没能赢得战争，他在刘珍年的反攻下进退失据，而且蒋介石打算出兵协助刘珍年对付韩复榘。在如此不利的情况下，韩复榘动用政治手段解决问题，策动各方力量迫使刘珍年率部离开山东，终于如愿以偿地实现了对山东的统一管理。

韩复榘在成功驱逐了刘珍年之后，已经与蒋介石撕破了脸皮，而蒋介石暂时也无法腾出手来对付他，因此他更加肆无忌惮地当起山东王了。韩复榘掌握了山东全省的军政大权，自行任免各级官吏，根本不听蒋介石的南京国民政府的招呼。作为蒋介石在山东的代表，张苇村向韩复榘提出了抗议，他本以为韩复榘不敢动他，谁知在1935年，韩复榘一怒之下就派人暗杀了他。张苇村被杀后，蒋介石命令韩复榘缉拿凶手，韩复榘便抓捕并杀害了国民党山东省党部的骨干特务，一方面找到了替死鬼，另一方面又借机清除了中统的势力。

韩复榘越来越脱离中央政府，根本不把蒋介石放在眼里，这就彻底激怒了蒋介石。为了遏制韩复榘的发展势头，蒋介石下令停发其所部军费，打算以此来迫使对方向自己低头。可是，这根本就难不住韩复榘，他下令接管了中国银行山东分行，还截留了全省的国税和关税。如此一来，韩复榘不仅有了大批的行政经费，而且养活了一支强大的军队，有五个师外加一个旅的规模。此时蒋介石只能对韩复榘报以忍让的态度。

韩复榘在完全掌握了山东地盘之后，并未花天酒地胡作非为，而是全心全意地搞好各项工作。比如，韩复榘大力发展教育事业，全力整肃吏治和军纪，在境内禁绝鸦片等。

为了搞好山东的教育事业，韩复榘任命何思源为教育厅长，并聘请梁漱溟等人为幕僚，在原有大中小学的基础上，开办师范学校、艺术学校及各种职业学校。并且，韩复榘从不拖欠教育经费，命令各级政府把办好教育作为施政第一要务。

韩复榘对于吏治腐败和军纪涣散也是深恶痛绝的，他时常用微服私访和秘派代表的方式，监控下属各级军政部门，对贪污腐化的行政官员军法处置，对生事害民的军队官兵更是严惩不贷。除此之外，韩复榘还经常亲自坐堂断案，处理了一些冤假错案，在一定程度上维护了社会秩序和司法正义。

韩复榘对于鸦片种植和销售深恶痛绝，对于吸食鸦片的官员、士兵和民众也会十分严厉地处罚，他在统治山东期间杀人甚多，其中最多的有两类人：一类是土匪，而另一类就是烟贩。

韩复榘虽然拒不听命于蒋介石，但他还是比较注重维持与省外各界的关系，比如张学良的东北军曾经威胁过山东一省，他通过努力化解了这一危机，不但与对方达成了互不侵犯协议，而且在他与刘珍年火并的时候，让张学良在政治上站在了他的一边；再比如，韩复榘曾经两次背叛了冯玉祥，但是当冯玉祥带领一个营在泰山一带隐居的时候，他还是提供了一切供应和便利，并时常前去讨教治军理政之策。

## 终遭擒杀

韩复榘跟蒋介石之间的矛盾是军政利益之争，决不仅是个人恩怨，所以这一矛盾是很难化解的。蒋介石为了收回山东的军政大权，便设法除掉韩复榘，为此他派去了几拨中统和军统的特务。不过，韩复榘始终防范森严，不给特务以近身之机，还严厉打击他们在山东的活动，所以蒋介石这招没能奏效。韩复榘的目的就是独霸山东，这是蒋介石无法容忍的，因此两人之间的仇怨越来越深。

韩复榘虽然控制了山东，但他还不足以单独跟蒋介石一较高下，他要想置对方于死地，唯有联合或借助其他军政实力派。1936 年底张学良和杨虎城发动西安事变，扣押了蒋介石；在此期间，韩复榘坚决支持张杨的行为，并且他主张杀掉蒋介石。韩复榘的言行，很快就被蒋介石通过耳目侦知，因此他再次决定寻机除掉韩复榘。

1937年夏，卢沟桥事变爆发了，日军大举侵占了华北一带，并于同年年底侵入了山东地区，这就给蒋介石除掉韩复榘提供了一个大好机会。

蒋介石的如意算盘是，先让韩复榘与侵入山东的日本人拼个两败俱伤，然后釜底抽薪瓦解掉他的军队，最后再以抵抗不力的罪名除掉他。事情的进展，与蒋介石事前的预期是差不多的，这次韩复榘在劫难逃了。

在日军侵入山东之前，他们是拉拢过韩复榘的，希望他能为日方效力。在民族大义面前，韩复榘坚决地站在了国人一边，保持了民族气节。在日军侵入山东之后，韩复榘集中精锐力量，顽强抵抗了对方的进犯。韩复榘的抗日行为，不仅是为了保卫国家主权和领土完整，也是为了保住他苦心经营了八年之久的山东地盘。

韩复榘指挥的作战大大小小不胜枚举，其中比较著名的有夜袭桑园车站、血战德州、坚守临邑、济阳遭遇战、徒骇河之战、济南战役、大江口阻击战、台儿庄外围战、夜袭大汶口等战役。在这些战役中，韩复榘所部付出了沉重的代价，也给了日军以极大的杀伤。

在日军的大举进攻下，损失惨重的韩复榘，为了保存有生力量，下令放弃省城济南，向鲁西南地区撤退。随后，日军占领了济南和山东大部分地区，韩复榘在山东全省的统治宣告终结。韩复榘在军事上的失败，给蒋介石杀掉他提供了一个很好的借口，可是他并不以为然，因为他坚信自己是有功的。在政治手腕上，韩复榘与蒋介石相比还是差了一个等级的。

1938年初，蒋介石在

1936年在济南的蒋介石与韩复榘

河南开封召开军事会议，电请韩复榘前去参加。当时韩复榘可以选择去，也可以选择不去，他几经考虑之后，还是选择了前者。韩复榘之所以决定参加蒋介石的会议，除了他自认有功之外，还有一个现实的考虑，那就是他认为蒋介石还需要他继续抵抗日军，所以他将能得到后勤补给。可是，韩复榘完全想错了，蒋介石就是要诱杀他，这次开封会议已经不再是九年前那场武汉会议了。

蒋介石为了诱杀韩复榘，做了精心安排，他先派汤恩伯去迎接韩复榘的专列。汤恩伯把韩复榘本人和几个警卫安排上了汽车，然后就令这列火车开到预定地点，把上面的卫队缴了械。韩复榘乘车赶到开封会场时，他的贴身警卫就被安排到接待处，他本人的手枪也被收走。至此，韩复榘有了本能的紧张，但他故作镇定，还侥幸地以为这一切都是例行公事。

当韩复榘赤手空拳走进会场的时候，蒋介石先是和颜悦色地跟他打了招呼，甚至跟他开了玩笑。可是，等会议一开始，蒋介石就非常严厉地斥责韩复榘不听命令擅自撤退。韩复榘并不示弱，他当即跟蒋介石顶嘴：丢了山东是我韩某人的责任，那丢了南京又是谁的责任？蒋介石闻言勃然大怒，厉声对韩复榘说道：丢了南京自有人负责，我今天说的是山东！随后，蒋介石宣布散会，韩复榘被刘峙拉到外面，并被骗上了一辆汽车。

韩复榘钻进汽车，才发现自己已经被控制了，随即有军统特务宣布他被捕。韩复榘被押送至开封火车站，然后被押上一辆专列，这辆专列直达汉口火车站，然后他又被押上汽车转运至武昌。韩复榘被捕前的身份是山东省主席、国府委员、二级上将，因此审判他的是高级军事法庭，由何应钦担任审判长，由鹿钟麟等人担任审判员。这一审判本身就是走过场，审判结果事先都定下来了，因此在整个庭审过程中，任凭审判人员如何问话，韩复榘始终一言不发。

等审判程序结束后，韩复榘在关押地点被戴笠手下的特务连开七枪，倒地身亡，就此结束了他叱咤风云的一生，享年48岁。韩复榘并非对日不抵抗，但他在战局不利的形势下，撤守济南、泰山和黄河防线，对丢掉山东负有重大责任；蒋介石杀了他，不但消灭了一个劲敌，而且借以震慑了其他抗日动摇分子。

韩复榘死后，他的尸首被安葬在河南信阳鸡公山一带，虽然举行了一个小型追悼会，但是国府要员大多不敢参加，唯有他生前的至交好友孙连仲前来祭奠。在韩复榘被关押期间，前来探望他的，也唯有这个孙连仲。孙连仲与韩复榘同为冯玉祥的十三太保成员，俩人在多年的战争生涯中结下了深情厚谊，因此孙连仲不怕因韩复榘案遭受牵连，这算是那个时代背景下可贵的精神和品格。

## 家门兴衰

韩复榘一生娶了三个妻子，这在北洋系旧军阀中算是较少的，在国民党新军阀中也不算多的。

韩复榘的原配夫人是高艺珍，是他十四岁那年在老家娶的。她与韩复榘同岁，是当时的名士高步瀛的侄女。受伯父高步瀛和高家其他长辈的影响，高艺珍从小就读了一些传统经书，对国学有一定的认知能力，她在这方面是与韩复榘有共同语言的。高艺珍自幼聪明乖巧，且又知书达理，所以她进了韩家之后，处理好了各方面的关系，深受大家的好评。

韩复榘和高艺珍可谓患难夫妻，当年韩复榘欠债外逃之时，身上已经没有一文钱了，是高艺珍变卖了嫁妆，作为丈夫闯关东的盘缠。而且在韩复榘流落关外期间，高艺珍对他不离不弃，始终追随着他，陪他度过了最艰难困苦的岁月。后来，韩复榘发迹了，他便把治家大权交给了高艺珍，以此来酬谢这位原配夫人早年的辛苦。高艺珍也不负厚望，把韩家内外事务料理得井井有条，给韩复榘稳定了后院。

当韩复榘被蒋介石处决之后，国民政府的宣传机器又抹黑了他，韩家人从此生活在巨大的舆论压力之下。在如此糟糕的处境之下，高艺珍带着家中五个孩子四处寻找安身立命之处，饱受颠沛流离之苦，最后在北平安家长居。高艺珍不但把韩家的孩子抚养成人，还把他们中间的部分人培养成才，为韩复榘尽了最后的夫妻之义。1957年，时年67岁的高艺珍在北京病逝，追随长埋地下近二十年的韩复榘去了。

韩复榘的第二位夫人是个名伶，她原名徐水仙，艺名纪甘青，是1928年韩复榘驻军河南期间娶到的。徐水仙擅长演唱河南坠子，当时在中原一带颇有名气。

徐水仙嫁给韩复榘之后继续非正式地从事演艺活动，时常在韩家举办小型戏剧演唱，以此来招待重要宾客。另外，徐水仙有着多年的江湖经验，在处理对外交往事务中得心应手，为韩复榘联络其他军政大佬立下了大功，因此她被世人称为韩复榘的外交夫人。徐水仙跟了韩复榘十年，直到1938年韩复榘被杀身亡。在这十年中，她在韩复榘的军政活动中扮演着重要的角色。

韩复榘的第三位夫人是李玉卿，她是江苏籍山东名妓，是韩复榘在主政山东期间迎娶的。把名妓纳为小妾是那个时代的风尚，是显示富贵和风雅的行为，当年北洋系鼻祖袁世凯就曾把名妓沈氏册立为皇后。

韩复榘一生共生了四子一女，他的四个儿子分别是：长子韩嗣燮、次子韩嗣燠、三子韩嗣烽和幼子韩嗣蟥。

韩复榘的长子韩嗣燮平生所留故事不多，应该没有什么作为，他最终死于精神病院，可谓下场凄惨。

韩复榘的次子韩嗣燠，就是因口述韩复榘一生而广为人知的韩子华，他在新中国成立后考入了军政大学，毕业后加入志愿军参加过抗美援朝，复员后在兰州电力技工学校教书。

韩复榘的三子韩嗣烽也是在新中国成立之后长大成人的，他先是在四川接受高等教育，而后被分配到陕西交通部门工作。

韩复榘的幼子韩嗣蟥，是韩家人中有幸走出国门的一个，他先在奥地利留学，而后长期定居国外。

# 是非功过

韩复榘这一生，是充满传奇的一生，更是被世人严重误读了的一生。

韩复榘出身于清末直隶霸州的一户平民家庭，他没有可以凭借或依靠的资本和背景，要想出人头地唯有靠自己的努力。韩复榘的父亲是个私塾先生，韩家的祖上也是耕读传家的，在这种家族传统下，他很自然地就打下了良好的文化功底。在北洋系旧军阀和国民党新军阀的军政大佬中，韩复榘的文化程度并不算低，他绝非传说中的那个大老粗。

韩复榘的人生经历是环环相扣的，他在结发妻子高艺珍的资助和追随之下，冒着巨大的风险流亡到东北地区，历尽了千辛万苦总算加入了冯玉祥的军营，从此走上了一条成为军政大佬的人生道路。

韩复榘在进入冯玉祥的军营之后，受到了冯玉祥的倚重和信赖，但是当时的冯玉祥不过是一名基层军官，他所能给予韩复榘的并不多。在冯玉祥参与领导的滦州起义中，韩复榘算是其中一个骨干成员，但是滦州起义并没能成功，他们沦为了阶下囚。所幸王怀庆没有杀掉冯玉祥和韩复榘。

躲过了灭顶之灾的冯玉祥，在老上司陆建章的提携下，重新进入了北洋系的阵营，而韩复榘就顺理成章地重归了冯玉祥的门下。在此后的十几年间，冯玉祥几经沉浮，韩复榘始终默默无闻。韩复榘在冯玉祥麾下存活了下来，成为了他的十三太保之一，跟他学会了治军理政的本领。

在冯玉祥配合国民政府北伐的战争中，韩复榘在冯玉祥的统一指挥下，率领所部纵横中原和华北，击溃了奉系大将张宗昌所部直鲁联军的进攻，并率先挺进北京南苑，终结了奉张势力对北京的统治，成了威震天下的飞将军，受到了有关各方的高度关注。韩复榘在北伐战争中是有功的。

韩复榘趁中原大战之机，跟蒋介石达成了政治协议，他率部挺进山东对付阎锡山，蒋介石任命他为山东省主席。从此，韩复榘开始了他为期八年的山东王生涯，这是他一生的巅峰时期，也是他在民国政坛和历史上留名的基础。

韩复榘在统治山东期间，是做了一些有利于当地社会和民众的事情的，比如他清剿土匪、禁绝鸦片、整顿吏治、发展教育等。但是，韩复榘始终追求山东自治，拒不服从南京国民政府的干预，还擅自截留地方税收，甚至暗杀中央派驻山东的代表，并且密谋反抗和杀掉蒋介石，这就让自己处在了危险的境地。

日军大举侵华之后，由于山东距离京津较近，所以韩复榘很快就被日本人盯上了。韩复榘并未屈服于日本的淫威，他拒不与敌人合作，还积极抗击了日军的进攻。韩复榘对于抗日是有功的，当时的山东媒体对于他的抗日事实有着广泛的报道。

由于韩部损失惨重，韩复榘为了保存实力，下令放弃省城济南，丢掉了山东大部分地区。蒋介石以召开军事会议的名义诱杀了韩复榘，给他安的主要罪名是不听命令擅自撤退。

蒋介石以抵抗不利的罪名杀掉了韩复榘，然后开动全国的宣传机器批判他，这对于提振各地的抗战士气是有帮助的，让那些消极观望的地方将领不敢擅自后撤。

对于韩复榘一生功过的评价，向来存在很大分歧，笔者通过对一些史实的讲述和评析，希望可以还原一个真实的韩复榘，从而使大家能够理性看待他的功过，而不至于人云亦云。